"Aquellos que nunca han corrido un maratón pueden sorp... saber que el lugar más aterrador al hacerlo no es la temida 'pared' en la milla 20 [kilómetro 30], sino la línea de salida. ¿Por qué? Porque el corredor está abrumado por la dificultad y el alcance del camino que está delante, y ha perdido el contacto con el momento presente. En *Sácale jugo al día*, Mark te prepara para enfrentar tus metas a largo plazo al ganar el momento que está delante de ti. Descubrí que ese principio es de suma importancia no solo para mi éxito atlético sino también para tener una vida diaria exitosa. Estoy muy agradecido a Mark por haber escrito este libro, y sé que liberará todo el potencial de los lectores".

—RYAN HALL, el estadounidense dos veces olímpico
y el más rápido en haber corrido un maratón y medio maratón

"Este libro cambiará la trayectoria de tu vida y te ayudará a llevarte a un nivel más alto. Sin importar en qué ámbito trabajes, estos hábitos diarios basados en principios imperecederos te ayudarán a estresarte menos y a lograr más cosas. Las palabras escritas por Mark me impactaron de forma personal, y sé que también lo harán contigo".

—JOHN MAXWELL, autor número 1 de libros exitosos
del *New York Times*, emprendedor y experto en liderazgo

"El ritmo de la vida en el mundo moderno nos tiene a la mayoría de nosotros a toda marcha. Muchos libros de productividad simplemente añaden más actividades a nuestra lista de tareas. Pero no es el caso de *Sácale jugo al día*. En lugar de enseñar cómo hacer más, Mark te enseñará cómo ganar más en lo que ya haces".

—JENNI CATRON, entrenadora de liderazgo
y fundadora de 4Sight Group

"En este libro sumamente práctico, Mark nos ayuda a ver que *algún día* comienza *hoy*. Nos presenta simples hábitos diarios que contribuyen a formar nuestro futuro. ¿Está buscando un mañana mejor? Tienes que comenzar hoy. Este libro te mostrará la manera de dejar de dudar, de mantenerte enfocado y cambiar tu historia para bien".

—TIM SCOTT, senador de los Estados Unidos

"El camino fácil puede ser el más conveniente, pero nunca será tan gratificante. En lugar de mirar hacia atrás a lo que podría haber sido, ¡comienza a mirar hacia adelante a lo que puede ser! El libro *Sácale jugo al día* de Mark Batterson te ayudará a alejarte de lo que te resulta familiar y a encaminarte a lograr los sueños del tamaño de Dios".

—CRAIG GROESCHEL, pastor de Life.Church
y autor de libros exitosos del *New York Times*

"En un tiempo en el que la vida parece más abrumadora que nunca, Mark Batterson ofrece siete hábitos prácticos que te ayudarán a vencer el remordimiento y a alcanzar lo que fuiste llamado a ser cada día. La investigación, la perspectiva y el optimismo característicos de Mark hacen de *Sácale jugo al día* una poderosa combinación de inspiración y dedicación. La mejor manera de cambiar tu vida es comenzando a cambiarla hoy. Este libro te ayudará a hacer justamente eso".

—CAREY NIEUWHOF, autor éxito en ventas, anfitrión de podcast y orador

"*Sácale jugo al día* es una guía oportuna para estresarse menos en un mundo que nos da más que suficiente para estar estresados. Mark Batterson nos ofrece siete pasos prácticos para vivir con audacia, para lograr más y apoderarnos de los sueños del tamaño de Dios".

—RYAN SAUNDERS, entrenador de básquetbol profesional

"A veces nos preocupamos tanto sobre el futuro que no logramos obtener lo mejor del ahora. Es una trampa en la que podemos caer (y es tan común que ni siquiera nos damos cuenta de que estamos atrapados). En *Sácale jugo al día*, Mark nos presenta oportunidades prácticas para ayudarnos a alcanzar los sueños del tamaño de Dios, un día a la vez".

—STEVEN FURTICK, pastor de Elevation Church
y autor éxito en ventas del *New York Times*

HAZLO
POR
UN DÍA

HAZLO POR UN DÍA

CÓMO CREAR O ROMPER CUALQUIER HÁBITO EN 30 DÍAS

Mark Batterson

ORIGEN

Penguin
Random House
Grupo Editorial

Título original: *Do It for a Day*

Primera edición: junio de 2022

Copyright © 2021, Mark Batterson
Esta edición está publicada por acuerdo con Multnomah, un sello de Random House,
una división de Penguin Random House LLC, Nueva York.
Copyright © 2022, Penguin Random House Grupo Editorial USA, LLC
8950 SW 74th Court, Suite 2010
Miami, FL 33156
Publicado por ORIGEN,
una marca registrada de Penguin Random House Grupo Editorial.
Todos los derechos reservados.

Traducción: María José Hooft
Adaptación del diseño de cubierta de Pete Garceau:
Penguin Random House Grupo Editorial USA.

A menos que se indique lo contrario, todas las citas bíblicas fueron tomadas de la Santa Biblia,
NUEVA VERSIÓN INTERNACIONAL ® NVI® © 1999, 2015 por Biblica, Inc.®, Inc.®
Usado con permiso de Biblica, Inc.® Reservados todos los derechos en todo el mundo.
Otras versiones utilizadas son: Reina-Valera 1960 (RVR60) ® © Sociedades Bíblicas en América
Latina, 1960. Renovado © Sociedades Bíblicas Unidas, 1988. Utilizado con permiso.; Dios habla
hoy (DHH)®, © Sociedades Bíblicas Unidas, 1966, 1970, 1979, 1983, 1996; La Santa Biblia, Nueva
Traducción Viviente (NTV) © Tyndale House Foundation, 2010; Reina Valera Contemporánea
(RVC) © 2009, 2011 Sociedades Bíblicas Unidas; La Biblia de las Américas (LBLA) © 1986, 1995,
1997 The Lockman Foundation. Todos los derechos reservados.

Impreso en México / *Printed in Mexico*

ISBN: 978-1-64473-601-2

22 23 24 25 26   10 9 8 7 6 5 4 3 2 1

ÍNDICE DE CONTENIDO

MANIFIESTO DE *HAZLO POR UN DÍA*

*Casi todos pueden lograr casi todo si trabajan de forma dura,
constante e inteligente.*

———

*El destino no es un misterio. El destino se trata de hábitos diarios.
Se trata de la mente por sobre la materia. Se trata de la nutrición
por sobre la naturaleza. Es un esfuerzo diario
hacia la misma dirección.*

———

*Si quieres que todos los días cuenten, cuenta los días. Si quieres
cambiar tu vida, cambia tu historia. Si quieres que Dios haga
lo sobrenatural, tienes que hacer lo natural.*

———

*El tiempo se mide en minutos. La vida se vive en momentos.
Entierra los ayeres muertos. Imagina mañanas por nacer.
¡Haz de cada día una obra maestra!*

———

*Si haces pequeñas cosas como si fueran grandes, Dios hará grandes
cosas como si fueran pequeñas. Si eres humilde y te mantienes
hambriento, no hay nada que Dios no pueda hacer en ti
y a través de ti.*

———

*Muéstrame el tamaño de tu sueño y te mostraré el tamaño
de tu Dios. Muéstrame tus hábitos y te mostraré tu futuro.*

---

*El obstáculo no es el enemigo. El obstáculo es el camino.
Haz lo mejor que puedas con lo que tienes donde te encuentras.
Sueña en grande. Comienza en lo pequeño. Piensa a largo plazo.*

---

*¿Lo puedes hacer un día? Esa es la pregunta. Conoces la respuesta.
Los hábitos se forman un día, un paso y una repetición a la vez.*

---

*Si quieres caminar sobre el agua, tienes que salir de la barca.
La fe es dar el primer paso antes de que Dios revele el segundo.
¡Métete en el agua!*

Ayer es historia. Mañana es un misterio. ¡Hazlo por un día!

INTRODUCCIÓN

HÁBITOS DOMINÓ

Muéstrame tus hábitos y te mostraré tu futuro.

Es así de simple.

Es así de complicado.

Para bien o para mal, la vida es la suma de nuestros hábitos físicos, mentales y espirituales. Los malos hábitos siempre regresan para mordernos. Los buenos hábitos siempre regresan para bendecirnos. Sea como sea, no puedes romper la ley de la medida. La ley de la medida te formará o te quebrará. "Con la medida que midan a otros", dijo Jesús, "se les medirá a ustedes".[1] No hay atajos, ni escapatorias ni códigos de trucos. Dicho simplemente: *lo que obtendrás es lo que pusiste allí*. Y me refiero a todo. El destino no es un misterio; el destino son hábitos diarios.

Estás a un hábito de distancia de ponerte en forma.

Estás a un hábito de distancia de la libertad financiera.

Estás a un hábito de distancia de la salud mental.

Estás a un hábito de distancia de un matrimonio feliz y saludable.

Estás a un hábito de distancia de cualquier objetivo que te hayas propuesto.

¿El único truco? ¡Tiene que ser un hábito diario!

Durante los próximos treinta días, quiero ayudarte a deshacer tus hábitos. Citaré docenas de historias, estudios y prácticas. Veremos el arte y la ciencia de la formación de hábitos desde múltiples ángulos: psicológicos, neurológicos y teológicos. ¿Con qué objetivo? Darle un golpecito a tu potencial completo. ¿Por qué?

El potencial es un regalo de Dios. Lo que haces con él es tu regalo hacia Él. ¿Cómo? Al crear o romper los hábitos que te formarán o te quebrarán.

No hay nada de simple en la formación de hábitos. Es tan complicada como la corteza cerebral. Tomará más tiempo del que quieras y será más duro de lo que esperas. ¿Las buenas noticias? Todo hábito se aprende, lo que significa que todo hábito se puede desaprender o volver a aprender. Por supuesto que tendrás que vencer la tentación de evitar hacer los deberes. Nuestra tendencia natural es evitar hacer cosas en las que no somos muy buenos. Crear o romper hábitos nos lleva de nuevo al jardín de infantes. Tenemos que estar dispuestos a fallar, a caer y hasta a parecer tontos.

Romperemos los malos hábitos utilizando la comprobada técnica llamada *cambio de hábito*. Crearemos nuevos hábitos utilizando la técnica del enganche y engaño llamada *apilamiento de hábito*. Identificaremos los hábitos de gran influencia —hábitos dominó— que producen el mejor beneficio sobre la inversión. Nos adentraremos en el armado de objetivos y revertiremos aquellos objetivos de vida por hábitos diarios.

Probablemente hayas observado que este libro no tiene capítulos. ¿Por qué? El ritmo es importante. No intentes hacer mucho muy rápido. Cuando se trata de la creación de hábitos, esa es una receta que nunca falla. Si quieres crear o romper un hábito, pon en práctica el título de este libro: *Hazlo por un día*.

La velocidad de lectura promedio es de aproximadamente doscientas cincuenta palabras por minuto, así que cada día de lectura debería llevarte alrededor de diez minutos. Dicho esto, voy a animarte a aminorar el ritmo: toma un tiempo para reflexionar en la pregunta al final de cada una de las lecturas del día ¿Cómo lo transformo en un hábito? De este libro obtendrás precisamente lo que pusiste en él.

Durante los primeros ocho días, armaremos la estructura para crear y romper hábitos. Luego pasaremos tres días en cada uno de los siete hábitos presentados en mi libro anterior, *Sácale jugo al día*. Esos hábitos están en el mismo orden: cambia el guion, abraza la ola, trágate el sapo, remonta la cometa, corta la cuerda, ajusta el reloj, siembra las nubes. No te preocupes si no leíste *Sácale jugo al día*. El poder de esos hábitos diarios pronto te quedará claro.

Finalmente, este libro funciona mejor con un sistema de amigos. Realiza el desafío de hábitos diarios de treinta días con tus amigos o tu familia, tu personal o tu equipo o incluso con toda tu empresa. Primero, porque es mucho más divertido. Segundo, la marea alta saca a flote todos los botes. Con el tiempo, te convertirás en el promedio de las doce personas con las que pasas el mayor tiempo.[2] Si no mejoras su juego, te estarás quedando atrás.

HABITUARSE

De acuerdo con un estudio de la Universidad Duke, el 45% del comportamiento diario es automático.[3] Sin la capacidad de automatizar, tendríamos que volver a aprender todo lo que hacemos cada día. El habituarnos a algo nos ahorra una gran cantidad de tiempo y energía, pero ese ahorro tiene un costo. Cuando un patrón o comportamiento se convierte en una costumbre, raramente lo pensamos dos veces. Es allí donde *Hazlo por un día* entra en la ecuación. Está diseñado para ayudarnos a deconstruir y reconstruir tus hábitos diarios.

"Toda tu vida", dice el padre de la psicología estadounidense, William James, "no es sino una masa de hábitos —prácticos, emocionales e intelectuales— sistemáticamente organizados en lo bueno y en lo malo, que irresistiblemente nos llevan hacia nuestro destino".[4]

Todos nosotros somos criaturas de hábitos. Algunos de ellos son subconscientes. No estoy seguro del por qué, pero siempre pongo la alarma en un número par. Otros hábitos son elegidos de forma consciente, a menudo para corregir errores del pasado. Cada vez que cargo gasolina, siempre miro por el espejo retrovisor antes de arrancar. ¿Por qué? ¡Porque una vez no lo hice y arranqué la manguera de gasolina que me había olvidado sacar del automóvil! Eso me recuerda... siempre reviso el cierre de mi pantalón antes de hablar en público. ¡Podrás adivinar por qué! Algo más serio: siempre me quito los zapatos antes de escribir, como un ritual que me recuerda que estoy en tierra sagrada.

Un hábito es cualquier comportamiento que repites de forma consciente o inconsciente. Existen micro hábitos, como la manera en que te cepillas los dientes o sostienes el tenedor. También existen macro hábitos, como los mecanismos de defensa en medio de una crisis o cuando te critican. Pequeños o grandes, buenos o malos, los hábitos son formas recurrentes de pensar, sentir y actuar. Algunos son tan antiguos como las estrategias de adaptación que utilizamos cuando éramos niños para llamar la atención. Al respecto, los hábitos más duros de quebrar son aquellos tan viejos como nosotros.

Existe un debate sobre el tiempo que lleva crear o romper un hábito. Se calcula que debe ser entre 21 y 254 días. ¿La realidad? Depende del hábito y de la persona. La formación de hábitos no es un modelo único. Los hábitos son tan exclusivos como lo eres tú. Sin embargo, estoy convencido de que treinta días generarán el impulso suficiente que necesitas para establecer una buena racha.

EL SANTO GRIAL

Hace casi un siglo, el psicólogo conductista B. F. Skinner propuso que el comportamiento sigue un patrón predecible: estímulo, respuesta, recompensa.[5] Los estímulos se encuentran dentro de dos categorías: aversivos y fortalecedores. Skinner creía que, si se aplica ingeniería inversa al estímulo, cualquier comportamiento puede reacondicionarse.

La caja negra es un cúmulo de células cerebrales en lo profundo de la corteza cerebral llamado ganglios basales.

Cuando se trata de formación de hábitos, los ganglios basales son el santo grial. Es el lugar donde se almacenan los hábitos. Es el interruptor que acciona nuestro comportamiento. Es el motor que enciende la selección de acción que nos ayuda a reconocer los patrones del pasado mientras determinamos el mejor curso de acción cuando se presentan opciones alternativas. Los ganglios basales son nuestro director general cuando se trata de decisiones diarias.

Al avanzar hacia finales del siglo XX vemos que los investigadores del Instituto de Tecnología de Massachusetts observaron este santo grial mediante tecnología de neuroimagen. A partir de los estudios de B. F. Skinner, sus investigaciones dieron como resultado un proceso de tres pasos por los que se forman los hábitos. Lo llamaron el *ciclo del hábito*, y consiste en un impulso, una rutina y una gratificación. El impulso activa una respuesta automática. La rutina repite el comportamiento. La gratificación perpetúa el patrón al ponernos delante la tradicional zanahoria.[6]

Para crear o romper el ciclo de un hábito, tienes que (1) identificar el impulso, (2) interrumpir el patrón y (3) imaginar la recompensa. Suena bastante simple, pero requiere una tonelada de pruebas y errores. También necesita una honestidad brutal y una curiosidad santa. Tienes que acercarte a la formación de hábitos desde la perspectiva de una tercera persona. Tu vida es el laboratorio y todo alrededor es un experimento.

Tengo un amigo que ha comandado barcos como contralmirante y ha realizado inteligencia sensible como consejero presidencial de seguridad nacional y antiterrorismo. Trabaja con un simple *modus operandi*: "Me reservo el derecho de ser más inteligente luego". Me encanta ese enfoque de manejo de crisis, y lo mismo sucede con la formación de hábitos.

EL CICLO DEL HÁBITO

La ciencia de la formación de hábitos está evolucionando de forma asombrosa, pero la idea es tan antigua como el Sermón del Monte. Si aplicas ingeniería inversa al discurso más largo de Jesús en los evangelios, es una clase magistral sobre el ciclo del hábito.

Jesús no les dio una orientación a los discípulos; les dio una desorientación. El sermón incluye seis negaciones que apuntan a desaprender malos hábitos. "Ustedes han oído que se dijo", dijo Jesús seis veces, "pero yo les digo".[7] Jesús estaba desinstalando parámetros preestablecidos como "ojo por ojo". Los estaba actualizando y mejorando con un nuevo modo de pensar: "vuélvele también la otra [mejilla]".[8] Cuando alguien nos da una bofetada, nuestra reacción natural es responder con otra. ¿O soy solo yo? Jesús lanza una orden contradictoria que requiere el reacondicionamiento de nuestros reflejos.

¿Es posible acaso que Jesús supiera un poco sobre acondicionar nuestros reflejos antes de que apareciera Ivan Pavlov?, ¿que Jesús supiera sobre el condicionamiento operante y la modificación conductual antes de B. F. Skinner?, ¿que Jesús conociera un poco sobre los ganglios basales antes de la aparición de la neuroimagen?

En lugar de combatir el fuego con fuego, el Sermón del Monte ofrece una contraargumentación que es contradictoria. Como seguidor de Cristo, estoy llamado a amar a mis enemigos y a orar por aquellos que me persiguen. ¡Esas no son reacciones naturales! Tampoco lo es dar una milla extra o sacrificar la camisa que llevas puesta.[9] Pero es la manera de Jesús y no solo "dejar de lado lo viejo y tomar lo nuevo". Es una tercera manera, una forma mejor, cuando se trata de formación de hábitos.

Jesús identificó impulsos comunes que nos tientan, nos prueban y nos marcan. Luego interrumpió los patrones de una forma ingeniosa. En un mundo despiadado, el Sermón del Monte nos llama a vivir contraculturalmente. Jesús detuvo el ciclo vicioso y lo reemplazó por un círculo virtuoso. ¿Cómo? Él llamó a sus seguidores a la rutina del amor radical. Dicho de forma simple: ¡ama siempre a todos! Jesús llamó a sus seguidores al perdón radical. En lugar de acosar, provocar, avergonzar o cancelar, perdonamos setenta veces siete. Jesús llamó a sus seguidores a la generosidad radical: la ética de la milla extra.

Luego de identificar los impulsos e interrumpir el patrón, Jesús nos ayuda a imaginar la recompensa. ¿Qué es eso? La gran recompensa es escuchar al Padre celestial decir: "¡Hiciste bien, siervo bueno y fiel!".[10] La gran recompensa es almacenar tesoros en el cielo al hacer por otros lo que te gustaría que hicieran por ti. ¿Por qué? "Tu Padre, quien todo lo ve, te recompensará".[11]

HÁBITOS DOMINÓ

En 1974, Bob Speca era un estudiante de segundo año en la escuela Marple Newtown High School en Broomall, Pennsylvania. Fue allí donde conoció la inducción matemática. Su maestro, el señor Dobransky, comparó la teoría con el efecto dominó. Bob Speca compró dos cajas de dominó esa tarde, y el resto es historia.

Desde ese día, Speca dedicaría su vida entera a ordenar y voltear dominós. Apareció en el programa de televisión *The Tonight Show* de Johnny Carson para mostrar sus habilidades. El *Libro Guinness de récords mundiales* creó una categoría para reconocer sus logros. Speca estableció el primer récord mundial en derrumbe de dominós con una reacción en cadena de 11,111 fichas. Batiría su propio récord cinco veces al derribar 97 500 dominós.[12]

En la época en que Bob Speca marcaba los récords mundiales, un físico llamado Lorne Whitehead se interesó en la reacción en cadena del dominó. Whitehead descubrió que una ficha de dominó es capaz de derribar otra ficha que tenga una vez y media su tamaño. Así, una ficha de dominó de dos pulgadas (5 cm) puede derribar una ficha de tres pulgadas (7.6 cm). Una ficha de dominó de tres pulgadas puede derribar una de cuatro pulgadas y media (11.4 cm), y así sucesivamente.[13]

Para cuando llegas a la décimo octava ficha de dominó, puedes derribar la Torre de Pisa. ¡Por supuesto que como está inclinada no es del todo justo! La vigésima primera ficha puede derribar al Monumento a Washington. La vigésima tercera podría tumbar la Torre Eiffel. Y la vigésima séptima podría voltear el Burk Khalifa de ciento sesenta pisos.

¿Recuerdas la teoría de la inducción matemática? En lugar de una fórmula fantasiosa, el dominó ofrece un ejemplo del mundo real. Derriba una ficha y el cielo es el límite. La teoría de la inducción matemática indica que podemos subir una escalera tan alto como queramos. ¿Cómo? Comenzando desde el primer peldaño de la escalera y subiendo de a un peldaño a la vez. La teoría es relativamente nueva, pero la idea es tan antigua como la Torre de Babel.

"Y todo lo que se propongan lo podrán lograr".[14]

¿La traducción? Casi todos pueden lograr casi todo si trabajan de forma dura, constante e inteligente. Esa es la teoría con la que trabajaremos durante los próximos treinta días, y la clave se encuentra en los hábitos dominó: pequeños hábitos que tienen un efecto exponencial en el tiempo.

Eres capaz de más de lo que imaginas. ¡Sí, tú! El objetivo de este libro es ayudarte a demostrártelo a ti mismo. ¿Cómo? ¡De a un hábito a la vez, un peldaño a la vez, un día a la vez!

ESCOGE UN HÁBITO

Este libro hace una promesa atrevida: Cómo crear o romper cualquier hábito en 30 días. No quiero prometer demasiado ni incumplir, así que permíteme ser franco. No alcanzarás el 100% de las metas que no establezcas. Las metas nos dan un objetivo en el que enfocarnos, pero las metas de la vida son indicadores de resultado. Las metas son el resultado deseado, pero tienes que identificar los aportes que producirán esos resultados. ¿Cómo? Tienes que aplicar ingeniería inversa sobre tus metas de vida y convertirlas en hábitos diarios.

Antes de embarcarnos en este desafío de treinta días, escoge un hábito, cualquiera.

Puede ser un hábito físico como hacer abdominales acordes a tu edad todos los días, un hábito mental como hacer cinco minutos de meditación cada mañana, un hábito espiritual como arrodillarte junto a la cama cada noche, un hábito emocional como escribir un diario de gratitud cada día o un hábito relacional como sonreírle a cada persona con la que te cruzas.

Escoge un hábito cualquiera. ¿Lo tienes? Una vez que lo escojas, lo pones en práctica tan fácilmente como decir 1, 2 y 3. Es importante que este hábito sea medible, significativo y sostenible.

1. Hazlo *medible*

En el año 2017 corrí mi primer maratón. No salí a correr 26.2 millas (42,195 metros) el día después de decidir hacerlo. ¡Esa sería una buena manera de desgarrarse los tendones! Lo primero que hice fue descargar un plan de entrenamiento, y luego trabajé en ese plan: setenta y dos carreras de entrenamiento por un total de 475 millas (764 km) durante seis meses. El plan de entrenamiento hizo que mi objetivo fuera cuantificable al aplicar la ingeniería inversa y convertirlo en distancias diarias.

Estar en forma y perder peso son deseos, no hábitos. Tienes que hacerlos cuantificables al contar las calorías o trazar las millas a recorrer. Una vez que es cuantificable, es manejable. Regálate a ti mismo una cuota de gratitud diaria. Descarga un plan de lectura bíblico. Limita el tiempo que dedicas a la pantalla.

Una vez que estableces la meta, necesitas agregar plazos y fechas límite. Un sueño sin una fecha límite es como morir camino al hospital. Cuando se trata de ponerse objetivos y edificar hábitos, las fechas límite son líneas de vida. ¿La conclusión? Cuantifica aquello que más quieres ver. ¡Si quieres romper récords, tienes que mantenerlos!

2. Hazlo *significativo*

Correr un maratón fue el equivalente a uno de los logros más grandes de mi vida. ¿Por qué? Tuve asma grave durante cuarenta años. No hubo ni siquiera cuarenta días en esos cuarenta años en que no tuviera que usar el inhalador de rescate. Lo tenía guardado bajo la almohada cada noche mientras dormía y en mis calcetines cada vez que hacía deportes. Luego, el 2 de julio de 2016, hice una oración audaz y Dios me sanó los pulmones. No he vuelto a tocar ni a utilizar un inhalador desde ese día.

Corrí el maratón de Chicago para celebrar ese milagro. ¿Por qué Chicago? Sí, ¡es una de las maratones más planas del país! Pero esa no es la razón. Crecí en Naperville, un suburbio de Chicago. Allí pasé muchas semanas en la unidad de cuidados intensivos del Edward Hospital. En esos momentos yo era un "código azul" mientras daba lo que yo pensaba que eran mis últimos respiros.

El maratón de Chicago era la manera que tenía de probarme a mí mismo que era posible. Mi plan de entrenamiento lo hizo cuantificable, pero el milagro es lo que lo hizo significativo. Cuando los tendones se me comenzaron a acalambrar en la milla dieciséis, el recuerdo de ese milagro hizo que siguiera adelante. Al haber logrado esa meta en la vida, ahora sueño más grande, oro con más fuerza y pienso a un plazo más largo. Así es como administras un milagro. ¡Crees en que Dios puede hacer milagros más grandes y mejores! ¡Ironman, allá voy!

3. Hazlo *sostenible*

Junto con el hecho de ser medibles y significativos, los hábitos tienen que poder mantenerse en el tiempo. Está bien soñar en grande, pero tienes que ser inteligente. "La mejor manera de motivar a las personas día tras día", dice la profesora de Harvard Teresa Amabile, "es facilitar el progreso: incluso en pequeñas victorias".[15] ¡No menosprecies el día de los pequeños comienzos! ¡Mientras estás allí, no te preocupes por la semana próxima, el mes próximo o el año que viene!

¿Lo puedes hacer un día?

Esa es la pregunta y ya conoces la respuesta. ¡Cualquier persona puede hacer cualquier cosa un día! Hazlo dos días de forma consecutiva y ya tienes una reacción en cadena de dominó. Si te enfocas en la tarea, Dios se ocupará de los resultados. Con cada pequeño logro, el logro siguiente se vuelve un poco más fácil. ¿Por qué? Ese 1% de progresos suma como la teoría de la inducción matemática. Por supuesto que aún tienes que repetir el proceso. Tienes que levantarte cada día y volver a hacer todo otra vez. ¡No hay otra manera de sacarle jugo al día!

LA OCTAVA MARAVILLA DEL MUNDO

Se necesita muy poco esfuerzo para hacer caer un simple dominó: 0,024 microjulios de energía de entrada. ¡Eso equivale al golpecito del dedo meñique! Para el momento en que cae la trigésima ficha, la energía cinética es dos mil millones de veces más grande que la energía que se necesitó para derribar la primera ficha.[16] ¿A qué quiero llegar? ¡Ya lo sabes! Aún mejor, ¡Dios lo sabe! Si haces pequeñas cosas como si fueran grandes, Dios hará grandes cosas como si fueran pequeñas.

Existen dos clases de progresión en la matemática: lineal y exponencial. La progresión lineal es la suma simple: 1+1=2. La progresión exponencial es la multiplicación compuesta: 10×10=100. Si das treinta pasos lineales, te encontrarás a noventa pies de donde comenzaste. ¡Si das treinta pasos exponenciales, habrás dado vuelta a la tierra veintiséis veces![17]

Una ficha de dominó de dos pulgadas podría parecer insignificante pero, al extrapolarla a través del tiempo y del espacio, tiene un efecto exponencial. Lo mismo sucede con los hábitos dominó. Haz los abdominales acordes a tu edad y, tarde o temprano, tendrás un buen abdomen. Escribe cien palabras por día y, tarde o temprano, llegarás a escribir un libro. Comienza un plan de entrenamiento y, tarde o temprano, estarás corriendo un maratón. ¡Cada decisión que tomas, cada acción que haces, da comienzo a una reacción en cadena de dominó!

Este podría parecer un libro de autoayuda, pero te aseguro que es mucho más que eso. Al final del día, tus hábitos no solo se tratan de ti. Se tratan de amar a Dios y a los demás. Los malos hábitos pueden tener un impacto negativo, un efecto epigenético sobre la tercera y cuarta generación. No rompes los malos hábitos solo por ti. Lo haces por tus hijos y tus nietos. Lo haces por tus amigos y familia, por tus vecinos y empleados. Finalmente, lo haces con la ayuda y para gloria del Padre, del Hijo y del Espíritu Santo.

Lo que Dios hace por nosotros no es solo para nosotros. Es también para la tercera y cuarta generación. Nosotros pensamos en el aquí y ahora, pero Dios piensa en las naciones y en las generaciones. Los hábitos de Dios no solo suman; se multiplican como el interés compuesto. Hablando de eso, se dice que Albert Einstein llamó al interés compuesto la octava maravilla del mundo.[18]

Sobrestimamos lo que podemos lograr en un día, pero subestimamos lo que Dios puede hacer en un año, en dos o en diez. ¡La regularidad vence a la intensidad los siete días de la semana y vale el doble los domingos! ¿Por qué? ¡Los hábitos diarios pagan dividendos el resto de tu vida! Dales el tiempo suficiente y podrás transformar tu cuerpo, tu mente, tu matrimonio, tus finanzas y tus actitudes.

Un abdomen marcado puede estar a cien libras (45 kg) de distancia.

Un maratón puede estar a 475 millas (764 km) de entrenamiento.

Publicar un libro puede estar a cincuenta mil palabras de escritura.

Estar libre de deudas puede encontrarse a cien mil dólares de tu presupuesto.

Restaurar tu matrimonio puede estar a diecisiete sesiones de consejería a partir de ahora.

Escoge un hábito, cualquiera. Hazlo medible, significativo y sostenible. Luego, con el golpecito de tu dedo meñique, derriba la primera ficha. Los buenos hábitos son buenos, pero los hábitos de Dios tienen un efecto exponencial. Establecen la base de partida y la línea de referencia de tu vida. El único techo de tu intimidad con Dios y del impacto en el mundo son los hábitos diarios, y el interés compuesto es incalculable. Los hábitos de Dios no solo pagan dividendos en el aquí y ahora; ¡son el legado que dejamos por la eternidad!

El ayer es historia.

El mañana es un misterio.

¡Hazlo por un día!

DÍA 1

MÉTETE EN EL AGUA

*El mar Rojo los vio venir
y se apuró a quitarse del camino.*
Salmos 114:3, NTV

Existe una leyenda en el judaísmo acerca de un hombre llamado Naasón. Se menciona en la Biblia, en la lista de los "engendrados". ¡Por supuesto que es uno más que tú y yo! Naasón desaparece casi tan pronto como hace su debut genealógico, pero el Talmud le atribuye la salvación de la nación de Israel por un único acto de valentía.[1]

Cuando los israelitas estaban atrapados entre el ejército egipcio y el Mar Rojo, nadie sabía qué hacer. Parecía una situación sin salida. Es allí donde Dios dio una orden: "¡Ordena a los israelitas que se pongan en marcha!".[2] ¡El problema era que el Mar Rojo los estaba mirando fijamente! Ninguna de las tribus quería ir delante (¿y quién las puede culpar?). Todo aquello parecía una sentencia de muerte. Mientras los israelitas discutían, el líder de la tribu de Judá dio un paso al frente y se adentró en el Mar Rojo.

De acuerdo con la tradición rabínica, Naasón se mete en el agua como Aquaman. Bueno… podría estar tomándome un poco de libertad al agregar a Aquaman en la ecuación, pero es la manera en que visualizo ese momento épico. Naasón se adentra en el Mar Rojo hasta la altura del cuello justo debajo de las fosas nasales. Es ese el momento, el lugar y la manera en que el Mar Rojo se abre en dos. Fue Dios quien abrió un camino a través del mar, pero fue

Naasón quien hizo posible el milagro. ¿Cómo? Metiéndose en el agua. En palabras del salmista: "El mar Rojo los vio venir y se apuró a quitarse del camino".[3]

Existe un antiguo axioma que sostiene que "si quieres caminar sobre el agua, tienes que bajar de la barca". Esto es absolutamente cierto, pero hay una cosa más por si acaso: si quieres que Dios abra un camino en medio del mar, tienes que mojarte los pies. La mayoría de nosotros pasamos gran parte de nuestra vida esperando que Dios abra el Mar Rojo. Quizá, solo quizá, Dios esté esperando que te metas en el agua. Estoy convencido de lo siguiente: si quieres que Dios haga lo sobrenatural, tú tienes que hacer lo natural.

Tienes que tomar una decisión determinante.

Tienes que tomar un riesgo calculado.

Tienes que hacer un sacrificio desinteresado.

Tienes que dar un salto de fe.

Eso es todo lo que Dios necesita para abrir el camino a través del mar, pero tú tienes que meter los pies en el agua. Y el primer paso siempre es el más difícil. ¿Por qué? Porque tienes que vencer la ley de la inercia ejercitando la iniciativa. Tienes que vencer el temor ejercitando la fe. Si no estás preparado para dar el paso de fe el día 1, sigue leyendo. ¡Dios te dará la sabiduría, la valentía y la fe que necesitas para cuando llegues al día 30!

"Hay décadas en que no sucede nada", dijo supuestamente Vladimir Lenin, "y hay semanas en que sucede lo que no pasó en décadas". Permíteme subir la apuesta: ¡hay días en que sucede lo que no pasó en décadas! Este es uno de esos días, si quieres que así sea. ¡Te encuentras a un hábito de distancia de una vida totalmente diferente! Los próximos treinta días pueden prepararte para los próximos treinta años. Este es el primer día del resto de tu vida. Si lo crees, marca el momento escribiendo la fecha en el margen.

Este libro es tu rito de iniciación de un nuevo capítulo en tu vida, una nueva normalidad, un nuevo tú. Pero tienes que meterte en el agua, hasta la nariz. La fe es estar seguro de lo que deseas; una meta claramente definida. Pero la fe es más que imaginar mañanas que aún no han nacido. Es tomar la iniciativa el día de hoy. La fe es dar el primer paso antes de que Dios revele el segundo.

¿Cuál es tu próximo paso?

¿Qué estás esperando?

Déjame eliminar algunas excusas por adelantado.

La primera: *no estoy capacitado.*

¡Bienvenido al club! Dios no llama a los capacitados; Él capacita a los llamados. Dios quiere usar tu mano poderosa. ¡Es Él el que te dio esos dones! Pero Dios también quiere usar tus debilidades. ¿Por qué? Es allí donde se perfecciona su poder.[4] Tu debilidad es la oportunidad de Dios para mostrar su gloria. ¿Cómo? Al hacer cosas por las que tú no puedes llevarte el mérito.

La segunda: *no estoy preparado.*

¿Adivina qué? Nunca lo estarás. Yo no estaba preparado para casarme. Lora y yo no estábamos preparados para tener hijos. No estaba preparado para comenzar una iglesia. No estábamos preparados para abrir una cafetería en Capitol Hill o el DC Dream Center (Centro Soñar de DC). Tampoco lo estábamos para comprar y construir en una manzana de la ciudad el recinto Capital Turnaround. ¡Si esperas a estar preparado, estarás esperando hasta el día que mueras! Deja de vivir como si el propósito de tu vida fuera llegar a salvo al día de tu muerte. Si Dios te da luz verde, no significa preparado, listo, ya. La fe cambia el guion: ¡ya, listo, preparado!

La tercera excusa: *estoy esperando la oportunidad justa.*

¿No la estamos esperando todos acaso? Conozco personas que dicen que darán más si hacen más, pero no creo lo que dicen. Si no eres generoso en lo poco, no serás generoso en lo mucho tampoco. ¡La generosidad comienza aquí, justo ahora! Conozco personas que dicen que servirán más cuando tengan más tiempo. ¡Tú no encuentras *el* tiempo; tú tienes que procurártelo! Conozco personas que dicen que darán el paso cuando aparezca la gran oportunidad. ¡No aparecerá si no estás tomando las pequeñas oportunidades que se encuentran a tu alrededor todo el tiempo! Deja de intentar ganar la lotería y comienza a sacarle jugo al día.

Cuarenta años después de haber cruzado el Mar Rojo, los israelitas se encontraron con un obstáculo similar. Es un *déjà vu* divino. Lo único que los separa de la tierra prometida es el río Jordán. Es casi como si Dios se quitara la gorra ante Naasón al darle una orden curiosa a los sacerdotes que llevaban el arca del pacto:

> *Cuando lleguen a la orilla del río Jordán, den unos cuantos pasos dentro del río.*[5]

Aquí es donde muchos de nosotros nos atascamos. Nos quedamos parados en la orilla, esperando que Dios abra las aguas. Luego, nos preguntamos por qué no sucedió nada. Y todo ese tiempo Dios estuvo esperando que nosotros nos metiéramos en el agua. Existe una secuencia sagrada encriptada en este antiguo logaritmo: si quieres que Dios abra el camino a través del mar, tienes que mojarte los pies.

Todos queremos el milagro. Por supuesto, ninguno de nosotros quiere encontrarse en una situación en la que necesite uno. ¿Adivina qué? No puedes tener lo uno sin lo otro. Lo que percibimos como algo imposible presenta una oportunidad única. Aquí es donde ejercitamos nuestra fe. ¿Cómo? ¡Al dar el primer paso!

¿CÓMO LO TRANSFORMAS EN UN HÁBITO?
Dando pasitos de bebé

Esas son las palabras del Dr. Leo Marvin. Sí, el psiquiatra ficticio en una película muy graciosa, *¿Qué tal Bob?* Eso no lo hace menos verdadero. ¡Tan solo un poco más divertido! Cuando se trata de crear y romper hábitos, un poco de risa es una ayuda a lo largo del camino. ¿Por qué? Porque tendrás nuevas caídas y experimentarás nuevos fracasos. Tienes que reírte, levantarte y volver a intentar. O en algunas circunstancias, intentar hacerlo de otra manera.

A menudo nos atascamos al tratar de pensar en los pasos tres y cuatro. Sí, fracasar al planificar es planificar para fracasar. Pero la creación de hábitos siempre comienza con un pequeño paso. No puedes llegar a la segunda base si mantienes el pie en la primera.

Creo en poner metas del tamaño de Dios: ¡hazlo en grande o vete a casa! Pero cuando se trata de creación de hábitos, lo importante son las pequeñas victorias. ¿Estás intentando arrancar tus metas sacándole jugo al día? Ponte la meta de ver el amanecer siete días seguidos. ¿Quieres escribir un libro? Sigue el ejemplo del libro de Tim Ferriss y escribe "dos miserables páginas por día".[6]

¿Qué río estás tratando de cruzar?

¿Cuál es el primer paso que necesitas dar?

Si es correr un maratón, te metes en el agua cuando pagas la inscripción. ¡Ahora sí te estás arriesgando! Si la meta es leer la Biblia de principio a fin, descarga un plan de lectura y pídele a un amigo que lo haga contigo. Si es obtener tu título universitario, completa la solicitud. Lo mismo sucede con tu trabajo soñado o tu pasantía de verano. Si es solucionar un asunto personal o restaurar una relación, pide una cita para consejería.

Yo admiro a los conspiradores. Pueden ver en el futuro más allá que el resto de nosotros. ¿Pero puedo decirte a quién admiro aún más? A los trabajadores lentos pero diligentes. Estas personas son las que se levantan y se esfuerzan cada día. Ponen un pie delante del otro como cualquier persona, pero no se detienen cuando se encuentran con el Mar Rojo. Se meten en el agua como Naasón, el santo patrón de este tipo de trabajadores.

¿Qué hubiera sucedido si Naasón no se hubiese metido en el agua y se hubiera detenido? *Bueno, eso no funcionó.* ¿Y si hubiese abandonado cuando tenía el agua a la altura de la cintura? *Eso no sucedió.* ¿Qué habría pasado si hubiera echado atrás cuando el agua le llegó al mentón? *Eso era una pérdida de tiempo.* La respuesta es simple: Naasón se hubiese perdido el milagro justo antes de que sucediera.

¿Cuál es el desafío del día 1? Escoge un hábito, cualquiera. ¡Luego mójate los pies mientras das pasitos de bebé! Este es el día en que sucede lo que no pasó en décadas.

¡Métete en el agua!

DÍA 2

SUBE POR LA ESCALERA

Dios no los guio por el camino principal
que atraviesa el territorio filisteo, aunque esa era
la ruta más corta a la Tierra Prometida.
Éxodo 13:17, NTV

En 1987, un grupo de ingenieros, emprendedores y científicos de la tierra se propusieron construir un ecosistema artificial en Oracle, Arizona. La Biosfera 2 medía 3,14 acres (1,29 ha), lo que la convertía en el sistema cerrado más grande jamás creado. Diseñado como el ecosistema ideal para que la vida vegetal floreciera, el ambiente de clima controlado incluía aire purificado, agua potable, suelo rico en nutrientes y luz natural. A pesar de lo que parecían ser condiciones perfectas, algo curioso comenzó a suceder. Los árboles que se plantaban allí crecían hasta una cierta altura y luego se caían. Después de romperse la cabeza, los científicos finalmente pudieron descubrir qué faltaba. La biosfera carecía de un componente vital para el crecimiento. ¿Te atreves a adivinar?

En su hábitat natural, los árboles son zarandeados por vientos que soplan en todas direcciones. Los árboles responden a la resistencia del viento, lo que hace crecer el tronco más fuerte y hace a las raíces más profundas. Sin la adversidad, los árboles se atrofian. Noticia de último momento: ¡los humanos también!

Uno de los errores que cometemos como padres y como líderes es el siguiente: hacemos todo lo que está a nuestro alcance para crear biosferas emocionales, relacionales y espirituales. Evitamos el conflicto. Mitigamos el riesgo. Minimizamos la incomodidad. Eludimos el sacrificio. Luego nos preguntamos por qué las personas crecen hasta una cierta altura y luego se detienen. Nos preguntamos por qué los líderes caen. Nos preguntamos por qué las amistades se pelean. Al igual que las semillas plantadas en suelo rocoso, carecen de un sistema de raíces que sostienen el crecimiento.

No tienes que salir y buscar la resistencia. ¡Ella te encontrará muy pronto! ¿Mi consejo? No busques una solución temporal; resuélvelo. Al igual que Naasón se metió en el agua, tienes que abrazar la ola. El obstáculo no es el enemigo; en realidad es el camino. De hecho, ¡más difícil es mejor! Sin esa forma de pensar, no llegarás al día 30.

Cuando Dios sacó a los israelitas de Egipto, no tomó un atajo hasta la tierra prometida. ¡Tomó la ruta panorámica! ¿Por qué? Porque no estaban preparados. La meta de ir tras un sueño del tamaño de Dios no es simplemente alcanzarla. Es en quién te conviertes en el proceso. ¡Los grandes sueños forman grandes personas! No estés tan ansioso por salir de las situaciones difíciles sin que puedas obtener algo de ellas. Tienes que aprender la lección, cultivar el carácter y gestionar el cambio.

La formación de hábitos no es lineal. Es dar dos pasos adelante y uno hacia atrás. ¿Acaso sabías que hubo cuarenta y dos paradas en el Éxodo? ¡Zigzaguearon por todos lados! Experimentarás contratiempos durante este desafío de treinta días, pero es allí donde necesitas insistir y orar. Esos son los días en que necesitas redoblar la apuesta. ¡No puede ser todo "levántate y brilla"; algunas veces será "pase lo que pase"!

Cuando encuentres un obstáculo, cualquier obstáculo, piensa en él como un ejercicio de resistencia. Los días que no tengas ganas de tomar decisiones, Dios está edificando tu fortaleza emocional. Los días en que te sientas con ganas de tirar la toalla, Dios te está preparando para algo más grande, algo mejor. ¡Y podría agregar que son esos días malos los que nos ayudan a apreciar los buenos! Como líder, me siento frustrado cuando doy una visión y la gente no la entiende. O lo que es peor, cuando se oponen. Ahora bien, aprendí a apreciar la resistencia porque tiene un efecto de refinamiento sobre la visión. Me obliga a anticipar las objeciones y a responder las preguntas y, de este modo, aclarar la visión.

No importa si te llamas Moisés y has bajado del Monte Sinaí con las tablas de piedra escritas por el dedo de Dios; aun así, vas a experimentar resistencia. Eso se denomina "curva de campana de difusión de la innovación"; el 16% de las personas se resisten.[1]

Como líderes nos gustan los pioneros que se encuentran del otro lado de la curva de campana. ¡Son personas que caminarán por el precipicio con nosotros! ¿Puedo contarte un pequeño secreto de liderazgo? He llegado a apreciar a los rezagados casi tanto si no más que a los pioneros, porque nos fuerzan a volvernos mejores dadores de visión. ¡No odies a los odiadores! Escúchalos. Aprende de ellos. Quizá no los convenzas sobre tu forma de pensar, pero cultivarás el respeto mutuo.

¿Puedo discrepar con respecto a una tendencia cultural? Darle un trofeo a cada niño sin importar su desempeño tiene consecuencias inesperadas como la Biosfera 2. Si todos obtienen un trofeo, los músculos de la fortaleza emocional se atrofian. Nunca aprendes cómo hacer frente a la desilusión.

En su brillante libro *Mindset: The New Psychology of Success* [Mentalidad: La nueva psicología del éxito], Carol Dweck hace una distinción entre dos formas de pensar.[2] Una mentalidad establecida es creer que nuestras habilidades son rígidas. Es el dilema de naturaleza por sobre nutrición: nací de esta manera. Con esa manera de pensar intentas evitar el fracaso. ¿Por qué? Si fallas, eres un fracasado. El fracaso es visto como una acusación en lugar de ser una oportunidad para aprender. Las personas con formas de pensar establecidas siempre están a prueba intentado probarse a sí mismas. Son tan buenas como su último juego, su última elección, su último caso o su última actuación.

Una mentalidad de crecimiento es creer que las habilidades pueden cultivarse sin importar las circunstancias. Se trata de la nutrición por sobre la naturaleza. Es la mente por sobre la materia. ¡Es creer que casi todos pueden lograr casi todo si trabajan de forma dura, constante e inteligente! Tu fracaso no te posee si tú lo posees a él. ¿Cómo? Lo potencias al aprender de él. Nueve de cada diez veces, el fracaso es el resultado de un éxito mal administrado. Pero déjame cambiar el guion: el éxito es el resultado del fracaso bien administrado.

No estoy ignorando los factores genéticos ni epigenéticos respecto de la formación de hábitos. Existen rasgos heredados que nos otorgan ventajas y desventajas. Si mides cinco pies y siete pulgadas (cerca de metro y medio) y quieres jugar en la NBA (National Basketball Association), que la fuerza te acompañe, porque tienes todo en tu contra. ¡Tendrás que trabajar más tiempo, con más fuerza y mayor inteligencia! Pero no me digan que no se puede. ¿Por qué? Porque con cinco pies y siete pulgadas, Spud Webb no solo jugó en la NBA, sino que ganó el concurso de mates en 1986.

El psicólogo Benjamin Bloom una vez llevó a cabo un estudio con ciento veinte personas exitosas en una amplia variedad de ocupaciones, desde concertistas de piano hasta nadadores olímpicos y científicos. La mayoría de ellos no eran sobresalientes cuando eran niños. Había poca evidencia que indicara que tendrían logros a futuro. ¿Qué fue lo que los distinguió? "Después de cuarenta años de investigación exhaustiva (…) mi principal conclusión es esta: lo que cada persona en el mundo puede aprender, casi todas las personas pueden aprender.[3]

¿No es eso empoderamiento? ¡Háblenme de nivelar el campo! Yo no deseo que la formación de hábito se vuelva una competencia, pero la recompensa generalmente va para aquellos que trabajan por más tiempo, más arduamente y con más inteligencia. Dicho de forma sencilla: el único límite es tu dedicación para aprender. Si eres humilde y te mantienes deseoso, no hay nada que Dios no pueda hacer en ti y a través de ti.

La formación de hábitos es tan única como tu historia, tu personalidad y tu cronotipo. Si eres una persona madrugadora, tienes que levantarte temprano para ir tras tus metas. Si eres trasnochadora, quemarás el aceite de la medianoche. En cualquier caso, tienes que descubrir qué es lo que te funciona a ti. ¡Y compartir esa gracia con otros! En palabras de Oswald Chambers: "Permite que Dios sea tan original con las demás personas como lo es contigo".[4]

La formación de hábitos es tan diferente como lo son las personas pensadoras y las emocionales, las introvertidas y las extrovertidas, las que ponen metas y las que resuelven problemas. De una u otra manera, la creación de hábitos comienza con una mentalidad de crecimiento. Recibe la resistencia como una manera de crecer con más fuerza. Sea cual sea el hábito que tratas de cultivar, será más difícil antes de volverse más fácil. ¡Eso es lo más normal del mundo!

¿CÓMO LO TRANSFORMAS EN UN HÁBITO?
¡Subiendo por la escalera!

Lo digo literal y figurativamente. Sí, por el ascensor es más fácil. Pero el camino con menor resistencia no te llevará a donde quieres ir. Al estar frente a la oportunidad, no tomes el camino ligero. Es una forma de pensar y una metáfora. Cuando estés frente a la opción del ascensor y la escalera, decide de antemano subir por la escalera. ¿Por qué? "Más difícil es mejor". La escalera y el ascensor te llevarán al mismo lugar, pero estarás en mejor forma al haberlo hecho por la escalera.

Subir por la escalera se trata de sumar mayor resistencia, pero no significa que sea menos divertido. Hace algunos años, la compañía Volkswagen en Suecia realizó una intervención pública que apuntaba a mejorar la salud. Utilizaron algo llamado la teoría de la diversión: "La diversión es la mejor manera de hacer que las personas cambien su comportamiento para mejor".[5] Las mentes maestras detrás de esta intervención instalaron un piano al lado de la escalera mecánica en la estación de subterráneo de Estocolmo. La escalera simulaba ser las teclas de un piano. ¡Esa escalera interactiva hizo que aumentara su uso en un 66%![6]

¿La moraleja del estudio? Al añadir resistencia también agrega un elemento divertido. "Un criterio importante para juzgar el nivel de ansiedad de una sociedad", dijo Edwin Friedman, "es la pérdida de la capacidad de jugar".[7] Como dice el refrán: "Solo trabajo y nada de juegos hacen de Jack un niño aburrido!".

La creación de hábitos es un asunto serio, pero debes tener diversión a lo largo del camino. El humor autocrítico te permite aprender de tus errores al reírte de ellos. ¿Mi consejo? Toma a Dios en serio, pero tómate a ti mismo con menos seriedad. ¡La formación de hábitos ya es lo bastante difícil!

"Si alguien te obliga a llevarle la carga un kilómetro", dijo Jesús, "llévasela dos".[8] En otras palabras: haz la milla extra. Hazlo tu mantra, tu misión, tu *modus operandi*. Le estaba permitido a un soldado romano requisar a un ciudadano judío durante mil pasos. La primera milla era obligatoria, pero Jesús subió la apuesta. Desafió a sus seguidores a exceder las expectativas al ir mucho más allá. Es el camino menos transitado, pero no hay tráfico.

Cuando hago ejercicio, escucho *podcasts* y tengo mis listas de reproducción. Es una manera en que acumulo el hábito. Ejercito la mente mientras ejercito el cuerpo. Algunos de mis podcasts favoritos son *Radiolab, 99% Invisible, Freakonomics Radio y Revisionist History*. ¿Por qué lo hago? Los *podcasts* son una manera de enriquecer mi mente al aprender de una variedad de disciplinas. ¡Además, me distrae del dolor que me produce ejercitar!

También me gusta adorar mientras corro. ¿Cómo no hacerlo después de que Dios me sanó los pulmones? A menudo escucho una de mis listas de canciones de adoración favoritas. Dicho esto, cuando necesito superar mis límites, acudo a la vieja escuela. Pongo la banda sonora de Rocky IV una y otra vez. ¡Bienvenido a mi mundo! Cuando escucho la escena del entrenamiento, me imagino a Rocky haciendo flexiones invertidas en un viejo granero, tirando con los hombros de un carro de bueyes y haciendo estocadas en la nieve de Siberia. También escucho a su entrenador gritando: "¡No hay dolor, no hay dolor, no hay dolor!".

Esa es una mentalidad de crecimiento. Es el antiguo axioma "sin dolor, no hay ganancia". Es así como creas o rompes hábitos. Y más difícil es mejor.

¡Sube por la escalera!

DÍA 3

DESAPARECE DEL MAPA

Pero no olviden, queridos hermanos, que para el Señor
un día es como mil años, y mil años como un día.
2 Pedro 3:8

Cuando el comediante ruso Yakov Smirnoff inmigró a los Estados Unidos, le preguntaron qué era lo que más le gustaba de ese país. ¿Cuál fue su respuesta? Los supermercados. "Caminé por un pasillo y vi leche en polvo; solo hay que agregar agua y ya tienes la leche. Justo al lado estaba el jugo de naranja en polvo; le agregas agua y ya tienes jugo de naranja. Luego vi talco de bebé, entonces pensé: *¡Qué gran país!*".[1]

Todo instantáneo. Desearíamos que así fuera, ¿cierto? Vivimos en una cultura que aspira a quince minutos de fama en lugar de quince años de fidelidad. Queremos la solución rápida. Mejor aún, queremos enriquecernos rápidamente. Tenemos una cultura de satisfacción inmediata, y eso se demuestra en lo frustrados que nos sentimos ante el más mínimo retraso.

¿Un ejemplo de esto? Estás a punto de subir a un avión que vuela a quinientas millas por hora (ochocientos kilómetros por hora) a una altura de treinta mil pies (nueve mil metros), que te llevará al otro lado del país en cinco horas, ¡y te sientes increíblemente frustrado por un retraso de quince minutos! Lo entiendo, soy culpable de todos los cargos. Pero supera a la carreta, ¿no es así? ¡Viajar en carreta a la velocidad de los bueyes para cruzar el país llevaba seis meses! Y no había una categoría de turista, te lo aseguro.

Si vas a pensar en grande, tienes que comenzar en pequeño y pensar a largo plazo. Esto me vuelve a llevar a la mentalidad de crecimiento del día 2. Más difícil es mejor y más lento es más rápido. Por el hecho de que sea contradictorio y contracultural, eso no lo hace menos verdadero. Sea cual fuera el hábito que estés tratando de crear o romper, te llevará más de un minuto. Tienes que amarrar la carreta y comprometerte con el largo recorrido llamado ciclo del hábito.

En el siglo XVI, un dramaturgo inglés llamado John Heywood murió cerca de una década después del nacimiento de William Shakespeare. Fue mucho menos famoso que Shakespeare, pero te apuesto a que lo has citado sin siquiera conocerlo. Algunos de sus frases incluyen: "muchas manos hacen el trabajo ligero", "mejor tarde que nunca" y "una piedra rodante no junta musgo". ¿Su axioma más famoso? "Roma no se construyó en un día".[2]

¿Puedo ser brutalmente honesto? La creación de hábitos pareciera ser eterna. ¡Es allí cuando tienes que recordarte a ti mismo que Roma no se construyó en un día! Crear o romper hábitos te llevará más tiempo del que gustaría, sin dudas. Pero cuanto más tiempo inviertes, es más significativo.

¿Un dato divertido? En 1947, General Mills presentó su primera mezcla instantánea para tortas. Esperaban un éxito instantáneo, pero la mezcla para tortas no se veía bien. La empresa estaba confundida, porque habían simplificado una tarea difícil. Todo lo que tenías que hacer era agregar agua. Era pan comido. Y ese fue precisamente el problema; ¡era demasiado fácil!

General Mills le encargó a un experto en *marketing*, Ernest Dichter, que descubriera la razón por la que la mezcla instantánea no tenía repercusión entre los consumidores. ¿Cuál fue su conclusión? Que hacemos tortas para las ocasiones especiales. En otras palabras, cocinar es una expresión de amor. El hecho de hacer un menor esfuerzo lo convertía en algo menos significativo.

Recuerdas que nuestros hábitos tienen que ser medibles, significativos y sostenibles. La mezcla para tortas era tan simple que parecía hasta autocomplaciente. ¿Qué hizo General Mills? ¡Lo hicieron más significativo al complejizarlo un poco! ¡Le sumaron a la preparación más tiempo! Cuando los consumidores tuvieron que agregar huevo y medir la leche, las ventas se dispararon.[3]

¿La lección? Más difícil es mejor y más lento es más rápido. Y no solo es verdad para la mezcla de torta. Si estabas buscando respuestas fáciles y soluciones rápidas, compraste el libro equivocado. El desafío de treinta días no será fácil, y no me disculpo por eso. Por definición, un desafío requiere un grado de dificultad. El término técnico es "dificultad deseable", y es una pieza fundamental en el rompecabezas de la formación de hábitos. En el libro *Sácale jugo al día* compartí una ecuación que quiero resolver en *Hazlo por un día*:

Práctica deliberada + Dificultad deseable = Aprendizaje duradero[4]

Aplicaremos ingeniería inversa sobre toda la ecuación durante los próximos treinta días, pero déjame comenzar con la dificultad deseable. Suena como un oxímoron, tanto como Santiago 1:2: "Considérense muy dichosos cuando tengan que enfrentarse con diversas pruebas". ¿En serio? ¿Por qué? Porque esas pruebas son oportunidades para probarte a ti mismo. No puedes deletrear la palabra testimonio sin la palabra *test*, que proviene del inglés y significa prueba. Cuando pasas la prueba, te gradúas al próximo nivel. Además, serás más fuerte del otro lado.

La expresión "dificultad deseable", acuñada por Robert A. Bjork, se refiere a una tarea que requiere un esfuerzo considerable.[5] Las tareas difíciles ralentizan el proceso de aprendizaje al principio, pero producen beneficios a largo plazo. Si algo es demasiado fácil, nos aburrimos. Si algo es demasiado difícil, lo abandonamos. La dificultad deseable es el punto intermedio donde tiene lugar el crecimiento.

El punto óptimo se llama dificultad controlable [JMD, por sus siglas en inglés]. Se encuentra un poquito más afuera de tu zona de confort. Está un poquito más allá de tus recursos. Se pasa un poquito de tu salario. Es por eso que necesitamos entrenadores, terapeutas, consejeros. Necesitamos a alguien que nos empuje más allá de nuestros límites existentes.

¿Alguna vez has escuchado sobre "la regla del 40%"? Cuando la mente te dice que abandones —sientes como si hubieses dado todo lo que tenías— solo has explotado el 40% de tu potencial. La idea se originó con el corredor de ultramaratón y ex SEAL de la marina David Goggings.[6] Cuando sientes como si hubieras alcanzado el final de la cuerda, tienes 60% más potencial de lo que siquiera puedes imaginar. Si vas a explotar todo tu potencial, tienes que abrirte paso entre esos obstáculos mentales.

Como escritor y pastor, siento como si mi trabajo fuera consolar a los afligidos y afligir a los que están a gusto. Mi meta es persuadirte para que salgas de tu zona de confort y entres en tu zona de crecimiento. Tienes que sentirte cómodo con la incomodidad. ¿Cómo? Añadiendo tiempo y resistencia. Cuando te abres paso entre tus límites previos y alcanzas tu récord personal, ¡el cielo se convierte en el suelo!

¿CÓMO LO TRANSFORMAS EN UN HÁBITO?
Retrocediendo

La palabra retroceder significa "dar marcha atrás". ¿La ironía? Es así como avanzas. Es tan contradictorio como la ley de rendimientos decrecientes: menos es más.

Si quieres crear o romper un hábito, es muy parecido a aprender a bailar un ritmo nuevo. Mi repertorio es bastante limitado, pero puedo hacer el baile del *floss* (hilo dental) y *churn the butter* (batir la mantequilla), así como un aceptable *running man* (el corredor). ¿Cómo aprendí esos movimientos de baile? Tuve que analizarlo y reducir la marcha. Luego, y solo luego, pude ir más rápido. Dicho de forma simple, no puedes apurar los hábitos. Tienes que retroceder para avanzar.

¿Recuerdas a *Alicia en el país de las maravillas*? Corrió lo más rápido que pudo para seguir el ritmo de la Reina Roja, pero no ganó terreno. ¿Alguna vez te sentiste así? "Aquí, ya ves, se necesita que corras lo que tú más puedas, para mantenerte en el mismo lugar", dijo la reina. "¡Si quieres llegar a algún lado, debes correr al menos dos veces más rápido que eso!".[7] ¿Cómo nos bajamos del carrusel que cada vez gira más rápido? Tienes que desaparecer del mapa. ¿Cómo? Aquí va una simple idea: día libre = teléfono apagado.

La próxima vez que leas los evangelios, observa con qué frecuencia Jesús se retiraba. Jesús se retiraba todo el tiempo: subía la montaña, caminaba por la playa, navegaba por el Mar de Galilea. Incluso pasó cuarenta días en el desierto. ¡Evidentemente, la mejor manera de hacer algún progreso es retirándose con gran frecuencia e intencionalidad! Jesús obraba con un sentido de urgencia, aunque Él no estuviese apurado. En las palabras del teólogo japonés Kōsuke Koyama, Él es el "Dios de las tres millas por hora (cinco kilómetros por hora)".[8]

Me guío por una pequeña fórmula: cambio de ritmo + cambio de lugar = cambio de perspectiva. Hay momentos en que necesitamos aumentar el ritmo debido a la pereza, pero la mayoría de las veces necesitamos aminorar el ritmo debido a las ocupaciones. "Si el diablo no puede hacernos personas malas", dijo Corrie ten Boom, "nos hará personas más ocupadas".[9] ¿Por qué será acaso que el Sabbat es el más largo de los Diez mandamientos? ¡Quizá porque es el más difícil de cumplir! Tienes que aminorar la marcha, algo difícil de hacer en una competencia feroz.

Al final de cada año, Lora y yo nos tomamos un retiro de planificación de dos días. Junto con la preparación del presupuesto y de la agenda, revisamos nuestro diario de gratitud y ponemos las metas para el año siguiente. Utilizamos una gran variedad de técnicas para mantenernos centrados, incluidos una palabra para el año y un versículo del año. No tienes que ir a un lugar exótico. Pueden ser unas vacaciones en casa. Pero lo que sí necesitas es apartar tiempo para un propósito determinado. Además del retiro de planificación, intentamos programar un retiro de silencio una vez al año. ¡Con todo el sonido de fondo estos días, necesitamos limpiar los oídos! Finalmente, recomiendo un fin de semana por año para poner metas, revisarlas y aplicar ingeniería inversa a esas metas para que se conviertan en hábitos diarios.

¡Desaparece del mapa!

DÍA 4

LAME LA MIEL

Escribe la visión, y declárala en tablas.

Habacuc 2:2, RVR60

En 1965, un psicólogo social llamado Howard Leventhal diseñó cuatro panfletos para promover la vacuna del tétanos entre los estudiantes del último año de la Universidad de Yale.[1] El tétanos es una infección bacteriana que se adhiere a las terminaciones nerviosas y provoca espasmos musculares tan intensos que pueden quebrar los huesos. Esos panfletos estaban divididos en dos categorías: poco miedo y mucho miedo. ¿La diferencia? Los panfletos de poco miedo no tenían imágenes. Los panfletos de mucho miedo, en cambio, incluían impactantes fotografías de personas que habían sufrido los efectos secundarios del tétanos.

No es de sorprender que el doble de estudiantes que recibieron el panfleto de mucho miedo haya indicado que tenían la intención de vacunarse. El temor es un motivador poderoso, pero evidentemente, no es tan poderoso como garantizar el seguimiento. ¡Solo hubo un 1% de diferencia en el porcentaje de vacunación entre el grupo de estudiantes con poco temor y mucho temor!

Pero Leventhal había añadido una segunda variable que demostró ser mucho más poderosa que la del temor, bueno, pero pasado de moda. Junto con la distinción entre poco temor y mucho temor, los panfletos se dividían entre la categoría de baja especificidad y alta especificidad. El panfleto de baja especificidad promovía la vacuna, pero no especificaba cuándo, dónde ni cómo. El panfleto de alta especificidad incluía un mapa del campus con los horarios y la ubicación del centro de salud donde los estudiantes podían vacunarse.

¿Los resultados? Solo el 3% de los estudiantes de la categoría de baja especificidad se vacunaron. El índice del éxito entre los estudiantes de la categoría de alta especificidad fue diez veces más alto: el 30% se aplicó la vacuna del tétanos.[2] ¡La especificidad fue la fórmula milagrosa, y aún lo es! El término técnico es "intención de implementación", y es fundamental cuando se trata de crear o romper hábitos. Si no especificas dónde, cuándo y cómo, buena suerte con eso. Suerte es lo que vas a necesitar.

Imagina que arreglas una cita con algunas personas y les preguntas cuándo y dónde quieren reunirse. Te contestan: "donde sea, cuando sea". La flexibilidad se aprecia mucho, pero esa reunión nunca se va a llevar a cabo, ¿no es cierto? Las buenas intenciones son buenas, pero no lo son lo suficiente. ¿Recuerdas cómo tienen que ser tus hábitos? Tus hábitos tienen que ser medibles, significativos y sostenibles.

Una clave para que tus hábitos sean sostenibles está en el eslogan al final de cada episodio de la serie de televisión original de *Batman*: *a la misma batihora, por el mismo baticanal.* Haz una cita contigo mismo. ¿Para qué? ¡Para todo! Agenda las salidas nocturnas, los horarios del gimnasio y los retiros personales. No, no tienes que agendar la hora de la ducha; eso es ir muy lejos. Pero en términos generales, ¡si no está en tu agenda, no va a suceder!

En el área de la economía conductual, la teoría del impulso analiza la manera en que los pequeños empujones pueden tener un mayor impacto sobre el comportamiento. ¿Recuerdas la escalera piano del día 2? Es un clásico ejemplo de lo que D. J. Stewart denominaba el arte del impulso. Es identificar los empujones que interrumpen el patrón, que es más de la mitad de la batalla cuando se trata de formación de hábitos.

Si visitas los baños de hombres del Aeropuerto Schiphol de Ámsterdam, verás que en los mingitorios hay una imagen de una mosca negra común. De acuerdo con Aad Kieboom, el hombre responsable de esas moscas: "Si un hombre ve una mosca, le va a apuntar". Excelente percepción y, para que conste, redujo el salpicado en un 80%.[3]

Aad Kieboom es un arquitecto de elección. ¡A decir verdad, todos lo somos! Como padres, nos relacionamos con nuestros hijos mediante la arquitectura de elección todo el tiempo. ¿Cómo? ¡Convertimos los vegetales en aviones y los hacemos volar hacia su boca! Nuestras tácticas se vuelven más sofisticadas a medida que crecen, y recurrimos a cosas como la psicología inversa. Pero el principio de la arquitectura de elección sigue siendo el mismo. Ingeniamos maneras de motivar o desmotivar distintos comportamientos. Por supuesto que hacemos lo mismo con nosotros mismos. Es la tercera fase del ciclo de un hábito: imaginar la recompensa. Y esa es la clave para la automotivación.

Richard Thaler y Cass Sunstein compartieron un ejemplo fascinante de la arquitectura de elección en su brillante libro *Un pequeño empujón*.[4] En Chicago, hay un tramo peligroso en la carretera donde Lake Shore Drive gira y se angosta hacia Oak Street. Cuando estudiaba en la Universidad de Chicago, conduje por allí varias veces. La oficina de transporte intentó reducir los accidentes al instalar un cartel de curva peligrosa. Tuvo muy poco efecto sobre el índice de accidentes. En 2006 tomaron otro rumbo. Pintaron una serie de líneas sobre Lake Shore Drive que tenían un efecto subconsciente sobre los conductores. A medida que los autos se acercaban a la curva, la distancia entre las curvas se achicaba, lo que daba la impresión de que los autos iban más rápido. Las líneas tenían un efecto subconsciente que hacía que los conductores desaceleraran. ¿El resultado? Se redujeron los accidentes en un 36%.[5]

¿Cómo implementamos esa clase de impulsos cuando se trata de formación de hábitos? ¿Cómo nos empujamos a nosotros y a los demás? ¿Cómo armamos la arquitectura para los estudiantes a los que enseñamos, los atletas que entrenamos y los niños que educamos? ¿Cómo aplicamos la ingeniería inversa en nuestro ambiente para maximizar los buenos hábitos y minimizar los malos?

La teoría del empujón quizá sea nueva, pero la idea es tan antigua como la Torá. Si vivías en Judea durante el siglo I, tu educación formal comenzaba a los seis años en la escuela de la sinagoga local llamada Bet Sefer. ¿Cuál era la primera enseñanza? El rabí cubría la pizarra de los estudiantes con miel[6] y les ordenaba que la lamieran mientras recitaban el Salmo 119:103: "¡Cuán dulces son a mi paladar tus palabras! ¡Son más dulces que la miel a mi boca!".

El maestro estaba creando una asociación positiva, una adicción positiva. El objetivo era catalizar la búsqueda de la Palabra de Dios, al ayudar a los estudiantes a que "prueben y vean que el Señor es bueno".[7] ¿Qué crees que esos estudiantes pensarían cada vez que probaban la miel? Esa era su primera enseñanza, y les dejaba un sabor duradero en la boca. ¿El dato curioso? La miel es la única comida que dura por siempre. Se cristalizará con el tiempo, pero el néctar de las flores combinado con las enzimas de las abejas crea una química imperecedera.[8]

Hay un antiguo refrán que dice: "Puedes llevar a un caballo hasta el agua, pero no puedes obligarlo a beber". Es verdad, ¡pero puedes salar la avena! ¿Estás atajando lo que estoy lanzando? La formación de hábitos no solo desvía las conexiones neuronales, sino que crea nuevos deseos. La clave es alimentar los buenos deseos al tiempo que matas de hambre a los malos.

Cuando Randy Pausch trabajaba en la Universidad Carnegie Mellon, se desempeñó como revisor académico. Conseguir

profesores para leer y revisar los textos de investigación densa-
mente escritos era tan difícil como arrear gatos. Pausch se cansó de
los profesores que estaban atrasados, así que se le ocurrió una manera única de darles un empujón. Les envió una nota y una caja de
galletas de Girl Scout Thin Mint con cada escrito que había que revisar: "Gracias por aceptar hacerlo. Las galletas son tu recompensa. Pero no vale comerlas hasta que hayas terminado de revisar el
escrito". Brillante, ¿no es cierto? No solo les dibujó una sonrisa
en el rostro, sino que generó un deseo. En lugar de molestar a esos
profesores, todo lo que Pausch tenía que hacer era preguntarles:
"¿Ya comiste las galletas?".[9]

¿Recuerdas a B. F. Skinner? Él creía que las señales del comportamiento se encuentran dentro de dos categorías básicas: aver-
siva y fortalecedora. Cuando se trata de formar buenos hábitos,
tienes que fortalecerlos con los impulsos correctos. Tienes que
correr tras la zanahoria o —mejor aún— las galletas. Para romper los malos hábitos, el estímulo aversivo es un recurso provi-
sional efectivo.

Cuando estaba en la escuela secundaria, no paraba de comer-
me las uñas. ¿Cómo rompí ese hábito? Comencé a usar un esmal-
te de uñas transparente que te revuelve el estómago si lo ingieres.
El estímulo aversivo fue una estrategia efectiva a corto plazo, pero
hay una mejor manera de reciclar tus malos hábitos. Se llama cambio de hábito. Es romper los malos hábitos remplazándolos con
buenos hábitos.

"La adicción no es del todo mala", alegó el Dr. William Glasser en su libro *Positive Addiction* [Adicción positiva].[10] Las adicciones negativas destruyen nuestra vida con un trago, un clic, un
golpe a la vez. Las adicciones positivas tienen el efecto opuesto. En un sentido, todos nosotros somos adictos. La pregunta
es: ¿esas adicciones son positivas o negativas, saludables o insalu-
bres, santas o impías?

Puedes romper un mal hábito al no hacerlo, y puede funcionar durante una o dos semanas. Pero no es una solución a largo plazo. Espiritualmente hablando, no dejas de pecar al no pecar. Es como si alguien dijera: "No pienses en un espantoso gigante verde". ¿Qué imagen te vendrá a la mente justo en ese momento? En psicología, eso se llama doble vínculo. Si yo digo: "sé espontáneo", no podrás serlo. Eso crea una situación sin salida, y lo mismo sucede con cada tentación que enfrentamos. Ojalá fuera tan fácil como tan solo decir no. Necesitas un sí más grande y mejor que el obstáculo que estás tratando de vencer. Es allí donde entra el cambio de hábito.

El cambio de hábito consiste en reemplazar un mal hábito por uno bueno, y requiere tiempo y esfuerzo. De acuerdo con el Dr. Glasser, para cultivar una adicción positiva se necesita un mínimo de cuarenta a sesenta minutos por día. Y podría llevar seis meses o más.[11] Por supuesto que treinta días te darán una posición ventajosa. No te sientas abrumado por el tiempo que pueda llevar. ¡Hazlo por un día!

La formación de hábitos es una arquitectura de elección, y una arquitectura de elección se trata de crear los mensajes correctos, los deseos correctos. Tienes que cambiar los parámetros preestablecidos al tomar decisiones previas: las decisiones que tomas antes de tomar una decisión. No solo las decisiones previas reducen la fatiga de la decisión, sino que también tienen un efecto dominó.

¿Hay alguna decisión previa que tengas que tomar?

¿Hay algún parámetro establecido que necesites cambiar?

¿Hay algún empujón que debas resistir?

Cuando Lora y yo nos casamos, decidimos que nunca dejaríamos de diezmar. No tomamos esa decisión cada vez que recibimos un pago. ¡Eso sería agotador! Tomamos esa decisión previa el día 1, y tuvo un efecto dominó. Hacer un presupuesto es un gran ejemplo de arquitectura de elección; crea parámetros establecidos al fijar límites y prioridades. También es un ejemplo de intención de implementación. Lo mismo sucede con llevar una agenda. Si no decides previamente cómo vas a utilizar tu tiempo, alguien más lo hará. Tu cuenta bancaria y tu agenda no mienten, ¡revelan cuáles son realmente tus valores principales!

¿CÓMO LO TRANSFORMAS EN UN HÁBITO?
¡Poniéndolo por escrito!

Ese principio tiene cientos de aplicaciones, pero poner las cosas por escrito tiene dos beneficios principales. El primero es la claridad. El proceso de pasar las cosas a un papel nos obliga a ser precisos. Es la manera en que llevamos nuestros pensamientos cautivos con las veintisiete letras del alfabeto español y los hacemos obedientes a Cristo.[12] ¡Eso cuenta para las metas y también para la gratitud!

El segundo efecto es la memoria. Escribir las cosas en un papel tiene un efecto de generación: se ha demostrado que tenemos mejor memoria para las cosas que hemos escrito que para aquellas que simplemente leemos. El lápiz más corto es más largo que la memoria más larga. Escribir codifica las cosas en memoria a largo plazo.

¿Tus metas de vida están escritas en un papel? ¿Y qué sucede con tus valores fundamentales? ¿Qué hay con tu definición personal de éxito? ¿Tienes un diario de agradecimiento? ¿Un diario de oración?

En el código de Deuteronomio se da una orden curiosa a los antiguos reyes judíos: "Cuando el rey tome posesión de su reino, ordenará que le hagan una copia del libro de la ley". ¡El rey tenía lugares donde ir y cosas que hacer! ¿Por qué tomarse el tiempo de escribir toda la Torá a mano? ¿Realmente era necesario? La respuesta se encuentra en la ley: "Así aprenderá a temer al Señor su Dios, cumplirá fielmente todas las palabras de esta ley y sus preceptos".[13]

Lo denomino el hábito del rey, y tenía tres condiciones. La primera, el rey tenía que escribir la Torá. La segunda, debía tener una copia a su alcance todo el tiempo. La tercera, el rey tenía que leerla a diario. Voy a perdonarte la primera condición. Si tienes un teléfono móvil, la segunda es tan simple como descargar la Biblia en formato digital. La clave de la tercera condición, y la mejor forma de ponerla en práctica, es un plan de lectura bíblica diaria. Es una de las mejores decisiones previas que jamás hayas tomado. No solo sirve como medicina preventiva, sino que también crea un deseo por la Palabra de Dios.

¡Lame la miel!

DÍA 5

RODEA LA MONTAÑA

Ustedes pueden decir a esta montaña:
"Levántate y échate al mar".
Marcos 11:23, NTV

En las afueras de la antigua ciudad de Kioto en Japón, se encuentra un monasterio que data del siglo IX. Su fundador, Sōō Oshō, fue el primer monje en completar el antiguo desafío llamado *kaihōgyō*.[1] En español significa "rodear la montaña". Como parte de su búsqueda de la iluminación, los monjes en formación deben completar el circuito del largo de un maratón alrededor del Monte Hiei. ¡Hacen esto cien días seguidos! Y ese es el nivel básico. ¡Luego de completar el desafío de los cien días, quedan calificados para el desafío de los mil días!

¿Los ves? ¡El desafío de los treinta días no es tan malo después de todo!

Solamente cuarenta y seis monjes maratonianos han completado el desafío de los mil días desde 1885. ¡Aquellos que lo logran —mil maratones en mil días— cubren una distancia mayor a la circunferencia de la tierra!

Para embarcarse en ese desafío, un monje maratoniano debe solicitar ese privilegio a sus superiores. Si se le concede ese permiso, no hay vuelta atrás. Un monje maratoniano puede abandonar durante los primeros cien días, pero el día ciento uno es el punto sin retorno. No muy distinto al voto del Antiguo Testamento, no se puede rechazar. El monje se compromete a terminar el desafío o morir en el intento. El sendero alrededor del Monte Hiei está marcado por las tumbas de los monjes que murieron justamente así.

Cuando escuché por primera vez sobre los monjes maratonianos, me costó creer que mil maratones en mil días fuera acaso posible. ¡Un maratón ya es bastante difícil! ¿Cómo lo hacen? Eliminan todas las demás opciones. ¡Es hacerlo o morir!

Hay una genialidad en todo este ritual sagrado en el día ciento uno. Técnicamente hablando, se llama dispositivo de compromiso, y viene de varios sabores. Si estás tratando de romper un mal hábito, aplícate una multa cada vez que no logres cumplir con tu compromiso. Por supuesto que necesitarás a alguien que sea honesto contigo. Si estás buscando potenciar el refuerzo positivo, ¿por qué no probar con una caja de galletas como Randy Pausch? ¡El único límite de los dispositivos de compromiso es tu creatividad!

Me llevó treinta años y varios intentos fallidos escribir mi primer libro. ¿Cómo pude conseguirlo finalmente? Aproveché mi cumpleaños número treinta y cinco como fecha límite. Tuve que comprometerme conmigo mismo: No voy a cumplir 35 años sin haber escrito un libro que lo demuestre.

¡Todos somos increíblemente creativos al momento de encontrar excusas! Si estás buscando una, siempre la encontrarás. Si te permites a ti mismo una cláusula de salvaguarda, finalmente la usarás. La formación de hábitos requiere una intención de implementación inicial, pero el dispositivo de compromiso es la póliza de seguros. ¿Las buenas noticias? "En el momento del compromiso", dijo el poeta alemán Johann Wolfgang von Goethe, "todo el universo conspira para ayudarte".[2]

¿Puedo contarte un secreto? Como pastor, a menudo incluyo cosas en mis mensajes como una manera de "hacerlo público" y de esta manera hacerme responsable. Algunas veces comparto la visión corporativa, como el lanzamiento de un nuevo campus o la construcción de nuestro DC Dream Center. Otras veces es más personal. Antes de comenzar a entrenar para el maratón de Chicago, anuncié que iba a participar en este. ¿Por qué? ¡Sabía que me haría ser responsable! Una faceta del dispositivo de compromiso es hacerlo público de alguna manera. Eso es precisamente lo que hacía el apóstol Pablo: "anunció públicamente la fecha en que se cumpliría el tiempo de los votos".[3]

Una clave para crear un ciclo de hábito es no permitirte ninguna laguna. Tienes que escoger un hábito, cualquiera. Tienes que hacerlo medible, significativo y sostenible. Luego, tienes que meterte en las aguas de los treinta días consecutivos. ¡O, como en el caso de los monjes maratonianos, tienes que rodear la montaña todos los días durante mil días!

Como un verdadero estudiante de primer año, Herschel Walker rompió casi todos los récords de la Asociación Nacional Deportiva Universitaria [NCAA, por sus siglas en inglés] como corredor: la mayor cantidad de yardas, mayor cantidad de yardas por carrera y la mayor cantidad de anotaciones. Ganó el Trofeo Heisman durante el tercer año. En el 2002, fue elegido como el segundo mejor jugador de la historia del fútbol universitario detrás de Red Grange.[4]

¿Cómo lo logró? Lo adivinaste: un dispositivo de compromiso. Hasta los nueve años, la pasión de Walker era la poesía y la lectura. Un día leyó un libro "sobre un oficial de la marina que hizo todas esas flexiones y abdominales".[5] Ese párrafo demostró ser un empujón. Walker comenzó un régimen de ejercicios que conllevaba miles de abdominales y flexiones, y nunca se detuvo. Incluso después de retirarse del fútbol profesional, siguió haciendo miles de abdominales y flexiones cada día. ¡Creo que eso califica como una adicción positiva!

¿Recuerdas nuestra teoría de trabajo? Casi todos pueden lograr casi todo si trabajan de forma dura, constante e inteligente.

Los monjes maratonianos son la muestra A. No corres mil maratones consecutivos sin una mentalidad de crecimiento. Si te enfocas en el tamaño de la montaña vas a abandonar antes de empezar. Los monjes maratonianos no pueden ver todo el camino alrededor de la montaña. ¿Entonces qué hacen? Se enfocan en los cien pies (30 m) que tienen delante, y siguen poniendo un pie delante de otro. ¡Son los trabajadores lentos pero diligentes, por excelencia!

Ya he hablado sobre las dos dimensiones de la formación de hábitos: más difícil es mejor y más despacio es más rápido. Déjame agregar uno más a la mezcla: más pequeño es más grande.

Les aseguro que si tuvieran fe tan pequeña como un grano de mostaza, podrían decirle a esta montaña: "Trasládate de aquí para allá", y se trasladaría.[6]

Un grano de mostaza solo mide dos milímetros de diámetro y, sin embargo, se convierte en un árbol de nueve pies (2.75 m) de alto. Si eso es no es crecimiento exponencial, no sé qué es. Si mis matemáticas son correctas, ¡esa semilla crece hasta convertirse en algo 1,371 veces más grande que su tamaño original! Dentro de esa semilla hay un notable perfil nutricional que incluye vitamina A, B6, B12, C, E y K. Es una fuente de calcio, hierro, magnesio, fósforo, potasio, sodio y zinc. Tiene propiedades antiinflamatorias. ¡Además, sabe fantástico sobre las rosquillas!

Si no sabías previamente lo que era —una semilla de mostaza— nunca hubieses imaginado en qué se podría convertir. Esa es la esencia de la fe. Plantamos y regamos, Dios da el crecimiento. Dios es grande no solo porque nada es demasiado grande. Dios es grande porque no hay nada demasiado pequeño.

La National Community Church o Iglesia de la Comunidad Nacional [NCC de aquí en adelante] ha entregado más de veinticinco millones de dólares a causas del reino, pero comenzó con nuestro primer cheque de cincuenta dólares. Hemos hecho 273 viajes misioneros, pero todo comenzó con un primer grupo de siete personas. ¡No desprecies el día de los pequeños comienzos! Así es como el poder de Dios se perfecciona en la debilidad, su soberanía se revela en nuestra pequeñez.

Cuando se trata de formación de hábitos es fácil sentirse abrumado. Así me sentí cuando empecé a entrenar para el maratón. Así me siento al iniciar el proyecto de un libro nuevo. Algunos días me siento de esa manera apenas me levanto de la cama. ¿Mi consejo? Deja de preocuparte por los resultados y sigue plantando semillas de mostaza de fe.

Tienes la autoridad para mover montañas. ¡Sí, tú! Eres capaz de hacer más de lo que te imaginas, y no solo significa el 60% más. ¿Cómo lo sé? Porque Dios "puede hacer muchísimo más que todo lo que podamos imaginarnos o pedir, por el poder que obra eficazmente en nosotros".[7] De nuevo, el potencial es el regalo de Dios para nosotros. Lo que hacemos con él es nuestro regalo hacia Él. Explotas el potencial utilizando la ecuación que presenté el día 3:

Práctica deliberada + Dificultad deseable = Aprendizaje duradero

De acuerdo con Anders Ericsson, el psicólogo sueco que fue el primero en describir la regla de las diez mil horas, la práctica deliberada requiere casi un esfuerzo máximo.[8] No hay nada menor al 70% de esfuerzo que altere la homeostasis. Mantiene el *statu quo*, lo que lo hace contraproducente.

Cuando se trata de hábitos físicos, un 70% de esfuerzo es relativamente fácil de medir. En especial si usas un reloj inteligente. Calculas la frecuencia cardíaca máxima al restarle 220 a tu edad. Tu frecuencia cardíaca objetiva es la mínima cantidad de latidos por minuto para alcanzar el nivel de trabajo excesivo necesario para la salud cardiovascular. De acuerdo con el CDC [Centro de Control de Enfermedades], oscila entre el 64% y el 76%.[9] Un término medio es el 70% que recomendaba Anders Ericsson.

¿Cómo te está yendo con el hábito que estás intentando crear o romper? No te desanimes por la falta de percepción de progreso. Las semillas tienen que echar raíces antes de dar fruto. Sigue dando el 70% de esfuerzo y no solo va a aumentar, sino que el esfuerzo se multiplicará como los monjes maratonianos.

¿CÓMO LO TRANSFORMAS EN UN HÁBITO?
Haciendo un inventario

Benjamin Franklin es famoso por su búsqueda consistente de mejora personal. Él identificó trece virtudes que deseaba cultivar, y luego desarrolló una herramienta para medirlas y mantenerlas. Comenzó con definiciones concisas. ¿Templanza? "No comer hasta la saciedad; no beber hasta elevarse". ¿Silencio? "Decir solo lo que pueda beneficiar a otros o a ti mismo". ¿Tranquilidad? "No dejarse perturbar por insignificancias".[10]

Benjamin Franklin creó lo que llamaríamos un diario de hábitos. Él asignaba una página a cada virtud y luego las dividía en días. Al final de cada día se calificaba a sí mismo en una de esas virtudes. Ese diario de hábitos servía como un dispositivo de compromiso y un inventario cotidiano. Tal como él mismo confesó, nunca perfeccionó ninguna de esas trece virtudes. De hecho, estuvo lejos de lograrlo. "Sin embargo, por la iniciativa, fui un hombre mejor y más feliz de lo que pude ser de no haberlo intentado".[11]

En el estudio más grande y largo jamás realizado sobre la pérdida de peso, aquellos que mantenían un diario alimenticio perdieron el doble de peso. "Parece que el simple hecho de escribir lo que uno come, anima a las personas a ingerir menos calorías", dijo el investigador principal.[12] Tienes que identificar el impulso antes de poder cambiarlo.

Si quieres romper récords, tienes que mantenerlos. Tienes que llevar la cuenta de las calorías, medir las millas y contar las bendiciones. La magia de medir los hábitos es que intensifica nuestra conciencia al crear un bucle de retroalimentación. Conecta los puntos entre la causa y el efecto.

La formación de hábitos requiere una autoevaluación honesta. También requiere amigos que se preocupen lo suficiente por nosotros como para confrontarnos. ¡Los mejores bucles de retroalimentación tienen dos orejas! Cuando se trata de romper malos hábitos, son pocas las organizaciones que han obtenido más éxito que Alcohólicos Anónimos. El fundador, Bill Wilson, implementó un programa de doce pasos para ayudar a los participantes a vencer sus adicciones. El paso cuatro dice: "Sin miedo, hacemos un minucioso inventario moral de nosotros mismos".[13] En otras palabras, identifica el impulso que hace que bebas sin control.

Los doce pasos son muy aclamados y ampliamente utilizados, pero AA tiene un ingrediente secreto: son noventa reuniones en noventa días. ¿Por qué? Estas reuniones rompen el patrón de los participantes. ¡En lugar de reunirse en el bar a tomar un trago después del trabajo, los participantes asisten a las reuniones de AA!

Pregúntale a alguien que haya estado allí cuánto tiempo ha estado sobrio, y podrá decirte la cantidad exacta de días. ¿Por qué? Todo se trata de esa racha ganadora. Hasta pueden mostrarte su ficha de noventa días. Cuentan los días que han estado sobrios de la misma manera en que los monjes maratonianos rodean el Monte Hiei. Sea cual sea el hábito que estás intentado crear o romper, tienes que hacer un inventario creando un bucle de retroalimentación. Luego tienes que perseverar un día a la vez.

¡Rodea la montaña!

DÍA 6

ACUMULA EL HÁBITO

Cada mañana...
quemará incienso aromático sobre el altar.
Éxodo 30:7

Hace cien años, solo el 7% de los estadounidenses se lavaba los dientes. Lo sé, ¡un asco! Cuando Estados Unidos comenzó a llamar a los reclutas para la Primera Guerra Mundial, eran tantos los soldados que tenían los dientes podridos que la mala higiene dental representó un riesgo de seguridad nacional. Eso plantea la pregunta: ¿cómo el lavado de dientes se convirtió en un hábito nacional?

Antes de responder, déjame volver a recordar los ganglios basales, esa parte del cerebro donde se almacenan los patrones recurrentes y se recuerdan las acciones repetidas. Es la manera en que llegamos de la habitación al baño en medio de la noche. De hecho, es la manera en que conducimos vehículos de dos toneladas en un camino de diez pies (tres metros) a setenta millas por hora (112 km/h). Por supuesto que fue muy diferente la primera vez que intentaste andar por un nuevo camino en medio de la oscuridad, ¿no es cierto? ¡En lugar de encontrar el baño, probablemente encontraste la puerta con la frente o la mesita de luz con el dedito del pie!

Finalmente te volviste tan bueno en las acciones repetidas que podrías hacerlas con los ojos cerrados. ¿Mi ejemplo favorito? Michael Jordan lanzó un tiro libre con los ojos cerrados contra los Denver Nuggets durante la temporada 1991 de la NBA. ¡Sí, lo hizo!

¿Qué tiene que ver todo esto con lavarse los dientes?

En 1929, una compañía de pasta dental llamada Pepsodent lanzó una campaña de *marketing* que transformaría los hábitos de la nación. A los pocos años, más de la mitad de la población de Estados Unidos se lavaba los dientes a diario. Lo sé, sigue dando asco que casi la mitad no lo hiciera. ¡Pero eso representa uno de los principales cambios estadísticos en los hábitos diarios jamás visto!

El cerebro detrás de esa campaña fue un publicista llamado Claude Hopkins, y la clave fue crear un impulso. Mientras investigaba en libros de texto sobre odontología, Hopkins observó la placa de mucina que cubre nuestros dientes. La llamó película, y se convirtió en un empujón. "Solo pasa la lengua por los dientes", decía la publicidad de Pepsodent. "Sentirás una película. Eso es lo que hace que tus dientes no tengan brillo y ayuda a formar caries".[1]

Junto con el mensaje, Hopkins creó el deseo. Los ingredientes secretos de Pepsodent eran ácido cítrico y una gota de aceite de menta. Es combinación química creaba una sensación de hormigueo en la lengua que las personas relacionaban con los dientes limpios. La sensación de hormigueo era la recompensa.

¿Recuerdas el ciclo de un hábito: el proceso de tres pasos mediante el cual se forma un hábito? Primero, el impulso activa una respuesta automática. Segundo, se repite el patrón. Tercero, la recompensa funciona como la zanahoria que hay que perseguir. Para crear o romper un hábito tienes que identificar el impulso, interrumpir el patrón e imaginar la recompensa. De manera intencionada o no, Claude Hopkins se las ingenió para lograr los tres pasos con Pepsodent.

El impulso era hacer que las personas pasaran la lengua por los dientes. La recompensa era la sensación de hormigueo después del lavado. ¡El patrón era tomarse unos minutos para lavarse los dientes antes de ir a la cama, luego enjuagarse y repetirlo a la mañana siguiente!

La sensación de hormigueo producida por el lavado de dientes tiene tan solo cien años de antigüedad, pero potenciar los cinco sentidos en la formación de hábitos es tan antiguo como el incienso. ¿Sabías acaso que diez capítulos del libro de Éxodo están dedicados a la estética del tabernáculo, desde el color de las cortinas, el feng shui de los muebles hasta una descripción precisa para la preparación del incienso? El diablo no está en los detalles; Dios sí. La pregunta, por supuesto, es ¿por qué?

Antes de responderla, déjame compartir contigo uno de mis estudios preferidos. Las palomitas de maíz recién hechas contienen una compleja mezcla de veintitrés compuestos aromáticos.[2] Cuando el aroma a palomitas llena la sala de un cine, hace algo más que hacerte sentir hambriento: aumenta tu capacidad para tener recuerdos. Dicho de forma simple, el aroma a palomitas es un estimulante de la memoria. ¿Por qué me gusta tanto este estudio? ¡Porque la NCC se ha reunido en salas de cines durante veinticinco años!

¡Alaba al Señor y pasa las palomitas!

Ese fue el título de un artículo escrito sobre nosotros durante nuestros primeros días como iglesia, y se volvió uno de nuestros mantras. El aroma a palomitas es nuestro incienso en la NCC. Para los cinéfilos, el aroma a palomitas activa el impulso. ¡Cuando yo huelo a palomitas, me impulsa a alabar! Si estos estudios sobre la memoria son correctos, ¡las personas de nuestra congregación deben tener la mejor memoria de sermones del país!

¿Por qué Dios les dio a los sacerdotes indicaciones precisas para el tabernáculo del incienso? Por la misma razón por la que las empresas gastan millones de dólares en crear una fragancia única que despierte tus nervios olfativos. ¿Puedes decir rollo de canela? El sentido activa la salivación, ¡incluso entre los más santos de nosotros! Dios acumulaba hábitos: utilizaba una fragancia única para activar la memoria de la adoración. Y era una rutina habitual como lo es para nosotros lavarnos los dientes.

Cada mañana, cuando Aarón prepare las lámparas, quemará incienso aromático sobre el altar, y también al caer la tarde, cuando las encienda. Las generaciones futuras deberán quemar siempre incienso ante el Señor.[3]

Cada vez que las personas se acercaban al lugar de adoración, el aroma a incienso evocaba sus recuerdos de adoración. El incienso era el empujón, el llamado a la adoración. Y esa es la punta del iceberg. Es la razón por la que vestían unos flecos llamados *tzitzit*. Esos flecos no eran lo que estaba a la moda. Eran estímulos físicos para ayudarlos a recordar los mandamientos.[4] Es la razón por la que colgaban *mezuzás*, un ritual recordatorio, en la puerta de entrada.

Esos no son simplemente antiguos rituales o tontas supersticiones. ¡Son una genialidad! Dios le estaba ayudando a su pueblo a formar hábitos. ¿Cómo? Al crear impulsos a partir de hábitos diarios. Una de las mejores maneras de crear nuevos impulsos es aprovechando la hora de acostarse. ¿Cuál es la última cosa que haces cada día? En lugar de estar metido en las redes sociales, cierra los ojos y confiesa tus pecados. En lugar de contar ovejas, cuenta tus bendiciones.

¿Qué es lo primero que haces al levantarte por la mañana? Aquí va una idea: ¡arrodíllate al lado de la cama por unos minutos durante este desafío de treinta días! La postura física es un impulso poderoso. Tu postura física afecta el corazón y viceversa. Cuando te arrodillas y oras, sientas la base para el resto del día.

Todo esto es más fácil decirlo que hacerlo, así que permíteme volver a la idea del deseo. Puedes disciplinar tu vida por un tiempo, pero el cambio duradero necesita tener lugar de adentro para afuera. ¿Cómo? Cambiando tus deseos. Reescribiendo las recompensas. Renovando tu mente. "Hasta que el inconsciente se haga consciente", dijo Carl Jung, "el subconsciente seguirá dirigiendo tu vida y tú lo llamarás destino".[5]

De acuerdo con el fisiólogo molecular Stephen Smith, existen más de 125 billones de sinapsis en la corteza cerebral. ¡Eso iguala más o menos a la cantidad de estrellas en las 1,250 galaxias de la Vía Láctea![6] Cada espacio sináptico mide menos de una milésima de milímetro. Cuando se trata de formación de hábitos, ese espacio microscópico es donde sucede la magia. ¡Es tan pequeño, por cierto, que una semilla de mostaza de fe es enorme en comparación!

¿Por qué los hábitos son tan difíciles de crear o romper? La respuesta corta es "dopamina". Es uno de los siete neurotransmisores micromoleculares que transmiten los mensajes químicos entre las células nerviosas. La dopamina a menudo se menciona como un neurotransmisor de sensación de bienestar, y entrena al cerebro para buscar experiencias placenteras al tiempo que evita las desagradables. También juega un papel importante en la planificación, al ayudarnos a predecir el impacto de las actividades diarias.

"Probablemente ignores en un 99.9% la liberación de la dopamina", dijo el neurocientífico Read Montague, "pero probablemente seas impulsado en un 99.9% por la información y las emociones que ella transmite a otras partes del cerebro".[7] Sé que puede parecer complicado, y lo es. Pero ese pequeño hecho me da una medida extra de gracia cuando no entiendo por qué las personas actúan de la manera en que lo hacen. ¡Por supuesto que sucede lo mismo conmigo! "No entiendo lo que me pasa", dijo el apóstol Pablo, "pues no hago lo que quiero, sino lo que aborrezco".[8]

Existen muchos misterios en el universo, pero el mayor de todos podría ser el de las cuatro libras de materia gris alojadas dentro del cráneo humano. Es allí donde se almacenan los recuerdos, donde se conciben los sueños y donde se forman los hábitos. Es allí también donde el Espíritu Santo mejor hace su trabajo. Así como planea sobre toda la creación, también habita entre los billones de sinapsis que se entrelazan en la corteza cerebral. Santifica nuestra amígdala con estímulos. Consagra nuestros ganglios basales con impulsos.

"Deléitate en el Señor", dijo el salmista, "y él te concederá los deseos de tu corazón".[9] A riesgo de simplificar demasiado algo que es místico, podríamos decir que Dios altera nuestra neuroquímica al concebir nuevos deseos en nuestro interior. Intentemos encarnar esta idea.

¿CÓMO LO TRANSFORMAS EN UN HÁBITO?
Acumulando el hábito

Hace muchos años hicimos un pequeño experimento en la NCC. Lo denominamos "experiesma", porque lo realizamos durante el tiempo de la Cuaresma. Cada mañana, a las 7:14, nos poníamos de rodillas sin importar dónde estuviéramos. El momento más memorable para mí fue cuando me arrodillé en la puerta de embarque D8 en el aeropuerto de Cleveland. ¿Parecía algo raro? ¡Totalmente! Pero no quería romper mi racha. Un poco de orgullo murió dentro de mí mientras me arrodillaba en la sala de espera, y eso no solo es algo bueno, ¡es algo de parte de Dios!

Si quieres interrumpir el patrón, tienes que experimentar con diferentes impulsos. ¿Cómo? Puedes aprovechar tus rutinas diarias al acumular hábitos. La acumulación de hábitos es asociar hábitos difíciles de formar con cosas que hacemos normal y naturalmente. Mi oficina se encuentra justo encima de una cafetería que poseemos y administramos, así que comienzo mi día con un pequeño café doble expreso. ¿Por qué? ¡Espíritu Santo + cafeína = extraordinario! El café es mi impulso para realizar mi plan diario de lectura bíblica. ¡La recompensa es la cafeína, que, en mi experiencia, hace la lectura bíblica aún mejor!

Una clave para acumular tus hábitos es aplicar ingeniería inversa a tus rutinas diarias y encontrar maneras de administrarlas. Convierte tu camino al trabajo en una clase, escuchando audiolibros. En lugar de estar tirado en el sillón, haz ejercicio mientras miras televisión. Hasta puedes aprovechar el tiempo que pasas en el baño. ¿Cómo? ¡Ten un libro allí! Cualquier persona puede leer un libro por mes de esa manera, y algunos de ustedes tienen más potencial que eso.

¿Sabías que tu cuerpo está compuesto por dos tercios de agua? Eres Venecia con todos sus canales. Tu cerebro está compuesto por un 73% de agua; tus pulmones, 83%; tus músculos, 79%. Incluso tus huesos son 31% de agua.[10] Yendo al grano: el agua es vital para tu salud. Limpia las impurezas, fortalece el sistema inmune y es el canal que lleva las corrientes eléctricas a través de tus sinapsis.

¿Sabías que cuatro quintos de nosotros nos deshidratamos cada día? Y me refiero a personas que tienen acceso a agua potable a través de cañerías que la traen directamente a su casa. El adulto promedio produce un litro y medio de orina diariamente, y perdemos otro litro y medio por la piel. ¿A qué quiero llegar con esto? ¡Llena tu botella de agua cuando vayas al baño! Y no vayas al baño hasta que no hayas bebido esa botella. Y cuando te sientes en el inodoro, en lugar de desplazarte por la pantalla del teléfono, ¡toma el libro y comienza a leer! Es una simple manera de comenzar a aprovechar algo que hacemos todos los días.

¡Acumula el hábito!

DÍA 7

DISPARA

*No se amolden al mundo actual, sino sean transformados
mediante la renovación de su mente.*

Romanos 12:2

En 1932, dos hermanos jugaban al básquetbol en la granja de su familia en Hillsdale, Wyoming. El hermano mayor medía seis pies y cinco pulgadas (1,96 m). El menor, cinco pies y siete pulgadas (1.70 m). Era el clásico caso de David contra Goliat, y podrías estar tentado a decir que el hermano más petiso estaba en gran desventaja. En cierto punto, tendrías razón. El hermano menor ni siquiera podía hacer un tiro porque el básquetbol en esos tiempos se jugaba con los dos pies firmemente apoyados sobre el piso. ¿Por qué? Bueno, el tiro en suspensión no existía… todavía.

"Este juego no es para ti", le decía el hermano mayor al menor. "Es para hombres grandes. Es para hombres altos". El hermano menor podría haber abandonado, pero se atrevió a hacer algo que nunca se había hecho. Kenny Sailors pegó un salto, colocó la pelota sobre su cabeza y encestó con una sola mano.

En su película documental *Jump Shot*,[1] Steph Curry cuenta la asombrosa historia de Kenny Sailors. Es quizá el mejor jugador de básquetbol que jamás se haya visto. En 1943, llevó al grupo de los Cowboys de la Universidad de Wyoming hasta el Madison Square Garden. Su equipo no solo ganó el campeonato, sino que él fue nombrado MVP [Jugador más valioso, por las siglas en inglés] del torneo.

En enero de 1946, la revista *Life* publicó una fotografía instantánea que cambiaría la historia del básquetbol para siempre. Era una imagen de Kenny Sailors en la que se elevaba por sobre el defensor y lanzaba su registrado tiro suspendido mientras todos los demás quedaban sobre el piso. En todo el mundo se habló de ese lanzamiento. Esa imagen de *Life* despertó la imaginación de la siguiente generación de atletas y les dio permiso para jugar de una manera diferente.

Si quieres repetir la historia, hazlo de la manera en que se siempre se ha hecho.

¡Si quieres escribir la historia, hazlo de la manera en que nunca se hizo!

Tenemos la tendencia natural de hacer las cosas de la misma manera en que las hemos hecho siempre. Y por *las cosas*, me refiero a casi todo. Se denomina heurística, y es uno de los prejuicios que Dios estaba intentando romper con el Sermón del Monte. Comienza con ocho bendiciones que llamamos las bienaventuranzas, que son tan contradictorias como andar en una bicicleta invertida. Sí, me compré una bicicleta de esas, pero todavía no he logrado andar bien. ¿Por qué? Porque pareciera que no puedo entrenar el cerebro a doblar a la izquierda para poder doblar a la derecha. Las bienaventuranzas son muy parecidas a la bicicleta invertida. Aquellos que lloran serán consolados. Los humildes heredarán la tierra. Los que tienen hambre y sed serán saciados.[2]

El Sermón del Monte es un golpe de Estado contra el conformismo. Si quieres crear o romper hábitos, tienes que ir a contracorriente. Tienes que identificar el impulso y luego interrumpir el patrón al reacondicionar tus reflejos. Eso requiere valentía moral y toneladas de paciencia.

El 10 de agosto de 1948, un productor de televisión llamado Allen Funt presentó un programa de *reality show* denominado *Candid Camera* [Cámara indiscreta]. La genialidad del programa de la cámara oculta era que captaba a las personas en el momento en que eran ellas mismas. Además del hecho de producir mucha risa, ofrecía una fascinante mirada sobre la psiquis humana. En uno de los episodios más divertidos y tristemente célebres, "Face the rear", una persona desprevenida subía al elevador y hacía lo que hace la gente normal: mirar hacia el frente. Era en ese momento en que tres actores entraban y se paraban mirando hacia la parte de atrás del ascensor. Las cámaras ocultas capturaban la angustia de esa persona que ahora miraba a esos actores a la cara. Darse vuelta o no; esa es la cuestión. Cuando un cuarto actor subía y se paraba mirando hacia la parte de atrás, la presión ya era demasiada. ¡Sin excepción, cada persona que miraba al frente se giraba y se paraba mirando hacia la parte de atrás![3]

No se amolden al mundo actual, sino sean transformados mediante la renovación de su mente.[4]

¿Amoldados o transformados? Es una o la otra. Nos bombardean los noticieros y las noticias falsas todo el día, todos los días. Los anunciantes por internet utilizan un ciberanzuelo para competir por nuestra atención. Los algoritmos de los medios sociales están diseñados para mantenernos dentro de nuestras cámaras de resonancia. No es fácil mirar hacia el frente. ¿Por qué? ¡Por nuestra tendencia al conformismo!

¿Qué porcentaje de nuestros pensamientos, palabras y acciones son la fiel reproducción de las fuentes de noticias a las que estás suscrito y las cuentas de medios sociales que sigues? ¿Qué porcentaje de nuestros pensamientos, palabras y acciones son una revelación que recibimos de la Palabra de Dios? Una respuesta sincera a esas preguntas revelará si te estás conformando inconscientemente o si estás transformando el mundo a tu alrededor valientemente. En 1951, un psicólogo social llamado Solomon Asch realizó una serie de estudios revolucionarios sobre la psicología del conformismo.[5] Les entregó a los estudiantes una "prueba de visión" en la que debían determinar qué líneas tenían la misma longitud. ¡Si ya has visto la prueba, sabrás lo fácil que es! Pero Asch había infiltrado "cómplices" para que dieran una respuesta incorrecta. Cerca del 75% de los participantes cuestionaron su mejor decisión y apoyaron el consenso al menos una vez. ¿A qué conclusión llegó? ¡Las personas están dispuestas a ignorar la realidad en pro del conformismo!

La moralidad no tiene sus raíces en una encuesta. ¡Tampoco la decide la Corte Suprema! ¿Mi consejo? Permite que tu conciencia sea tu guía. Las Escrituras son tu autoridad final. Si quieres tener una vida contracultural, tienes que darle al Espíritu Santo el poder de veto. Lo mismo sucede para crear y romper hábitos.

La presencia interna del Espíritu Santo tiene que ser mayor que la presión externa del mundo que nos rodea. Por presión externa quiero decir todo, desde los prejuicios implícitos para anular la cultura hasta el relativismo moral. R. A. Torrey concibió la vida llena del Espíritu Santo de la siguiente manera:

> *Si, como lo hace la mayoría de nosotros, pensamos en el Espíritu Santo simplemente como un poder o una influencia, nuestro pensamiento constante va a ser: ¿cómo puedo obtener más del Espíritu Santo? Pero si pensamos en Él de una manera bíblica, como una persona divina, nuestro pensamiento será, en cambio: ¿cómo puede tener más de mí el Espíritu Santo?*[6]

¿Cuánto tiene de ti el Espíritu Santo? ¿Tiene acaso todas las piezas de tu compleja personalidad? Si no consagras tu personalidad, se volverá una muleta. ¡Deja de culpar a la desobediencia por los números del Eneagrama o las cartas de Myers-Briggs!

Durante más de treinta años, Gordon MacKenzie portó el título de la Paradoja Creativa de las tarjetas Hallmark. ¡Su trabajo era desafiar la normalidad corporativa! Su ingreso adicional lo obtenía dictando talleres de creatividad en las escuelas primarias, lo que lo llevó a hacer una fascinante observación.

MacKenzie les hacía a los niños una pregunta inicial: "¿Cuántos artistas hay en esta habitación?". El patrón de respuestas siempre era el mismo. En primer grado, toda la clase levantaba la mano. Todos los niños se veían a sí mismos como artistas. En segundo grado, la mitad levantaba la mano. En tercero, la cantidad descendía a un tercio. Para cuando llegaban a sexto grado, solo uno o dos niños levantaban la mano con inseguridad.

Todas las escuelas que visité participaban de la supresión de un ingenio creativo.

¿Por qué?

Bueno, no es intencional. No es un complot. El ingenio es una víctima inocente de los esfuerzos de la sociedad para entrenar a los niños fuera de la estupidez innata.

MacKenzie continuaba diciendo: "Desde la cuna hasta la tumba, allí está la presión: sé normal". Dicho sea de paso, la normalidad está sobrevalorada. Tan solo es conformismo con otro nombre. MacKenzie llegó a la siguiente conclusión: "Supongo que hubo un tiempo —quizá cuando eras muy pequeño— en que al menos tenías una pequeña noción de tu ingenio y tan solo estabas esperando que viniera alguna figura de autoridad y lo validara por ti. Pero nunca vino nadie".[7]

¡Que entre Jesús!

¡Jesús es la representación del inconformismo! Tan solo observa las reacciones que tenían las personas "normales" de su época. Él nos libera de la inseguridad al ayudarnos a redescubrir nuestro niño interior. "A menos que ustedes cambien y se vuelvan como niños", dijo Jesús, "no entrarán en el reino de los cielos".[8] La clave del inconformismo es volverse como Cristo. El resultado es ser como un niño.

Compara una cosa con la otra.

De acuerdo con un estudio realizado por el profesor de Stanford y psiquiatra, el Dr. William Fry, un alumno promedio de jardín de infantes se ríe trescientas veces por día. ¡Un adulto promedio, tan solo diecisiete veces por día![9] En algún lugar entre la niñez y la adultez perdimos 283 risas diarias. Es hora de reclamar ese derecho de nacimiento junto con todo lo que nuestros malos hábitos nos han robado. Al igual que las sonrisas, la risa libera un cóctel de químicos que reducen el estrés y operan como calmantes naturales.[10]

De acuerdo con Rolf Smith, los niños hacen 125 preguntas por día. El adulto promedio hace seis.[11] En algún lugar entre la niñez y la adultez perdimos 119 preguntas diarias. Parte de volverse como niños es recobrar la curiosidad santa. ¿Sabías que Jesús hacía más preguntas de las que respondía? ¡Le hicieron 183 preguntas en los evangelios, pero Él hizo no menos de 307! Cuanto más sabes, más sabes cuánto es lo que no sabes. Las preguntas son una buena medida de tu coeficiente de curiosidad.

En un estudio sobre el pensamiento divergente, el 98% de los niños entre tres y cinco años conseguían la categoría de genio. Entre la edad de ocho a diez, el número descendía al 32%. Para cuando los niños ya eran adolescentes, el número bajaba al 10%. ¡Y solo el 2% de aquellos mayores de veinticinco años obtenía la categoría de genio para el pensamiento divergente![12]

¿A dónde fue a parar? Es la víctima del conformismo. Si quieres romper los hábitos, tienes que romper con el *statu quo*. Tienes que nadar río arriba y tener una vida contracultural.

Si aplicas ingeniería inversa a la manera de Jesús, parece que Él hacía un gran esfuerzo para ofender a los jefes conformistas de su época. Podría haber sanado cualquier día de la semana, pero escogió hacerlo en el Sabbat. ¿Por qué? ¡Por qué no matar dos pájaros de un tiro! Al sanar en el Sabbat, Jesús confrontaba la religiosidad de los legisladores. ¡Tenían codificadas no menos de 613 reglas, una carga imposible de llevar! Jesús cambió el juego con un solo mandamiento.

¿Mi consejo? ¡Ofenderás a los fariseos! Deja de vivir de acuerdo con las expectativas de las personas que no te conocen, no te aman ni se preocupan por ti. Camina al ritmo de un baterista diferente. Reescribe las reglas, al igual que Jesús. Toma el impulso del Espíritu Santo y atrévete a ser diferente.

¿CÓMO LO TRANSFORMAS EN UN HÁBITO?
¡Cambiando el juego!

Hace medio siglo, un psicólogo llamado Albert Bandura realizó una serie de estudios diseñados para curar a los pequeños que les tenían pánico a los perros.[13] Les mostraba a los niños videos cortos de otros niños encontrándose con perros. Los niños de los videos no demostraban ningún tipo de temor al acercarse cada vez más a los perros para finalmente terminar acariciándolos. El término técnico es "desensibilización sistemática", y puede ser efectiva para la cura de temores.

Después de un mes de acondicionamiento visual, los niños se encontraban en una situación similar a la que habían observado en los videos. Un perro desconocido los habría aterrorizado un mes antes, pero esa terapia de exposición les había dado una nueva confianza. La mayoría pudo acercarse a los canes y acariciarlos. De acuerdo con Bandura, estamos más condicionados por lo que vemos que por lo que sabemos. Para bien o para mal, imitamos el comportamiento de otros. Bandura lo denominó "modelado", y la moda es un gran ejemplo. ¿Nunca has echado un vistazo a un viejo conjunto de ropa y te preguntaste en qué estabas pensando cuando lo compraste? En la escuela secundaria, usaba la mayoría de las sudaderas al revés. ¿Por qué? Porque todos los demás las usaban así. Consciente o inconscientemente, tomamos nuestros impulsos de moda de los demás. También tomamos los impulsos políticos, relacionales y emocionales de las demás personas.

¿Cómo te ha condicionado subconscientemente la cultura?

¿Hay alguna manera en que necesites reacondicionarte?

Si quieres crear o romper un hábito, tienes que interrumpir el patrón. ¿Cómo? Tienes que cambiar el juego. Eso es lo que hizo Kenny Sailors cuando tuvo la valentía de hacer ese poco ortodoxo lanzamiento con salto. No hace falta decirlo, pero lo voy a decir de todas maneras: no encestarás ninguno de los tiros que no intentes. Si quieres marcar la diferencia, tienes que atreverte a ser diferente. ¿Eso significa acaso que todos los intentos van a ser exitosos? Nada de eso.

De acuerdo con Steve Harvey, Michael Jordan anotó 146 tantos durante su carrera universitaria y profesional. ¿Puedes adivinar cuántos tiros hizo? ¡Muchos más de los que encestó! Jordan hizo 946 lanzamientos, lo que significa que erró ochocientos. Pero no es eso lo que recuerdas, ¿no es cierto? Recuerdas el tiro de banda que ganó el campeonato NCAA para su equipo North Carolina Tar Heels el 29 de marzo de 1982. Recuerdas al saltador contra el Utah Jazz en el juego 7 que ganaba su sexto campeonato de la NBA.

Ya vamos una semana de nuestro desafío de treinta días. ¿Cómo te está yendo con el hábito que intentas crear o romper? Si estás luchando, encuentra la manera de cambiar el juego. ¿Cómo? ¡Conviértelo en un juego! Reescribe las reglas para hacer el hábito más medible, significativo y sostenible. Y recuerda que incluso si sientes que te estás quedando corto, apuesto a que has llegado más lejos de lo que hubieras llegado si no te hubieses puesto esta meta desde el principio.

¡Dispara!

DÍA 8

RECUERDA EL FUTURO

Tener fe es tener la plena seguridad
de recibir lo que se espera.
Hebreos 11:1, DHH

El 9 de septiembre de 1965, James Stockdale se encontraba en una misión aérea sobre el norte de Vietnam, cuando el avión que piloteaba fue derribado. Saltó en paracaídas y cayó en una aldea donde fue capturado por el *Vietcong* [oficialmente, el Frente de Liberación Nacional de Vietnam del Sur]. Stockdale pasaría casi ocho años como prisionero de guerra en el infame Hanoi Hilton. La celda de concreto donde estaba encerrado medía tres pies por nueve (un metro por tres), y no tenía ventanas. Como oficial naval de alto rango, lo torturaban rutinariamente y le negaban tratamientos médicos.

¿Cómo sobrevives ocho años en esa clase de circunstancias? ¿Cómo te sobrepones a ese tipo de trauma físico y psicológico? En palabras de James Stockdale: "Nunca perdí la fe en el final de la historia".[1]

Si te olvidas de cómo termina la historia, es tremendamente fácil que pierdas la fe, la esperanza y la valentía. Sé que la vida es injusta. Sé que el dolor y el sufrimiento son demasiado frecuentes. Sé que hay muchas equivocaciones que tienen que corregirse. ¿Puedo decirte qué más sé? ¡Sé cómo termina la historia! El reino de este mundo se está convirtiendo en el reino de nuestro Señor y de su Cristo, y él reinará por los siglos de los siglos.[2] "El objetivo de Dios pareciera no dar en el blanco", dijo Oswald Chambers, "porque somos muy cortos de vista para ver a qué le está apuntando".[3] No creemos en el "vivieron felices". Creemos en algo más grande y mejor, y más duradero y más fuerte: ¡felices para siempre!

Cuando se trata de crear o romper hábitos, recuerda que el pasado es increíblemente importante. Es una manera de levantar el periscopio sobre nuestras circunstancias actuales y ganar perspectiva. "Cuanto más para atrás puedas mirar, más hacia adelante podrás ver",[4] dijo Winston Churchill. La retrospección es increíblemente importante, pero tiene que ir acompañada de la previsión.

La historia es la manera en que recordamos el pasado.

La profecía es la manera en que recordamos el futuro.

La Biblia nos da un anticipo de hacia dónde se encamina la historia. Llegará el día en que cada nación, tribu, pueblo y lengua adorarán delante del trono.[5] La forma en que recuerdas el futuro es yendo al final de la Biblia. Ya que estamos en el tema, ¡la oración es la manera en que escribimos la historia antes de que suceda!

Cuando era estudiante me encantaban los exámenes a libro abierto. No eran mucho más fáciles que los exámenes sin libros, pero sabía que podía encontrar la respuesta si leía el tiempo suficiente, con la fuerza suficiente y con la inteligencia suficiente. La vida es un examen a libro abierto y la manera en que lo apruebas es yendo al final *del* Libro. ¡No pierdas la fe en el final de la historia!

En su clásico libro *Empresas que sobresalen* [*Good to Great*], Jim Collins le preguntó a James Stockdale acera de los prisioneros que no sobrevivieron al cautiverio. De acuerdo con Stockdale, fueron los optimistas quienes no lo lograron. ¿Por qué? Se sentían constantemente decepcionados por las falsas expectativas. Nos liberarán en Navidad, se decían a ellos mismos. Pero llegaba la Navidad y pasaba de largo, junto con Pascua y Acción de Gracias. "Morían de sufrimiento", decía Stockdale. ¿Cómo hizo él para sobrevivir? "Nunca dudé no solo de que saldría libre, sino que también prevalecería hasta el final". Pero Stockdale no se detuvo allí: "Convertiría esa experiencia en el acontecimiento clave de mi vida, que, en retrospectiva, no cambiaría por nada".[6]

Hace algunos años fui parte de un jurado junto con mi amigo Bob Goff. Bob deja el micrófono soltando una frase. No puedo siquiera recordar la pregunta original, pero me encanta la respuesta de Bob: "Los mejores títulos vienen después". Es verdad, ¿no es así? No puedes tener un capítulo titulado "Reaparición" sin uno con el nombre de "Contratiempo". Lo mismo sucede con "Fracaso" y "Éxito". Tal vez te encuentres en el capítulo llamado "Dolor y sufrimiento". No pierdas la fe en el final de la historia. ¡"Esperanza y sanidad" está llegando!

¿El hecho curioso? En ese mismo jurado, Bob Goff contó una historia anterior al nacimiento de su hija. Antes de que ella naciera, él escribió una nota en la que la perdonaba por tener un accidente y chocar el auto. Colocó la nota en un tarro, y luego lo enterró en el jardín. ¡Y efectivamente, diecisiete años después la hija chocó el auto! Bob le dio una pala, junto con la latitud y longitud del lugar donde estaba enterrado el tarro. Ella cavó y descubrió que su padre la había perdonado antes de nacer. Asombroso, ¿no es así? ¡Si eso no es recordar el futuro, no sé qué es!

Déjame volver a James Stockdale por un momento. Al reflexionar sobre sus ocho años como prisionero de guerra, Stockdale dijo: "Nunca debes confundir la fe de que vas a prevalecer hasta el final —que nunca te puedes permitir perder— con la disciplina para confrontar los hechos más crueles de tu realidad actual, cualesquiera que sean".[7] Jim Collins lo apodó "la paradoja de Stockdale" y es una de las claves para crear y romper hábitos. Tienes que confrontar los hechos crueles, pero lo tienes que hacer con una fe inquebrantable.

Jesús lo dijo de la siguiente manera: "En este mundo afrontarán aflicciones". El dolor y el sufrimiento no deberían llegar de forma sorpresiva. ¿Por qué? Vivimos en un mundo corrompido, un mundo caído. Sin embargo, Jesús agregó una conjunción: "pero ¡anímense! Yo he vencido al mundo".[8]

Cuando la injusticia te da una bofetada, te duele. Cuando la tristeza te abruma el alma, es difícil mantenerse a flote. Cuando te enfrentas al cáncer o atraviesas un divorcio, es difícil saber qué camino seguir. Lo voy a decir otra vez, por si acaso: ¡no pierdas la fe en el final de la historia! Tienes que imaginar la recompensa. Tienes que estar seguro de lo que esperas y tener la certeza de lo que no ves.[9] Es más fácil decirlo que hacerlo, pero cuando no puedes ver más allá de hoy, ¡hazlo por un día! Déjame bajar esta idea a la tierra y aplicarla a la formación de hábitos.

El 13 de agosto de 2008, Michael Phelps ganó la medalla de oro en la prueba de doscientos metros mariposa, y batió un récord mundial. Fue una de las seis medallas que ganó en los juegos de Beijing, pero debe haber sido la más impresionante. ¿Por qué? Porque las antiparras se le salieron al tirarse a la piscina y perdió la visión. Cuando Phelps realizó el último giro, lo único que pudo hacer fue contar las brazadas. Tuvo que nadar a ciegas, o algo así. ¿La realidad? Él ya había nadado esa mañana en su mente. Y la noche anterior. Y el día anterior, y el día anterior. Michael Phelps había estado visualizando sus carreras desde que era un adolescente.

Siendo adolescente, le era difícil poder calmarse antes de las competencias. Su entrenador, Bob Bowman, le compró un libro de ejercicios de relajación que la madre de Phelps le leía cada noche. El libro contenía una frase: "Aprieta la mano derecha hasta cerrar el puño y luego ábrela. Imagina cómo la tensión se derrite". Ese ejercicio le ayudaba a Phelps a relajarse y finalmente a quedarse dormido. ¡También ejercitó su imaginación!

Después de cada práctica, el entrenador Bowman le decía que se fuera a su casa y "mirara el video". Michael Phelps visualizaba la carrera perfecta dos veces por día. Durante la práctica y los encuentros su entrenador le gritaba: "¡Pon el video!". Cada vez que

Phelps se tiraba a la piscina, estaba recordando el futuro. Era la mente sobre la materia. Es así como ganó la medalla de oro, incluso con las antiparras llenas de agua. Un nadador inferior hubiera entrado en pánico, pero no Michael Phelps. Cuando un periodista le preguntó qué se sentía nadar a ciegas, él respondió: "Lo sentí como lo imaginé".[10]

Tenemos la tendencia de recordar lo que deberíamos olvidar y olvidar lo que deberíamos recordar. Es así como nos estancamos en el pasado o nos obsesionamos con el futuro. ¿Cómo manejamos la memoria y administramos la imaginación? Recordamos el pasado levantando altares. Recordamos el futuro poniéndonos metas. Luego visualizamos detalladamente, como lo hizo Michael Phelps.

Sigue yendo al final del Libro.

Sigue mirando el video.

A partir de mañana analizaremos siete hábitos diarios: cambia el guion, abraza la ola, trágate ese sapo, remonta la cometa, corta la cuerda, ajusta el reloj y siembra las nubes. Intenta estar completamente presente cada día. Es una batalla constante, así que permíteme compartir una forma de orar. No es como el ejercicio de visualización que Michael Phelps practicaba, pero añade a Dios a la ecuación. Te ayudará a recordar el futuro mientras permaneces enfocado en el desafío de cada día.

Los cuáqueros a menudo utilizaban posturas corporales en sus oraciones. Comenzaban con las manos hacia adelante, palmas hacia abajo, lo que simbolizaba las cosas que necesitaban dejar ir. ¡Inténtalo! ¿Hay algo que te obsesione? ¿Algo que te genere ansiedad? ¿Algo que necesites perdonar, incluyéndote a ti mismo? Déjalo ir, y déjalo a Dios. Dios ya lo tiene. Dios te tiene a ti.

Una vez que sientas que has dejado todas tus heridas, hábitos y complejos en las manos de Dios, voltea las manos. Con una postura de receptividad, recibe su presencia, su poder, su paz. Deja que guarde tu corazón y tu mente.[11] Al mismo tiempo, pídele la fresca llenura del Espíritu Santo. "Estar lleno del Espíritu Santo", dijo Simon Ponsonby, "no deja lugar para ninguna otra cosa más".[12]

Hay un antiguo refrán que dice: "Mira en ambas direcciones". Es un consejo eterno, ¿no es cierto? Es extremadamente importante cuando se trata de cruzar la calle. Es igual de importante cuando se trata de crear o romper hábitos. A esta altura del trayecto, respira hondo. Si te pareces a mí, tienes un largo camino por recorrer en cuanto a romper y crear hábitos. Se siente como si dieras dos pasos para adelante y uno para atrás. Puede ser desalentador, pero sigue recordándote lo lejos que has llegado.

¿CÓMO LO TRANSFORMAS EN UN HÁBITO?
¿Es aquí donde nos detenemos?

Dan Sullivan es cofundador de Strategic Coach y un experto en emprendimientos que atribuye su éxito a su mentalidad de no darse por vencido. Después de terminar la escuela secundaria, realizó una expedición a Escocia con la organización Outward Bound. Durante una intensa caminata por un terreno peligroso, Sullivan se quitó la mochila y se sentó. Estaba preparado para abandonar. Fue en ese momento que uno de los guías de la organización le hizo una pregunta que cambiaría la trayectoria de su vida: "¿Es aquí donde te detienes?". La mirada confusa en el rostro de Sullivan pidió una explicación: "Todo el mundo se detiene en algún lado. ¿Es aquí donde te detendrás tú?".[13]

¡Sullivan estaba cansado, a un poco más del 40%! Todos hemos estado allí y lo hemos hecho, ¿no es cierto? Sientes como si el tanque estuviera vacío. En ese momento tienes que elegir: ¿Es aquí donde te detienes? ¿O es aquí donde cavas un poquito más e intentas seguir? En algún punto, casi todo lo que lograste parecía imposible de alcanzar. Cuando tenías seis meses, sucedía eso para caminar. Cuando estabas en el jardín de infantes, no resolvías ecuaciones de álgebra. ¡Puede parecer que tu meta se encuentre a miles de kilómetros, pero si sigues colocando un pie detrás del otro, llegarás allí tarde o temprano!

La colina que estaba delante de Dan Sullivan parecía el Everest, pero allí mismo hizo una declaración: "No es aquí donde me detendré". ¡Sullivan es un trabajador lento pero diligente! Agarró la mochila y colocó un pie delante del otro. Cuando alcanzó su destino varios días después, el mismo guía que le había hecho la pregunta que cambió el juego le dijo: "Si te hubieras detenido ese día en la colina, tu vida hubiese sido difícil. Te hubieses sentido tentado a abandonar en cualquier momento en que enfrentaras una dificultad en el futuro". Cada vez que Dan Sullivan enfrenta lo que parece ser un desafío insuperable, se hace esa pregunta a sí mismo: ¿Es aquí donde me detengo? "Siempre respondo a esa pregunta con un no rotundo", declaró.[14]

Estuve tentado a abandonar una, dos y hasta diez veces. ¿Qué es lo que me hizo seguir adelante? Recordar el futuro. En mi primer año de pastorado me sentí tentado a tirar la toalla. Si hubiese abandonado, solo habría afectado a veinte personas en ese momento. Y todas ellas podrían haber encontrado una iglesia más madura. Pero también hubiese abandonado las decenas de miles personas que afectaría en el futuro. Hubiese abandonado los 273 viajes que hice. Hubiese abandonado la cafetería Ebenezer y el DC Dream Center.

¿Captas lo que te digo? Cuando te sientas abrumado por las circunstancias, recuerda el futuro. Revisa tu lista de metas de vida. Revisa tus valores centrales. Revisa el final del Libro.

No tengo idea de cuál es el hábito que estás intentando crear o romper, pero déjame hacerte esta pregunta a estas alturas: ¿Es aquí donde te detienes? Si aún respiras, Dios no se ha dado por vencido contigo. No te des por vencido con Dios. Y no te des por vencido contigo.

¡Recuerda el futuro!

HÁBITO 1 – CAMBIA EL GUION

Si quieres cambiar tu vida, cambia tu historia

En el ámbito de la cibernética, existen dos clases de cambios. Un cambio de primer orden es el conductual; es hacer algo más o algo menos. Si estás intentando perder peso, comer menos y ejercitar más son pasos en la dirección correcta.

El cambio de primer orden puede facilitar un arreglo rápido, pero el cambio de segundo orden aprueba el examen del tiempo. El cambio de segundo orden es conceptual; es la mente sobre la materia, y es allí donde sucede la magia. Todo se crea dos veces. La primera creación es interna; la segunda, física. Todo se pensó una vez. Eso te incluye a ti. Eres una expresión exclusiva de la imaginación de Dios. ¡No solo eres su imagen; eres su idea!

Tendemos a pensar en los hábitos como ejercicios externos que aumentan la habilidad y la productividad. Ensayar. Hacer bocetos. Lanzar tiros libres. Los hábitos externos pagarán dividendos, sin duda. Pero el mayor beneficio sobre la inversión proviene de los hábitos internos que uno no ve. Tu monólogo interno. Tu forma de explicar. Las historias que te cuentas a ti mismo día tras día.

He tenido el gozo y el privilegio de estar al frente de la NCC en Washington DC durante un cuarto de siglo. Durante ese tiempo, he liderado a todas las clases de personas que existen bajo el sol. Lideré toda la combinación de fichas de Myers-Briggs y todo tipo de números del Eneagrama. Lideré personas que habrías clonado si hubieses podido. Lideré la parte justa de personas EGR (por sus siglas en inglés), es decir, que requerían un extra de gracia. ¿Puedo decirte cuál es la persona más difícil que he tenido que liderar? Sabes exactamente a quién me refiero, ¿no es cierto? La persona más difícil para liderar, sin duda, ¡es la que veo en el espejo cada mañana! Nadie es más difícil de liderar que yo, yo mismo.

El liderazgo comienza con el autoliderazgo, y el autoliderazgo comienza con los hábitos diarios. Es cultivar los hábitos privados que no están afectados por la publicidad, positiva o negativa. Es hacer lo correcto, sin importar quién esté mirando o no. Si quieres sacarle jugo al día, ¡tienes que ganarle a la oscuridad! En mi libro, el éxito se da cuando aquellos que mejor te conocen te respetan más. Es ser una mejor persona en privado de lo que eres en público. ¡O, al menos, ser la misma persona!

Un promedio de sesenta mil pensamientos cruza nuestra sinapsis cada día. Si tus pensamientos sobre ti mismo pudieran transcribirse, ¿qué dirían? De acuerdo con un estudio realizado por el centro médico Cleveland Clinic, un 80% de nuestros pensamientos son negativos.[1] Ese es un pensamiento aterrador. Esa es la razón por la que santificar el diálogo interno es tan importante. El diálogo interno es el código fuente. Es allí donde se gana o se pierde la batalla.

Porque cual es su pensamiento en su corazón, tal es él.[2]

No es ningún secreto que nuestros pensamientos tienen efectos psicológicos y sociológicos. Tus pensamientos tienen el poder de bajar la presión arterial, disminuir el pulso y aumentar la inmunidad. Por supuesto que también tienen el poder de hacer lo opuesto. En cualquier caso, ¡tus explicaciones son más importantes que tus experiencias! Si no te agrada tu vida, quizá te estés contando la historia equivocada. Tienes que cambiar el guion. ¡Si quieres cambiar tu vida, tienes que cambiar tu relato!

El personaje John Quincy Adams estaba en lo cierto: "Quien cuenta la mejor historia, gana".[3] ¿Alguna idea de quién cuenta las mejores historias? ¡La respuesta es el autor y consumador de la fe! Por supuesto que tienes que darle el control editorial completo. La suave y pequeña voz del Espíritu Santo tiene que ser la voz más fuerte de tu vida. Tienes que tomar tus impulsos de las Escrituras. Al hacerlo, las Escrituras se convierten en tu guion sanador. Entonces, y solo entonces, Dios comienza a escribir *Su-historia* —con el trazo incluido— en nuestra vida y a través de nosotros.

¿Conoces el mayor indicador del bienestar emocional de los niños? No es enviarlos al mejor colegio, darles muchos abrazos ni llevarlos de excursión a Disney World. De acuerdo con los investigadores de la Emory University, el indicador número uno del bienestar emocional es conocer su historia familiar.[4]

Cada uno de nosotros nacimos en la historia de alguien más. Para bien o para mal, necesitas conocer tu trasfondo. ¿Un pensamiento divertido? Apuesto a que Jesús escuchó algunas historias sobre Naasón a la hora de dormir. ¿Por qué? Jesús era uno de sus descendientes, lo que significa que Naasón era parte del trasfondo de Jesús. Tu trasfondo es el guion que te entregaron el día en que naciste. Dicho sea de paso, nos entregan otro guion el día que nacemos de nuevo. ¡No solo somos adoptados en la familia de Dios; somos injertados en la historia de Dios! Si estás en Cristo, eres del linaje de Naasón. ¡Está en tu sangre, tu linaje! Y Dios quiere escribir la continuación a través de tu vida.

¡Es hora de cambiar el guion!

DÍA 9

CAMBIA TU HISTORIA

Todo lo puedo en Cristo que me fortalece.
Filipenses 4:13

Beamonesco.

Está calificada como una de mis palabras favoritas. Sí, ¡esta palabra existe! Es un superlativo que significa excelencia inesperada y su etimología se remonta a un icónico momento durante los Juegos Olímpicos de 1968. La génesis de la palabra es un logro tan asombroso que se conoció como "el salto". La revista *Sports Illustrated* lo clasificó como uno de los cinco mejores momentos deportivos del siglo XX.

La competencia de salto largo incluía a los medallistas de oro de los Juegos Olímpicos anteriores: Ralph Boston de Estados Unidos y Lynn Davies de Gran Bretaña. El favorito para ganar el oro era el ruso Igor Ter-Ovanesyan, poseedor del récord mundial. Pero un atleta de salto largo llamado Bob Beamon aparecería de la nada y saltaría a los libros de historia.

Bob Beamon dio diecinueve pasos, apoyó el pie derecho, voló más de seis pies (1.80 m) en el aire, echó los brazos hacia atrás y aterrizó en la arena. Todo eso le llevó menos de seis segundos, pero se necesitaron más de veinte minutos para medir el salto. Los funcionarios olímpicos habían instalado un dispositivo de medición electrónico que corría a lo largo del foso de arena, ¡pero Beamon superó a la electrónica! Los funcionarios tuvieron que buscar una anticuada cinta métrica. Aun así, les resultó difícil creer lo que indicaba la cinta.

El récord mundial que entró en los Juegos Olímpicos fue de veintisiete pies con cuatro pulgadas y tres cuartos (8.30 m). En los cien años anteriores, ese récord se había roto trece veces con un promedio de dos pulgadas y media (6,35 cm). Bob Beamon arrasó con el récord mundial por casi dos pies (70 cm). Ninguno de sus competidores había eclipsado antes los veintisiete pies. En cambio, Bob Beamon aterrizó a los veintinueve pies, dos pulgadas y media más de donde despegó (8.90 m).[1] No solo estableció un nuevo récord mundial, sino que se concibió una nueva palabra en el diccionario extendido: *beamonesco*. Describe un resultado que, al ser muy superior a cualquier otra cosa previamente lograda, es casi inconcebible.

La mayoría de nosotros no vamos a romper récords mundiales ni a convertirnos en personas famosas, y eso está bien. El adjetivo *beamonesco* no tiene nada que ver con la fama o la fortuna. Está reservado para desconocidos, como tú y yo. *Beamonesco* es el obrero. Se refiere a las personas ordinarias que logran cosas extraordinarias con una pizca extra de fe, una pizca extra de esperanza, una pizca extra de amor. Y debo agregar, una pizca extra de esfuerzo.

Lo voy a decir otra vez por si acaso: casi todos pueden lograr casi todo si trabajan de forma dura, constante e inteligente. La forma en que utilizas el potencial que Dios te ha dado es contándote a ti mismo una historia mejor. En ese sentido, aquí va el resto de la historia.

Bob Beamon ganó el oro, ganó el día. Pero hay mucho más en su historia que el esfuerzo individual. Siempre lo hay, ¿no es así? Beamon casi no logra llegar a la final al obtener un puntaje nulo en los dos primeros saltos. Fue su compañero de equipo, Ralph Boston, quien lo calmó y lo entrenó. Justo antes de su tercer y último intento, Boston le susurró estas palabras al oído:

Despega pronto. Tienes espacio de sobra. Dales dos pulgadas en
el frente. Alcanzarás los dos pies cuando aterrices. Tus piernas
nunca han sido tan fuertes como lo son ahora. En este momen-
to tu cuerpo no pesa nada. Tu mente tiene alas. Úsalas. Vuela.
Vuela alto.[2]

¿Cómo hizo Bob Beamon para establecer un nuevo récord mundial? Con una nueva historia: "tu mente tiene alas". Con un relato mejor: "tu cuerpo no pesa nada". Bob Beamon hizo "el salto",
pero Ralph Boston le entregó el guion: "Dales dos pulgadas en el
frente. Alcanzarás los dos pies cuando aterrices".

Todos necesitamos alguien que crea en nosotros más que nosotros mismos. Necesitamos personas que nos empujen hacia
nuestros límites para recordarnos quiénes somos y de qué somos
capaces. Durante seis inolvidables segundos, Bob Beamon tomó
prestada la fe de Ralph Boston.

¿Cuál es la voz más fuerte en tu vida?

La respuesta a esa pregunta determinará tu destino, y hay un
montón de voces para elegir. Para algunos, la voz del conformismo. Si la oyes, la cultura intentará identificarte y domesticarte. Las
redes sociales tienen algoritmos diseñados para mantenernos dentro de nuestras cámaras de resonancia, sin mencionar el ruido de
fondo de los noticieros y las noticias falsas. Hasta quizá haya personas que te provocan, avergüencen y te hostiguen.

Para otros, es la voz de la condenación. El acusador es como
un disco rayado que nos recuerda una y otra vez todo lo que hicimos mal. También se lo llama el padre de mentiras, que es donde
se originan la mayoría de nuestras falsas suposiciones, falsos relatos y falsas identidades.

Finalmente, está la voz de la crítica. Si le das el micrófono a tu
crítica interior, buena suerte. ¡No podrás decir ni una sola palabra!
En las infames palabras del personaje de la tira de cómics Pogo:

"¡Hemos encontrado al enemigo y somos nosotros!".[3] ¡Y no es un chiste!

Hay otra voz; una suave y pequeña voz. Al igual que Ralph Boston, el Espíritu Santo nos susurra palabras de aliento. ¿Qué palabras? ¡Las mismas que inspiró hace miles de años! No solo las leemos; ellas nos leen a nosotros. ¿Por qué? ¡Porque están vivas y activas!

Si Dios está de nuestra parte, ¿quién puede estar en contra nuestra?[4]

Porque mayor es el que está en vosotros, que el que está en el mundo.[5]

A los que aman a Dios, todas las cosas les ayudan a bien.[6]

Todo lo puedo en Cristo que me fortalece.[7]

¿Recuerdas el ciclo del hábito? Si quieres crear o romper un hábito, tienes que *identificar el impulso*. Si quieres cambiar tu vida, tienes que cambiar tu relato. ¿Cómo? La clave es el empujón. Reescribes tu historia al permitir que las Escrituras sobrescriban tus falsos relatos. Nada provoca mayor fe que las promesas de Dios. ¡Por supuesto, tienes que practicarlas una y otra vez! La sobreescritura no sucede de la noche a la mañana.

"Si quieres una idea", decía Ivan Pavlov, "lee un libro".[8] Me encanta leer historia y biografías. Esos géneros me ayudan a ver mi vida y mis circunstancias a través de una lente con gran angular. Dicho esto, ningún libro es tan antiguo ni mejor que la Biblia.

"Desde el día en que el Templo fue destruido", dice el Talmud, "Dios solo tiene un lugar en su mundo, solo cuatro cubos de *Halajá*".[9] *Halajá* es la palabra hebrea para la ley judía, tanto oral como escrita. Significa "la forma de caminar". La bola curva mide cuatro cubos. ¿De qué se trata?[10] Cuatro cubos son aproximadamente seis pies (1,80 m), que es tanto un indicio como un empujón. Es la palabra clave para el espacio personal de un individuo. Eres una traducción que habla y camina de la Halajá. En otras palabras, tu vida es una traducción exclusiva de las Escrituras. La pregunta es la siguiente: ¿tu vida es una buena traducción? El primer hábito es cambiar el guion, y la clave es cambiarlo con la Biblia abierta. La Biblia es tu trasfondo, y tú eres el resto de la historia. Si quieres recibir una palabra de parte de Dios, tienes que meterte en la Palabra de Dios. Cuando abres la Biblia, Dios te abre la boca. Cuánto más la lees, más alta se vuelve la voz de Dios. Las Escrituras se convierten en el código fuente que reescribe la historia de tu vida.

¿CÓMO LO TRANSFORMAS EN UN HÁBITO?
Quedándote quieto

Durante los últimos treinta y tantos años, un ecólogo acústico llamado Gordon Hempton ha estado compilando lo que él denomina "la lista de los lugares más tranquilos del mundo". Son los lugares con al menos quince minutos de quietud ininterrumpida durante las horas de luz. ¡En el último recuento había solamente doce lugares tranquilos en todos los Estados Unidos![11] Y después nos preguntamos por qué el alma sufre.

Por definición, el ruido de fondo es un sonido que contiene cada una de las frecuencias que puede escuchar el humano. Debido a que contiene todas las frecuencias, es muy difícil distinguir alguna, en especial la suave y pequeña voz de Dios. El ruido crónico podría ser el mayor impedimento para nuestro crecimiento espiritual, y no solo sufre la espiritualidad. ¡El ruido afecta todo, desde la creatividad hasta la productividad!

En un estudio realizado con estudiantes en un grado de primaria en Manhattan, el psicólogo Arline Bronzaft descubrió que los niños ubicados en la parte de la escuela frente a las vías elevadas del tren se encontraban once meses retrasados en comparación a sus pares ubicados en la parte más silenciosa del edificio.[12] Después de que el departamento de tránsito de la ciudad de Nueva York instalara un equipo de reducción del ruido en las vías, un estudio complementario descubrió que no había diferencia entre los grupos.

¿Puedo correr el riesgo? Tu vida está muy alta y tu agenda, muy ocupada. Por eso resulta tan fácil olvidar que Dios es Dios. "Quédense quietos", dijo Dios, "reconozcan que yo soy Dios".[13]

El autor, profesor y sacerdote, Henri Nouwen, creía que el silencio era un acto de guerra contra las voces que compiten en nuestro interior. Esa guerra se pelea desde muchos frentes, y es una batalla diaria. "Cada vez que escuches con mucha atención la voz que te llama amado", decía Nouwen, "descubrirás dentro de ti un deseo de escuchar esa voz cada vez más tiempo y más profundamente".[14]

¿Un próximo y simple paso? Descárgate un plan de lectura bíblica diario. Mientras lo haces, revisa mi plan de lectura de cinco días basado en mi libro *Susurro* [*Whisper*].[15] Si eres de los que aprenden escuchando, descarga una versión en audio. Si comienzas a tomar los impulsos de las Escrituras, esos empujones se convertirán en convicciones que funcionarán como una brújula moral. Con el tiempo, esa voz suave y pequeña del Espíritu Santo se convertirá en la voz más fuerte de tu vida. Sus impulsos reescribirán y redirigirán tu vida de forma sobrenatural. Antes de que te des cuenta, Dios estará escribiendo su historia en ti y a través de tu vida.

¡Cambia tu relato!

DÍA 10

ASEGURA EL ENFOQUE

Ustedes pensaron hacerme mal,
pero Dios transformó ese mal en bien.
Génesis 50:20

En diciembre de 1944, las fuerzas estadounidenses se encontraban rodeadas por las tropas enemigas en Bastoña, Bélgica. El general alemán exigía la rendición inmediata e incondicional. La situación era desalentadora, los suministros eran pocos y la moral era cada vez más baja.

El general Anthony McAuliffe reunió a la 101ª división aérea y estudió la situación: "Muchachos, estamos rodeados por el enemigo". Sabes lo que sigue a continuación, ¿no es cierto? ¡La bandera blanca! Pero el general McAuliffe no estaba hecho de esa madera. Cambió el curso de la historia al cambiar el guion. En lugar de desplegar la bandera blanca, cambió la perspectiva con una pequeña reformulación: "Tenemos la mejor de las oportunidades que jamás haya tenido el ejército. Podemos atacar en cualquier dirección".[1]

En psicología, "reevaluación cognitiva" es una frase elegante para contarte a ti mismo un relato diferente sobre lo que está sucediendo. Es cambiar el guion al observar las circunstancias desde un punto de vista ventajoso. El siguiente es un ejemplo ficticio con el que me encontré hace algunos años:

Queridos mamá y papá:

Tengo tanto para contarles. Debido al incendio en mi dormitorio provocado por los disturbios estudiantiles, sufrí un daño temporal en los pulmones y tuvieron que internarme. Mientras estuve en el hospital, me enamoré de un camillero y nos fuimos a vivir juntos. Abandoné los estudios al descubrir que estaba embarazada, y a él lo despidieron por su problema con la bebida. Así que nos vamos a mudar a Alaska donde nos casaremos después de que nazca el bebé.

Su hija amada.

P.D. No sucedió nada de esto, pero sí desaprobé la clase de química y quería mantenerlo en perspectiva.[2]

Una manera de mantener la perspectiva es teniendo un poco de sentido del humor. ¿Recuerdas el día siete? Un poco de humor es muy bueno cuando se trata de formación de hábitos. Si no puedes reírte de ti mismo, es muy difícil que puedas cambiar. Las personas más felices, más sanas y más santas del planeta son aquellas que más se ríen de sí mismas.

Cuando se trata de reevaluación cognitiva, José es un buen ejemplo. Fue traicionado por sus hermanos, vendido como esclavo y declarado culpable por un delito que no cometió. Después de trece años de dolor y sufrimiento, José podría haber jugado la carta de víctima. ¿No es así? Luego, cuando fue promovido, podría haber jugado a ser Dios. Estaba en las manos de José incluso tomar la misma venganza sobre sus hermanos. No hizo nada de eso. José miró hacia atrás, hacia todos los altibajos y las idas y venidas, y dijo:

Ustedes pensaron hacerme mal, pero Dios transformó ese mal en bien para… salvar la vida de mucha gente.[3]

De acuerdo con el Dr. Martin Seligman, ex presidente de la Asociación Estadounidense de Psicología, todos nosotros tenemos una forma de explicar: "La forma de explicar es la manera en que habitualmente te explicas a ti mismo las cosas que suceden".[4] Son esas explicaciones —no las experiencias en sí mismas— las que nos forman o nos quiebran.

¿Cuál era la forma de explicar de José? Mucho antes de que se imprimiera la paradoja de Stockdale, José confrontó los hechos crueles: "Ustedes pensaron hacerme mal". ¡Pero no perdió la fe en el final de historia! José veía con los ojos de Dios. Cambió el guion al identificar la metanarrativa: "pero Dios transformó ese mal en bien para… salvar la vida de mucha gente".

Conserva ese pensamiento y considera estas dos preguntas.

La primera: ¿cuán feliz eres?

La segunda: ¿cuántas citas tuviste el último mes?

Se les hicieron esas preguntas a estudiantes de la escuela secundaria que participaron en un estudio de sesgo cognitivo. Los investigadores no encontraron ninguna correlación entre el nivel de felicidad y la cantidad de citas. Entonces, los investigadores cambiaron el orden las preguntas y, podría sugerir, cambiaron el guion.

La primera: ¿cuántas citas tuviste el último mes?

La segunda: ¿cuán feliz eres?

De repente, había una correlación entre la cantidad de citas que habían tenido los estudiantes con su nivel de felicidad. ¿Qué sucedió? Al hacer que se enfocaran en su situación sentimental, antes que nada, los investigadores pudieron alterarles la perspectiva de la vida.[5]

Eso se llama "ilusión de enfoque", y es un sesgo cognitivo a través del cual los humanos tendemos a confiar mucho más en la primera parte de la información que se nos presenta. Por esa razón juzgamos un libro por su portada. Por esa razón, la primera impresión deja una huella duradera.

En un estudio similar realizado por la Universidad de Búfalo, se les pedía a los sujetos que completaran la siguiente oración: "Estoy contento de no ser _____". Después de que completaban los espacios en blanco cinco veces, los investigadores observaron un aumento cuantificable en los niveles de satisfacción. ¿Por qué? Se denomina "contraste descendente". Puede sonar masoquista, pero consiste en recordarte a ti mismo que las cosas podrían estar peor.

A un segundo grupo de sujetos se le pidió que completaran la siguiente oración: Desearía ser _____. Después de completarlo cinco veces, había una disminución cuantificable en los niveles de satisfacción. ¿Por qué? Se denomina "identificación ascendente"; sin importar lo bien que estés, siempre se podría estar mejor, ¿no es así?[6]

La felicidad es la realidad menos las expectativas, ¿no es cierto?

Esta es la conclusión: tus sentimientos no se determinan por las circunstancias. Tus sentimientos son una función de tu enfoque. Dicho de forma simple: tu enfoque determina tu realidad. ¿Cómo arreglas tus pensamientos? ¡Asegurando o fijando el enfoque! La idea es tan antigua como estas palabras escritas por el apóstol Pablo desde la celda de una prisión cerca del año 62 d. C.

Concéntrense en todo lo que es verdadero, todo lo honorable, todo lo justo, todo lo puro, todo lo bello y todo lo admirable.[7]

Cierta vez escuché al gurú del matrimonio Gary Smalley decir que todo matrimonio es aproximadamente un 80% bueno y un 20% malo. En otras palabras, todos tenemos asuntos maritales que arreglar. De acuerdo con Smalley, la diferencia entre los matrimonios felices y los infelices es el enfoque. Sí, necesitas arreglar ese 20% que es malo. Pero necesitas dirigir tu enfoque hacia el 80% bueno. En el mundo del liderazgo organizacional, se llama "indagación apreciativa": identifica lo que está funcionando y luego haz más de eso.

Si te sientes frustrado con tu pareja, vuelve a enfocarte en las cosas que hicieron que te enamoraras al principio. Lo mismo sucede con el trabajo que te solía gustar. No vemos el mundo como es. ¡Vemos el mundo como somos! Gran parte de lo que vemos es una proyección de nuestra personalidad, nuestro dolor, nuestro pasado y nuestros prejuicios. Esa es la razón por la que las personas hieren a otras. Sí, ver es creer. Pero creer también es ver. "Lo que ven los ojos", dijo el autor Richard Restak, "está determinado por lo que el cerebro ha aprendido".[8]

Restak compartió un lema que se ha vuelto un mantra personal: "Aprende más, lee más".[9] Cuando los astrónomos observan el cielo nocturno conectan los puntos llamados constelaciones. Ven más porque saben más. Cuando los músicos escuchan una canción, oyen las armonías. Oyen más porque saben más. ¡Cuánto más sabes, más ves!

¿Recuerdas los doce espías que pasaron cuarenta días en la tierra prometida? Fueron a los mismos lugares, se encontraron con las mismas personas y observaron las mismas ciudades. Diez de ellos estaban enfocados en el tamaño de los gigantes de la tierra, lo que funcionaba como un contraste descendente. "¡Son más fuertes que nosotros!".[10] Esa declaración podría haber sido verdad, ¿pero eran acaso más fuertes que el Dios todopoderoso? Cuando mides tus problemas a través de tu capacidad, tus recursos o tu educación, siempre te quedas corto.

La positividad y la negatividad son proyecciones de nuestra personalidad, nuestra psicología y nuestra teología. Y no me digas que no es importante. ¡Fue la negatividad de los diez espías lo que dejó a Israel afuera de la tierra prometida durante cuarenta años!

Si estás lleno de temor, encontrarás algo que temer.

Si estás lleno de dudas, encontrarás algo que cuestionar.

Si estás lleno de dolor, encontrarás algo que odiar.

Si estás lleno de orgullo, encontrarás algo que criticar.

"Comparados con ellos, parecíamos langostas", aseveraron, "y así nos veían ellos a nosotros".[11] ¿Cómo sabían cómo eran vistos? Estaban jugando al juego de comparación, y literalmente se quedaron cortos. Su negatividad dio como resultado un informe malo, y ese informe malo fue la consecuencia de la ilusión de enfoque. La única manera de cambiar tu enfoque es midiendo tus problemas a través del carácter de Dios: su bondad, su fidelidad y su soberanía.

"No soy lo que creo que soy", dijo Charles Horton Cooley, el cofundador de la Asociación Estadounidense de Sociología, "no soy lo que tú crees que soy. Soy lo que yo creo que tú crees que soy".[12] Parece un trabalenguas. Pablito clavó un clavito, ¿qué clavito clavó Pablito?, el clavito que Pablito clavó era el clavito de Pablito.

Cooley lo llamó "el yo espejo",[13] y es nuestro sentido del yo, que basamos en cómo creemos que nos ven los demás. Esa es la razón por la que necesitamos fijar los ojos en Jesús, el autor y consumador de nuestra fe. Tomamos nuestras señales de las Escrituras, y se convierten en nuestro guion-sanador. Luego interrumpimos el patrón asegurando o fijando nuestro enfoque.

Santiago, el medio hermano de Jesús, comparaba las Escrituras con un espejo.[14] Es así como descubrimos nuestra identidad, nuestro destino y nuestra autoridad en Cristo. No puedes permitir que otras personas narren tu vida. Si lo haces, ¡pasarás toda tu vida viviendo según sus expectativas! Tienes que soltarlo y dejar que Dios narre.

No hay lugar para el orgullo cuando sigues a Cristo. Dicho esto, la falsa humildad es igual de peligrosa. Es pensar de ti mismo menos de lo que Dios dice que eres. Eres la niña de sus ojos. Eres la obra maestra de Dios. ¡Eres más que vencedor![15]

¿Cuán grande es tu Dios? ¿Es más grande que tu problema más grande? ¿Que tu desafío más grande? ¿Que tu error más grande? "Una visión corta de Dios es la causa de cientos de males menores", dijo A. W. Tozer. Una visión alta de Dios es la solución a "diez mil problemas temporales".[16] Muéstrame el tamaño de tu sueño, y te mostraré el tamaño de tu Dios.

¿CÓMO LO TRANSFORMAS EN UN HÁBITO?

Contando las bendiciones

En un clásico estudio contrafactual, la psicóloga Vicki Medvec reveló la importancia relativa de las actitudes sobre y frente a las circunstancias. Medvec estudió a los medallistas olímpicos y descubrió que los medallistas de bronce estaban cuantificablemente más felices que los de plata. No tiene sentido, ¿no es cierto? ¡Los ganadores de la plata habían superado a los del bronce! ¿Dónde estaba la diferencia? Los medallistas de plata tendían a enfocarse en lo cerca que habían estado de ganar la medalla de oro, así que no estaban satisfechos con la plata. Los medallistas de bronce tendían a enfocarse en lo cerca que habían estado de no ganar ninguna medalla, así que estaban felices por ocupar el podio.[17]

Puedes elegir tu enfoque, y esa elección determinará tu realidad. ¿Mi consejo? Elige el gozo. Sí, es una·opción. El gozo no es obtener lo que quieres. Es apreciar lo que tienes. ¿Cómo? Al hacer un inventario al final del día. No solo cuentes las ovejas; cuenta tus bendiciones.

Si estás buscando algo por lo que quejarte, siempre lo encontrarás.

Si estás buscando algo por lo que alabar a Dios, siempre lo encontrarás.

Puedo tomar a alguien que se queja por cualquier cosa y convertirlo en alguien que es agradecido por todo. ¿Cómo? Haciendo que interrumpa el patrón mediante el cambio de hábito. Si te comprometes a buscar una cosa por la que genuinamente estés agradecido cada día y lo escribes en un buen diario de agradecimiento, puedo curarte de la queja. Con el tiempo, la gratitud cambiará el guion de negatividad a positividad. ¿Cómo? Al santificar un grupo de células en la base del tronco cerebral llamado sistema de activación reticular. Es la parte del cerebro que determina lo que observas. Es la razón por la que ponerse metas es tan importante. Cuando pones una meta, se crea una categoría en tu sistema de activación reticular y puedas observar todo lo que te ayudará a alcanzar tu meta. ¡Lo mismo sucede con la gratitud!

Tratamos de comenzar cada reunión en la NCC compartiendo victorias. ¿Por qué? Se trata de indagación apreciativa. Necesitas celebrar aquello que más quieres ver. El ministerio ya es demasiado difícil. ¡Compartir las victorias nos recuerda por qué hacemos lo que hacemos! Nos recuerda lo que Dios está haciendo en nosotros y a través de nosotros. Es un hábito dominó que crea energía positiva. Para cuando terminamos de compartir las victorias, tenemos suficiente energía para tratar con los problemas.

¡Asegura el enfoque!

DÍA 11

CONOCE TU NOMBRE

*Y le daré a cada uno una piedra blanca, y en la piedra
estará grabado un nombre nuevo que nadie comprende
aparte de aquel que lo recibe.*
Apocalipsis 2:17, NTV

Cuando Diana Nyad tenía nueve años, se paró en una playa en Fort Lauderdale, Florida. Mientras miraba al océano, le hizo a su madre una pregunta inocente: "¿Dónde está Cuba?". La madre de Nyad apuntó hacia el horizonte. "Se encuentra justo allí", le respondió. "No puedes verla, pero se encuentra tan cerca que casi podrías nadar hasta allí".

En narratología, lo que sucedió en la playa aquel día es un incidente detonador. Es el punto de inflexión en una trama. Es la primera etapa de la travesía del héroe: el llamado a la aventura. Esa oración estaba destinada a convertirse en la historia de vida de Nyad. Fue más que un impulso. Fue la recompensa que Nyad pasaría gran parte de su vida buscando.

Veinte años después, Diana Nyad intentaría nadar de Cuba a Florida. Nadó setenta y ocho millas (75 km) en cuarenta y dos horas, pero los fuertes vientos la detuvieron antes de alcanzar la meta. El sueño de convertirse en la primera persona en cruzar a nado el estrecho de Florida permanecería dormido por tres décadas. Cuando Diana cumplió sesenta años, se dio cuenta de que era ahora o nunca. Su segundo intento fue truncado por un ataque de asma. El tercer intento fracasó porque la picó la especie de medusa carabela portuguesa, no una sino dos veces. El cuarto terminó con nueve picaduras de medusas. Final de la historia, ¿no es así? No tan rápido.

La mañana del 31 de agosto de 2013, Diana Nyad, con 64 años, haría un último intento. Cincuenta y tres horas después, llegó nadando hasta la orilla en Key West. Tenía la lengua inflamada debido al agua salada, pero su mensaje fue fuerte y claro: "Nunca jamás deberíamos darnos por vencidos", expresó. "Nunca eres demasiado viejo para alcanzar tu sueño".[1]

¿Cómo hizo para soportar el dolor físico y la agonía mental de nadar ciento diez millas (177 km)? ¡En especial cuando los supuestos expertos decían que era humanamente imposible! ¿Por qué se negó a darse por vencida, incluso luego de haber tenido cuatro intentos fallidos? La motivación es tan complicada como los ciento veinticinco billones de sinapsis que cruzan la corteza cerebral, pero la génesis del sueño de Nyad se remonta al día en que cumplió cinco años. Es un día en que transcurren décadas.

Su padre la llamó a su oficina e hizo una proclamación en su marcado acento griego: "He esperado este día mucho tiempo. Ahora tienes cinco. Hoy es el día en que estás preparada para entender lo más importante que jamás te vaya a decir". Abrió un diccionario extendido y le mostró su nombre.

Tu apellido es Nyad. Primera definición, de la mitología griega, las ninfas que nadaban en los lagos, océanos, ríos y fuentes para proteger las aguas para los dioses. Escúchame, cariño, porque esta es la parte más importante. La siguiente definición, una niña o mujer campeona de natación. Cariño, ¡este es tu destino![2]

¿Cómo Diana Nyad logró hacer lo que nadie había hecho antes?[3] ¡Conocía su nombre! Su nombre le pertenecía, entonces ella le pertenecía a su nombre. Su nombre era tanto el impulso como la recompensa, y nunca lo perdió de vista.

Si yo te preguntara: "¿Quién eres?", ¿cómo responderías la pregunta? Tenemos muchas identidades: raza y religión, género y geografía, partido político y estado civil. Yo soy esposo de Lora y padre de Parker, Summer y Josiah. Soy pastor y escritor. Soy un ENFP en el indicador de Myers-Briggs y tipo 3, triunfador, en el Eneagrama.

Todas esas identidades son piezas de mi rompecabezas, pero ninguna de ellas representa mi identidad primaria. Mi identidad primaria es quién soy en Cristo. La frase *en Cristo* se encuentra 174 veces en las epístolas paulinas. Es la llave que abre nuestra identidad, nuestro destino y nuestra autoridad.

Las cosas que hiciste mal no te definen. Te define lo que Cristo hizo bien: su justicia. Quizá no te conozca desde Adán, pero sé quién eres. Eres la imagen de Dios. Eres la niña de sus ojos. Eres la obra maestra de Dios, creado o creada de nuevo en Cristo Jesús, para hacer las cosas buenas que preparó para ti tiempo atrás.[4]

En la carta de Pablo a los efesios, gran parte del primer capítulo es un poema. Son doce versículos en la versión en español, pero una sola oración en el idioma original. Es la oración más larga de la Biblia. Si la lees correctamente, nunca más te verás a ti mismo de la misma manera. Cambia el guion al revelar quién eres y a quién le perteneces:

Eres *bendecido* con toda bendición en Cristo.

Fuiste *elegido* desde antes de la creación del mundo.

Eres *sin mancha* a los ojos de Dios.

Eres *adoptado* por el Padre celestial.

Eres *redimido* por la sangre de Cristo.

Eres *sellado* por el Espíritu Santo.

Estás *hecho* a la imagen de Dios.[5]

En el principio, Dios nos creó a su imagen.[6] Desde entonces, hemos creado a Dios a nuestra imagen. Es así como terminamos con falsas identidades, falsos relatos y falsas seguridades. Los problemas de identidad son problemas de idolatría. "El corazón del ser humano", dijo Juan Calvino, "es una fábrica perpetua de ídolos".[7] Un ídolo es algo que amas, algo en lo que confías o algo que alabas más que a Dios. Para algunos es la fama y la fortuna. Para otros, el perfil en LinkedIn, el tamaño de su cuenta bancaria o la cantidad de seguidores que tienen en las redes sociales.

Los problemas de identidad pueden estar causados por la baja autoestima, sin duda. La persona más difícil de perdonar eres tú mismo. No eres tus fracasos. ¡Por supuesto que tampoco eres tus éxitos! Tengo una teoría respecto de la identidad, y al principio sonará contradictoria. Cuánto más hayas buscado en ti, más potencial tendrás para identificar los problemas. ¿Por qué? Es más fácil basar tu identidad en las cosas equivocadas: en lo que está bien contigo en lugar de la justicia de Cristo.

Hay una frase que se repite en la Torá: "poner su Nombre". Dios siempre está buscando oportunidades para poner su nombre. Él pone su nombre en lugares, y también en personas. Dicho esto, déjame cambiar el guion. Uno de los mayores privilegios que Dios le dio a Adán fue el derecho de poner nombre a los animales. ¡Imagina todos los animales en fila mientras Adán sacaba los nombres de la galera! Algunos, como el *armadillo pichiciego menor* probablemente le haya llamado la atención. ¡Estoy seguro de que también eso le sacó muchas carcajadas! Intenta decir *hipopótamo* rápido cinco veces.

En el judaísmo, los derechos de nombramiento son una responsabilidad sagrada y un privilegio profético. No es tan solo nombrar lo que algo es. Es nombrar lo que puede ser. El nombramiento tiene el poder de alterar la identidad, alterar el destino. Jacob recibió un nuevo nombre que se convirtió en una nación: *Israel*. Un discípulo bastante impetuoso llamado Simón recibió el nombre de *Roca, Pedro*. Cuando Dios quiere reescribir nuestra historia, a menudo nos da un nombre nuevo. Es un empujón, y puede cambiar nuestra trayectoria.

¿Recuerdas la bendición sacerdotal que fue soltada sobre el pueblo de Israel?

> *El Señor te bendiga*
> *y te guarde;*
> *el Señor te mire con agrado*
> *y te extienda su amor;*
> *el Señor te muestre su favor*
> *y te conceda la paz.*[8]

Me encanta esta bendición. Incluso escribí un libro sobre ella, *Doble bendición*. Pocos privilegios atesoro tanto como pronunciar esta bendición a las personas. Es tan poderosa ahora como entonces, pero la mejor parte es el epílogo:

Y pondrán mi nombre sobre los hijos de Israel, y yo los bendeciré.[9]

¿Qué nombre puso el sacerdote sobre el pueblo? ¡El nombre de Dios! Hay más de cuatrocientos nombres para Dios en las Escrituras. ¿Cuál se suponía que el sacerdote les pusiera? ¡La respuesta es todos los nombres!

La fraseología —*pondrán mi nombre sobre ellos*— es sinónimo de ponerse ropa. Nos revestimos de Cristo, y Cristo también se reviste de nosotros. Gedeón es el ejemplo: "Entonces el Espíritu del Señor vistió a Gedeón de poder".[10] Fue casi como si Dios llevara a Gedeón al vestidor y le probara la ropa a su medida. ¿Adivina qué? Estaba hecho a su medida.

¿Con qué nombre de Dios necesitas vestirte? Él es Jehová-Jireh, Dios nuestro proveedor. Él es Jehová-Nissi, Dios nuestro estandarte. Él es Jehová-Shammah, nuestra ayuda siempre presente en tiempos de necesidad. Su nombre es Consejero admirable, Dios fuerte, Príncipe de paz.[11] No permitas que la cultura dominante te dé el nombre ni te domestique. ¡Despégate esas etiquetas, y deja que Dios ponga su nombre eterno en ti!

Durante más de cuarenta años, me autoidentifiqué como asmático. Eso cambió el 2 de julio de 2016. Fue un día en el que trascurrieron décadas, y lo digo literalmente. Le había pedido a Dios que me sanara los pulmones cientos de veces durante cuatro décadas. ¿Por qué sucedió cuando sucedió? No tengo ni la menor idea. Los tiempos de Dios están fuera de mi alcance, pero sí sé cómo es que sucedió. ¡Jehová-Rafa, Dios mi sanador, puso su nombre en mí!

¡Cuando los tiburones te rodean y te pican las medusas, cuando comienzan la deshidratación y las alucinaciones, necesitas saber tu nombre! Tu nombre tal vez no se encuentre en el diccionario, como el Dyana Nyad. Pero está en la Biblia. No, no tu nombre de nacimiento; los nombres que Dios te puso a través de Jesús.

Si quieres que se te pegue un hábito, tiene que convertirse en tu identidad. No solo corres; eres un corredor. No solo escribes; eres un escritor. No solo bailas, eres un bailarín. Cuando los hábitos se convierten en parte de tu identidad, ya no es una motivación extrínseca. ¡Es intrínseca!

Si un hábito no es congruente con tu identidad, no pasará el examen del tiempo. Eso vale para los hábitos buenos y los malos. Si estás intentando romper un mal hábito, tienes que diferenciarte de esa identidad. ¡Ya no eres esa persona! ¿Recuerdas a Jeremías? Dios le dijo que no dijera: "¡Soy muy joven!".[12] Completa el espacio con cualquier falsa identidad que hayas tomado. Lo que sea que verbalices, le estás dando poder. Para bien o para mal, las palabras son profecías que por su propia naturaleza se cumplen.

¿Fue difícil no pensar en mí mismo como una persona asmática? Un ataque de asma era el primer recuerdo que tenía, así que esa era la única identidad que conocía. ¡Tuve que hacer un cambio de hábito y un cambio de identidad! Ya no soy asmático. Soy un corredor. Más específicamente, un maratonista. No solo lo hice; lo soy.

"Trata a un hombre como es y seguirá siendo como es", dijo Johann Wolfgang von Goethe. "Trata a un hombre como puede o podría ser y se convertirá en lo que puede o podría ser".[13] Nadie era mejor para eso que Jesús. ¡Quizá porque Él sabía su nombre!

¿CÓMO LO TRANSFORMAS EN UN HÁBITO?
¡Simulándolo hasta que lo logres!

En el judaísmo, existen cuatro dimensiones de discipulado. Cuando alguien sigue a un rabino, la primera responsabilidad es memorizar sus palabras. La segunda es adoptar su singular interpretación de las Escrituras, llamada yugo. La tercera es imitar su forma de vida. La cuarta es discipular a otros de la misma manera en que fuiste discipulado. ¡Cambias el guion al cambiar la bendición! El discipulado es cultivar en el árbol de otro.

Compara eso con esto.

En Hollywood, existe una forma singular de actuar llamada "actuación de método". Los actores toman medidas extremas para meterse en el personaje. Dustin Hoffman estuvo tres días sin dormir para prepararse para una escena en *Maratón de la muerte*. Meryl Streep aprendió polaco y alemán para *La decisión de Sophie*. Christian Bale perdió sesenta libras para interpretar a un insomne demacrado en *El maquinista*. Jamie Foxx se pegó los ojos para interpretar a Ray Charles. Y Leonardo DiCaprio durmió con animales muertos mientras filmaba *El renacido*.[14]

El discipulado es una actuación de método. Es meterse en el personaje de Cristo. Es tomar los impulsos del guion de las Escrituras, y requiere medidas extremas. ¿Recuerdas el Sermón del Monte? Jesús les dijo a sus seguidores que se cortaran las manos y se quitaran los ojos si era necesario para romper el ciclo del hábito.[15] ¡Sí, Jesús estaba utilizando una hipérbole! Por favor, no lo tomes literalmente; más bien, tenemos que tomarlo seriamente. Cuando se trata de crear o romper hábitos, los momentos de desesperación requieren de medidas desesperadas.

¿Mi consejo? Simúlalo hasta que lo logres. No, no estoy defendiendo la hipocresía. Pero tienes que aplicar ingeniería inversa al ciclo del hábito. ¿Cómo? ¡Si esperas a interrumpir el patrón hasta que tengas ganas, vas a estar en la sala de espera por un largo tiempo! Las acciones no siguen a los sentimientos tanto como los sentimientos siguen a las acciones. ¿Recuerdas lo que dijo Jesús? "Donde esté tu tesoro, allí estará también tu corazón".[16] Cuando estás tratando de crear un hábito, se siente extraño al principio. Tal vez te sientas como un impostor. ¡Continúa siéndolo! En algún punto, el guion va a cambiar.

Si sigues corriendo, te convertirás en un corredor.

Si sigues liderando, te convertirás en un líder.

Si sigues escribiendo, te convertirás en un escritor.

Completa el espacio con lo que sea que quieras convertirte. Finalmente tendrás esa identidad y esa identidad te pertenecerá.

¡Conoce tu nombre!

HÁBITO 2 – ABRAZA LA OLA

El obstáculo no es el enemigo;
el obstáculo es el camino.

Durante sus 45 años como compositor, Ludwig van Beethoven escribió 722 sinfonías, sonatas y conciertos. ¿Algo aún más asombroso? Muchas de estas composiciones las escribió después de perder la audición.

Cuando Beethoven se dio cuenta por primera vez de que había perdido el oído, estaba devastado. Sin la capacidad de escuchar la música que él creaba, su vida no tenía sentido. Beethoven se quedó atascado en la primera etapa del dolor: la negación. ¡Tocó el piano tan fuertemente que se lastimó las manos, sin hablar de los oídos de las personas! "En los pasajes fuertes", dijo su amigo y compañero compositor Ludwig Spohr, "el pobre sordo golpeaba las teclas hasta que las cuerdas tintineaban".

Finalmente, Beethoven aprendió a abrazar la ola. ¿Cómo? ¡Con sonidos de olas más suaves! Al colocarse un lápiz en la boca, podía sentir el timbre de las notas. ¿Era lo ideal? No, para nada. Pero abrazar la ola significa hacer lo que mejor sabes hacer con lo que tienes en donde te encuentras. Es confrontar los hechos crueles, pero esos hechos crueles nos fuerzan a innovar.

Un análisis de la música de Beethoven realizado por el diario *British Medical Journal* revela que las notas altas suponían el 80% de su música cuando tenía veinte años, pero solo el 20% cuando tenía cuarenta. No solo se adaptó a su pérdida de audición, sino que corrigió sus melodías con frecuencias más bajas. Debido a que no podía escuchar su propia música, tuvo que escuchar a su intuición y utilizar aún más su imaginación.[1]

La Novena Sinfonía de Beethoven se encuentra dentro de sus mayores logros musicales. "El punto de inflexión sinfónico", indica la revista *BBC Music Magazine,* "ha aterrado e inspirado a los compositores desde entonces".[2] Beethoven era sordo cuando escribió lo que muchos consideran la pieza orquestal más grande jamás escrita. Insistió en dirigir la sinfonía él mismo. Después, al ignorar el estruendoso aplauso, uno de los músicos tuvo que hacerlo girar para descubrir la ovación de pie.

¿Cómo podía ser que Beethoven creara mejor música después de perder la audición? "A medida que su oído se deterioraba", dijo Arthur Brooks, "estaba menos influenciado por las modas de composición imperantes, y más influenciado por las estructuras musicales que se formaban dentro de su cabeza".[3] Su música provenía desde adentro en lugar de venir desde afuera. ¡Lo conducía la convicción en lugar de conformarse con las tendencias musicales! Su pérdida de audición cambió el impuso, el patrón y la recompensa.

Nacido algunos años después de la muerte de Beethoven, Charles Spurgeon luchó contra la depresión gran parte de su vida. ¿Cómo lo manejó? "Aprendí a abrazar la ola", dijo Spurgeon, "que me lanza contra la Roca de los siglos".[4] Abrazar la ola no es desear morir, pero tampoco es no tener miedo a morir. Es reconciliarse con tu propia mortalidad, y luego vivir la vida a pleno.

En el 2017, a mi esposa, Lora, le diagnosticaron cáncer de mama en grado 1. Poco después del diagnóstico, leyó un poema que hacía la siguiente pregunta: "¿Qué has venido a enseñarme?". Es una pregunta difícil de hacerse, pero no existe ninguna otra manera de abrazar la ola. En el 2020, Lora volvió a tener otra pelea contra el cáncer de mama. Parecía un golpe a traición, pero volvimos a abrazar la ola otra vez. ¿Por qué? Porque es la única manera de ganar la batalla contra el cáncer.

Abrazar la ola requiere una postura de aprendizaje acompañada de una forma de pensar en crecimiento. Dios ciertamente puede liberarnos *de* las pruebas y tribulaciones, y a veces lo hace. Sin embargo, la mayoría de las veces, Dios nos libra *a través de* ellas. Sea como sea, tienes que aprender la lección, cultivar el carácter y dirigir el cambio. ¡El obstáculo *no* es el enemigo; el obstáculo es el camino!

Abrazar la ola es hacerte completamente responsable por todas las situaciones que encuentras en tu interior. No, no es culparte por las cosas que no son tu culpa. Eso se llama falsa confesión, y nos hace prisioneros del pasado. Agrega un guion en la palabra *responsabilidad* y se convierte en *respons-abilidad*. Es la habilidad de elegir tu respuesta en cualquier circunstancia. Te permite abrazar la adversidad como una oportunidad. ¿Por qué? Porque Dios está usando tus desafíos en el tiempo presente como preparación para las oportunidades del tiempo futuro.

De acuerdo con el Centro de Control de Enfermedades de los Estados Unidos [CDC, por sus siglas en inglés], casi un tercio de los estadounidenses están luchando contra la ansiedad o la depresión. Supongo que los otros dos tercios tienen luchas por aquí y por allá. Y una encuesta de opinión pública indicó que el 65% de los estadounidenses experimentan estrés diario.[5] He visto a dos consejeros en los últimos dos años mientras intentaba manejar el estrés de manera más efectiva. ¿Puedo compartir contigo una convicción? ¡Todos necesitamos ayuda profesional en algún momento! ¿Por qué? ¡Todos tenemos problemas!

Vive lo suficiente, y las olas de la tristeza, de la injusticia, del dolor y del sufrimiento golpearán tu vida. Si sientes como si te estuvieras ahogando, no estás solo. ¿La buena noticia? Hay un Dios que comprende nuestra debilidad. Y no solo tiene compasión de nosotros: Él es el Dios que reprende al viento y le ordena al mar: "¡Silencio! ¡Cálmate!".[6]

En su autobiografía, *God in My Corner* [*Dios en mi esquina*], el dos veces campeón mundial de pesos pesados, George Foreman, tiene una sección que se titula "Storms Don't Last" [Las tormentas no duran]. Comparte una historia sobre una anciana a quien le preguntaron cuál era su versículo favorito de las Escrituras. Citó estas palabras que aparecen 463 veces en la versión de la Biblia en inglés King James, y que se traduce: "Y aconteció". ¿Por qué? "Cada vez que llega una prueba, no llega para quedarse", dijo ella. "Acontece".[7] La época de tu vida en que te encuentras tal vez sea increíblemente difícil, pero no llegó para quedarse. ¡También va a pasar!

¿Recuerdas lo que dijo Bob Goff? "Los mejores títulos vienen después". Si te encuentras en el capítulo titulado "Fracaso", no te olvides de que el éxito es el fracaso bien administrado. Si te encuentras en el capítulo titulado "Contratiempo", Dios ya está preparando tu regreso. No pierdas la fe en el final de la historia.

¡Es hora de abrazar la ola!

DÍA 12

HAZLO ASUSTADO

*No tengan miedo. Solo quédense quietos
y observen cómo el Señor los rescatará hoy.*
Éxodo 14:13, NTV

El 26 de marzo de 1913, algo curioso sucedió en Columbus, Ohio. Cerca del mediodía, un hombre comenzó a correr por la ciudad. Después del hecho, se descubrió que corría porque llegaba tarde a una reunión. Sin importar la razón, un niño pequeño comenzó a correr detrás de él. Se dice que en ese momento alguien gritó: "¡Se rompió el dique!".[1]

Fue un clásico ejemplo de falsa alarma. ¡Lo siguiente que se supo era que miles de ciudadanos estaban corriendo quién sabe adónde y por qué! "Nunca antes en la historia de Columbus hubo tal escena de pánico", dijo el periódico *Columbus Citizen* al día siguiente. "Por los callejones, por las calles, las escaleras, las ventanas, las personas rodaban, se apuraban, gritaban y casi se peleaban entre ellas en medio de su locura por correr".

La historia quedó enterrada en la página ocho de otro periódico local, el *Columbus Dispatch,* seguramente por vergüenza.[2] Para ser justos, el medio oeste había experimentado lluvias torrenciales y crecidas repentinas en los días previos a la falsa catástrofe. Sin embargo, fue una falsa alarma basada en noticias falsas. La ironía es que aun si el dique de retención hubiera colapsado, se encontraba a varias millas afuera de la ciudad. Aquellos que corrieron por sus vidas podrían haberse mojado los pies, pero eso era todo. No había ninguna razón para entrar en pánico, pero el pensamiento razonable desaparece cuando damos paso al pensamiento colectivo.

¿Recuerdas a Naasón? Se metió en el agua y Dios abrió camino en el mar, pero déjame retroceder. Unos momentos antes de que el Mar Rojo se separara, los israelitas estaban atrapados entre el agua y el ejército egipcio. Era luchar o huir, ¿no es así? En situaciones como esas, muchas personas permiten que el temor dicte sus decisiones. ¿Qué hizo Naasón? ¡Abrazó la ola, literalmente!

Abrazar la ola es enfrentar tu temor y hacerlo asustado. Por hacerlo, me refiero a cualquier cosa que te dé miedo. "Descubre qué es lo que más teme una persona", dijo Carl Jung, "y es allí donde luego se desarrollará".[3] Si tu sueño no te atemoriza, es demasiado pequeño. Abrazar la ola es vivir de acuerdo con tus convicciones, aun cuando te ponen al otro lado de la mayoría. Es permanecer en tu carril y seguir el curso, aun cuando todas las probabilidades estén en tu contra. Es tener templanza frente a la adversidad.

Cuando Israel estaba atrapado contra el ejército egipcio el pueblo entró en pánico. Es una reacción natural, ¿no es cierto? Antes de juzgarlos, ponte en sus sandalias. Ves una nube de polvo gigante y escuchas el sonido de carros y caballos. Es tremendamente difícil no presionar el botón de pánico con esa clase de impulso.

Es tu reacción en esa clase de situaciones la que te fortalecerá o te romperá. En palabras de un amigo que entrenó infantes de marina durante años: "¡No estás a la altura de las circunstancias; retornas al nivel de tu entrenamiento!". ¡Sí, señor!

Hay una escena en la película *Contra lo imposible* en la que Carroll Shelby, el piloto de carrera protagonizado por Matt Damon, dice: "Hay un punto —siete mil revoluciones por minuto— en el que todo se desvanece. La máquina se vuelve ingrávida. Simplemente desaparece. Y todo lo que queda es el cuerpo moviéndose a través del tiempo y del espacio. Siete mil revoluciones por minuto.

Es allí donde lo conoces… te hace una pregunta. La única pregunta que importa: ¿Quién eres?".[4]

¿Quién eres a siete mil revoluciones por minuto? Eso nos vuelve a llevar al día 11, ¿no es así? Cuando todo fracasa, necesitas saber tu nombre. ¡Cuando todo el infierno se desata, necesitas saber tu nombre! Entonces, y solo entonces, estás listo para abrazar la ola.

No tengan miedo. Solo quédense quietos y observen cómo el Señor los rescatará hoy.[5]

De acuerdo con los psicólogos, nacemos solo con dos temores: el miedo a caernos y el miedo a los ruidos fuertes.[6] Cualquier otro temor se aprende, lo que significa que cualquier otro temor puede desaprenderse. La fe es el proceso de un temor desaprendido. ¿Cómo? "El amor perfecto echa fuera el temor".[7] Si temes a Dios —si veneras a Dios por sobre todo lo demás— no tienes que temer a nada. ¡No solo es el principio de la sabiduría, sino que también es el final de todos los temores!

La cura para el temor al fracaso no es el éxito. La cura para el temor al fracaso es el fracaso, en dosis suficientemente pequeñas como para desarrollar inmunidad. Funciona de la misma manera que la vacunación. Necesitas identificar la cepa del virus del temor que te infecta: temor al fracaso, al rechazo, a la intimidad, a la opinión de las personas, a ciertas situaciones sociales. Tienes que identificarlo, pero no para evitarlo. ¿Recuerdas la idea de la desensibilización sistemática del día 7? Tienes que exponerte a aquello que te da temor. ¿De qué manera? Hazlo asustado. Es así como interrumpes el patrón. Hazlo las veces suficientes y desarrollarás inmunidad hacia él.

Abrazar la ola no es escapar corriendo de lo que temes. Es meterse en el agua, como Naasón. Se necesita valentía para abrazar la ola, pero así es como surfeas la ola del sufrimiento. No tiene que gustarte, sino que tienes que aprender de ello.

En octubre de 2009, Lora y yo estábamos en nuestra cita para salir a tomar café durante mi día libre y cometí el error de responder el teléfono. Era la administradora de las salas de cine Union Station, en las que nuestra iglesia, NCC, se había congregado por treinta años. ¿Un hecho curioso? Habíamos jugado con la idea de cambiarnos el nombre a Iglesia de la Union Station porque todos nos llamaban así. Resumiendo, la administradora nos informó que las salas de cine iban a cerrar. ¡Y por si no fuera un golpe bajo suficiente, nos dijo que el siguiente domingo sería nuestro último domingo! ¿Cómo mudas a una congregación —que ascendía a más de mil personas en ese momento— en una semana? Mi mente comenzó a girar a siete mil revoluciones por minuto.

Parecía como si estuviésemos atrapados entre el Mar Rojo y el ejército egipcio, pero fue en ese momento en que prediqué la promesa de Éxodo 14:13. De todos los sermones que he predicado, ese quizá haya sido el más memorable y significativo para mí. ¿Por qué? ¡Necesitaba una palabra de Dios y tuve una! "No sé qué vamos a hacer", le dije a nuestra congregación, "pero sí sé lo que no vamos a hacer. ¡No vamos a entrar en pánico! Vamos a quedarnos quietos y vamos a ver la salvación del Señor". Y eso hicimos.

Cuando Dios cerró esa puerta en Union Station, nos impulsó a buscar una propiedad. Ocurrió justo después de la recesión del 2008, lo que parecía ser un tiempo oportuno para buscar un inmueble porque los desarrolladores habían pisado el freno en DC. Nuestra iglesia encontró una propiedad en Capitol Hill, con una fachada de una manzana entera en la autopista 695. ¿En serio? Por esa misma época, recibimos un regalo de tres millones de dólares. ¿Qué? Luego, unos años después, compramos una manzana completa justo enfrente por veintinueve millones de dólares. NCC ahora posee media docena de propiedades por un valor de setenta y cinco millones de dólares, y nos pertenecen libres de deudas. Solo Dios lo hace.

¿Quieres saber la verdad? ¡Tódavía nos estaríamos reuniendo en las salas de cines de la Union Station si lo hubiese hecho a mi manera! Me sentía completamente deprimido cuando cerraron. En realidad, me preguntaba si acaso nuestros mejores días estaban quedando atrás. ¿Puedo ofrecerte una exhortación que espero que te anime? No te sientas tan desanimado por las puertas cerradas. A menudo tienen un efecto dominó por el que algún día le agradecerás a Dios tanto como por las puertas abiertas.

Cuando experimentamos un revés, no damos un paso hacia atrás, porque Dios ya está preparando nuestro regreso. ¿No es eso lo que Dios le dijo a Moisés? "Lo haré así para manifestar mi gloria".[8] Dios te está estableciendo, pero aquí viene lo bueno. El momento correcto a menudo parece como si fuera el momento equivocado, y el lugar correcto a menudo parece como si fuera el lugar equivocado. Es en ese momento y en ese lugar en que tienes que abrazar la ola, y debes hacerlo aunque estés asustado. Tienes que confiar en la voluntad de Dios, en la manera de Dios y en el tiempo de Dios.

"Cuando un tren atraviesa un túnel y todo se vuelve oscuro", dijo Corrie ten Boom, "no arrojas el boleto y saltas". ¿Qué haces? Haces lo que dijo la mujer que sobrevivió al campo de concentración nazi: "Te sientas, te quedas quieto y confías en el ingeniero".[9]

¿CÓMO LO TRANSFORMAS EN UN HÁBITO?
¡Soltando el ancla!

Hace algunos años, el Exploratorium de San Francisco hizo una encuesta. Se les hicieron dos preguntas a algunos invitados seleccionados al azar:

1. ¿La altura de la secuoya más alta es mayor o menor a 1,200 pies (365 m)?
2. ¿Cuál crees que es la altura de la secuoya más alta?

A un segundo grupo de participantes se les hicieron las mismas preguntas, pero con una cifra distinta:

1. ¿La altura de la secuoya más alta es mayor o menor a 180 pies (55 m)?
2. ¿Cuál crees que es la altura de la secuoya más alta?

Las dos alturas —1,200 y 180 pies— se llaman anclas, y poseen un profundo efecto en las respuestas de cada grupo. A aquellas personas a las que se les dio el ancla alta de 1,200 pies supusieron una altura promedio de 844 pies (257 m). A las que se les dio el ancla baja de 180 pies supusieron una altura promedio de 282 pies (85 m). ¡Son 562 pies (172 m) de diferencia![10]

¿Recuerdas la ilusión de enfoque del día 10? El efecto de anclaje funciona de forma muy similar. Dicho de forma simple, una primera impresión deja una impresión duradera. Una vez que nos anclamos en ese primer hecho, ese primer sentimiento, se vuelve nuestro punto de referencia.

En caso de que seas curioso, las secuoyas están consideradas una de las tres especies más altas del planeta. Su sistema de raíces desciende hasta trece pies (cuatro metros), con un radio de ochenta pies (veinticuatro metros). ¡Pueden llegar a medir hasta veintidós pies (siete metros) de circunferencia y trescientos sesenta pies de alto (110 m), y vivir hasta doscientos años!

El efecto de anclaje nos influye cada día de mil maneras distintas. Lo utilizan las tiendas para subir el precio y luego bajarlo para así hacerte sentir mejor por lo que pagas. Lo utilizan los padres para negociar toques de queda. ¿Un consejo sobre esto? ¡Sin importar la hora que quieras que vuelvan a casa, siempre comienza con una o dos horas más temprano!

El efecto de anclaje posee implicaciones y aplicaciones importantes cuando se trata de crear o romper hábitos. Rompes un mal hábito al anclarte a los buenos, el cambio de hábito. Cultivas los hábitos difíciles al anclarlos a los más fáciles, el apilamiento de hábitos. También puedes anclarte a un dispositivo de compromiso, que ya exploramos en el día 5. Déjame presentarte una técnica más que yo llamo *soltar el ancla*.

En el libro de los Hechos, el apóstol Pablo se encontró en medio de una tormenta perfecta. ¿Qué hizo la tripulación cuando todo parecía perdido? "Echaron cuatro anclas por la popa y se pusieron a rogar que amaneciera".[11] Cuando estoy atrapado en la tormenta —una época de sufrimiento, de dolor o de desánimo— abrazo la ola soltando cuatro anclas.

La primera ancla es Isaías 55:9: "Mis caminos y mis pensamientos son más altos que los de ustedes ¡más altos que los cielos sobre la tierra!". Teológicamente, esta es la zona cero. La distancia entre un lado del universo al otro es de noventa y tres mil millones de años luz. De acuerdo con esta ancla, esa es la distancia entre los pensamientos de Dios y los nuestros.[12] Así que esto es lo que pienso: ¡incluso en nuestro mejor día, nuestro mejor pensamiento subestima lo grande y bueno que es Dios por un índice de noventa y tres mil millones de años luz!

La segunda ancla es Romanos 8:28, RVR60: "Y sabemos que a los que aman a Dios, todas las cosas les ayudan a bien, esto es, a los que conforme a su propósito son llamados". No dice que todas las cosas son buenas. A las personas buenas les suceden cosas malas. ¿Por qué? Porque vivimos en un mundo quebrantado, un mundo caído. La vida no es justa, pero Dios es bueno. Dios puede reciclar tu dolor para sus propósitos. Eso no lo hace menos doloroso, pero al menos no es en vano. Si abrazas la ola, Dios traducirá tu dolor en la ganancia de otra persona.

La tercera ancla que suelto en los momentos difíciles es Romanos 8:31: "Si Dios está de nuestra parte, ¿quién puede estar en contra nuestra?". Hay 1,741 *si* condicionales en la versión de la Biblia (en inglés), pero este es mi favorito. ¿Por qué? El favor de Dios es el factor x en nuestra vida. No importa si todas las probabilidades están en tu contra. ¿Dios está contigo? ¡Eso es todo lo que importa! En palabras de Frederick Douglass: "¡Uno más Dios son mayoría!".[13]

La cuarta ancla es Efesios 3:20-21: "Al que puede hacer muchísimo más que todo lo que podamos imaginarnos o pedir, por el poder que obra eficazmente en nosotros, ¡a él sea la gloria en la iglesia y en Cristo Jesús por todas las generaciones, por los siglos de los siglos! Amén". En pocas palabras, puede pasar de todo. Todo es posible. ¿Por qué? ¡Dios puede hacerlo!

Cuando te encuentres en situaciones críticas, tienes que volver al origen. Cuando todo lo demás falla, necesitas un plan alternativo. Necesitas recursos provisionales. ¡Si te encuentras en una de esas épocas, suelta el ancla! Esto también pasará. Y si no se vuelve más fácil, saldrás más fuerte.

¡Hazlo asustado!

DÍA 13

CAMINA SOBRE LA CUERDA FLOJA

*Vivan de una manera digna
del llamamiento que han recibido.*
Efesios 4:1

El 15 de junio de 2012, Nik Wallenda caminó por una cuerda floja suspendida sobre las cataratas del Niágara. A una altura de mil quinientos pies (457 m), la cuerda no podía estabilizarse, y se balanceaba para un lado y para el otro. También se hundió treinta y cinco pies (10 m) en el medio, así que Wallenda caminó cuesta abajo y luego cuesta arriba sobre un cable empapado de seis centímetros de espesor. ¿Un dato divertido? ¡Llevó encima su pasaporte y se lo presentó a los guardias fronterizos del lado canadiense!

Nik Wallenda posee once récords mundiales, incluyendo el récord de caminar la cuerda floja sobre el Gran Cañón del Colorado. Pero las cataratas del Niágara representaban un desafío único porque son un ecosistema en sí mismas. Las cataratas producen una llovizna constante. Hay corrientes de aire ascendentes y laterales de sesenta millas por hora (96.5 km/h). Además, se escucha el ruido ensordecedor de seiscientos mil galones de agua (227 m³) que caen a ciento sesenta y siete pies por segundo (183 km/h).

Como preparación para esta particular proeza, Wallenda utilizó hidrodeslizadores para producir ráfagas de viento de noventa millas por hora (144.8 km/h) y autobombas para que lo regaran mientras se encontraba sobre la cuerda. De alguna manera, llevó a cabo lo que podría ser su actuación de equilibrista más impresionante. Midió el recorrido por la cuerda floja orando y alabando a Jesucristo con cada paso que dio.[1] Si alguna vez has visto una de las hazañas de Nik Wallenda, sabrás que no es una exageración. Tiene la voz un poco desafinada, pero eso no le impide dar un grito de gozo al Señor. ¡Nada como la adoración para impedir que te caigas de la cuerda floja!

Todo el tiempo me hacen la siguiente pregunta: "¿Cómo mantienes el equilibrio entre la familia y el trabajo?". La respuesta corta es que no lo mantengo. Nadie lo hace. Para ser claro, ¡quiero ser famoso en mi casa! Y si tengo que elegir entre los dos, la familia viene primero. Esas son algunas de mis convicciones centrales, y por lo tanto, intento establecer los límites. Intento no hacer más de siete viajes al año para participar como orador por las noches, y la única cosa en la que trato de ser religioso es en mi día libre.

Cuando alguien me hace la pregunta sobre el equilibrio, a menudo me paro sobre un pie mientras respondo. Luego hago esta pregunta: "¿Estoy manteniendo el equilibrio?". Es una especie de pregunta capciosa. En cierto sentido, mantengo el equilibrio porque no me caigo. Pero si lo analizamos en detalle, en realidad estoy haciendo contrapeso. ¿Cómo? Los músculos de las rodillas están constantemente contraídos.

La vida es así, ¿no es cierto? No creo que ninguno de nosotros jamás alcance el equilibrio perfecto. Siempre estamos haciendo contrapeso con nuestro trabajo, nuestro matrimonio, nuestros hijos, nuestros pasatiempos y nuestros hábitos. Pareciera que estamos caminando por la cuerda floja, ¿no es así?

"Los problemas son para solucionar y las tensiones para manejar", dijo Andy Stanley.[2] Discernir la diferencia es crucial. No manejas los problemas; los solucionas. Y no solucionas las tensiones; las manejas. Si partimos de esa idea, los malos hábitos son problemas para solucionar. Los buenos hábitos son tensiones para manejar.

Tengo un pequeño lema: ¡La verdad se encuentra en la tensión de los opuestos! ¿Por qué? "La verdadera sabiduría tiene dos lados".[3] Es terriblemente fácil refugiarnos en nuestras cámaras de resonancia en una época como la nuestra. Los algoritmos de las redes sociales están diseñados para ayudarnos a hacer justamente eso. Es terriblemente fácil caer en patrones de pensamiento dualísticos que crean falsas dicotomías. Cuando pensamos en los problemas como categorías excluyentes, resulta difícil llegar a una solución de ambos a la vez. Existe una tercera manera, la manera de Jesús.

¿Recuerdas al hombre que era ciego de nacimiento? Los discípulos crearon una falsa dicotomía con su pensamiento binario: "Para que este hombre haya nacido ciego, ¿quién pecó, él o sus padres?". Tenía que ser A o B, ¿no es así? ¡Incorrecto! "Esto sucedió", dijo Jesús, "para que la obra de Dios se hiciera evidente en su vida".[4] Jesús no solo los ayudó a ver de una tercera manera, sino que Él es la tercera manera. Él es el Hijo del Hombre y el Hijo de Dios.

"Cuando la imparable bala golpea la impenetrable pared, encontramos una experiencia religiosa", dijo Robert Johnson. "Es precisamente aquí donde creceremos".[5] Se llama paradoja de la fuerza irresistible, y me gusta pensar en la bala imparable como la soberanía de Dios, y en la pared impenetrable como el libre albedrío de las personas. ¿Qué sucede cuando esas dos cosas colisionan? Es tan misterioso como los ganglios basales, pero es allí donde creamos y rompemos hábitos. Es un equipo. Solo sucede con la ayuda del Padre, del Hijo y del Espíritu Santo.

Si quieres que Dios haga lo sobrenatural, tienes que hacer lo natural. No puedes simplemente orar como si dependiera de Dios; también tienes que trabajar como si dependiera de ti. ¿Creo en la sanidad sobrenatural? ¿Cómo no podría hacerlo después de que Dios me sanó los pulmones? Sigue adelante y ora por sanidad, pero tú también tienes que participar en tu propia sanidad. Cuando Dios me sanó los pulmones, no comencé a fumar. Hubiera sido contraproducente. Ejercité los pulmones al entrenar para un maratón. Elegí caminar sobre la cuerda floja en lugar de sabotear la bendición.

Abrazar la ola es negarse a tomar el camino fácil. En lugar de retirarte a tu cámara de resonancia, te mantienes en la brecha. ¿Cómo? Escuchas con ambos oídos. Mantienes un oído sintonizado a la suave y pequeña voz del Espíritu Santo. Mantienes el otro oído sintonizado al suelo. ¿Qué hizo Daniel después de que lo llevaron como prisionero de guerra a Babilonia? Pasó tres años aprendiendo el idioma y literatura. ¿Por qué? Porque así podría influir en la cultura de adentro hacia afuera.

Con el surgimiento de conversaciones culturales altamente polemizadas y publicitadas, no resulta fácil mantener nuestro equilibrio emocional, relacional o político. ¿Cómo caminamos en esa cuerda floja? Hay un pasaje que funciona como la cuerda floja suspendida sobre las cataratas del Niágara. Es una gran manera de interrumpir el patrón de polarización al tiempo que mantenemos la vista sobre la recompensa.

Les ruego que vivan de una manera digna del llamamiento que han recibido, siempre humildes y amables, pacientes, tolerantes unos con otros en amor.[6]

Aplica ingeniería inversa sobre esos versículos, y verás tres virtudes cardinales que nos ayudarán a navegar las situaciones, los desafíos y las decisiones difíciles que enfrentemos. También nos van a ayudar a crear y romper hábitos. Caminamos por la cuerda floja con humildad, mansedumbre y paciencia.

La primera virtud es humildad.

La humildad no es pensar menos de ti mismo, como ocurre con la baja autoestima. Es pensar menos en ti mismo. Es superar la preocupación de mi yo, de mí mismo. Dicho de forma simple, no

se trata de mí. Es una decisión previa de poner a los demás primero. La humildad no pregunta: ¿Qué hay para mí? Hace la pregunta contraria: ¿Cómo puedo agregar valor a tu vida? El parámetro
establecido es escuchar *y* aprender de otros. ¿Por qué? En palabras
de Ralph Waldo Emerson: "Todo hombre que conozco es mi superior en alguna manera, puesto que aprendo de él".[7] Esa clase de
humildad promueve una curiosidad santa acerca de las personas.

La segunda virtud es la mansedumbre.

Las palabras sobran, más que nunca, pero también el tono. De
acuerdo con el psicólogo Albert Mehrabian, cuando se trata de cre-
dibilidad, le asignamos un 55% de peso al lenguaje corporal, 38%
al tono y ¡7% a las palabras! En mi experiencia nadie gana una
pelea a gritos. Cuanto más alto hables, la gente menos te escucha-
rá. A las personas no les interesa cuánto sabes hasta que no saben
cuánto te importan. ¡No ganemos discusiones intelectuales y per-
damos relaciones, porque en ese caso tendremos la razón en lugar
de ser justos! "La respuesta amable calma el enojo".[8] ¿De qué manera? Es la ley de la reciprocidad. Si deseas distender una situación
o romper un círculo vicioso, intenta bajar la voz y suavizar el tono.

La tercera virtud es la paciencia.

Vivo en una ciudad cuyo ritmo está determinado por el ciclo
electoral. Hay cientos de personas en nuestra congregación cuyo
trabajo está en riesgo cada dos años. ¿Puedo darte un recordatorio
siempre vigente? ¡Las administraciones van y vienen, pero el reino
de Dios es para siempre! Estamos aquí para un tiempo como este,
sin dudas. Pero tenemos que ensanchar nuestro orificio. Pensamos
en el aquí y el ahora. Dios está pensando en naciones y generaciones. ¿Recuerdas el día 8? ¡Recuerda el futuro!

La paciencia es jugar un juego largo. Es una larga obediencia
en la misma dirección. *Hazlo por un día* podría parecer una forma temporal de pensar, pero es colocar las cosas en una perspectiva
eterna. Es vivir como si fuera el primero y el último día de tu vida,

pero es hacer las cosas que te sobrevivirán. Es vivir como si murieras mañana, pero soñar como si vivieras por siempre.

¿CÓMO LO TRANSFORMAS EN UN HÁBITO?
¡Allí estás!

Mi amigo y padre espiritual, Dick Forth, dice que existen dos clases de personas en el mundo. La primera clase entra a una habitación anunciando internamente: *Aquí estoy*. El ego apenas les pasa por la puerta. Se trata todo *de mi yo, de mí*. La segunda clase de personas entra a la habitación anunciando internamente: *¡Allí estás!* ¡Dejan su ego en la puerta, y todo se trata de los demás! Tratan a las demás personas como sus superiores, y siempre están buscando valor agregado.

¿Qué clase de personas eres? *¿Aquí estoy* o *allí estás?*

Vivimos en una cultura que funciona con audios, palabras de moda y *hashtags* en tendencia. Podemos cambiar el guion y abrazarnos a la ola al funcionar mediante el espíritu opuesto. ¿Qué significa? Es la Regla de Oro: haz con los demás lo que te gustaría que hicieran contigo. Es ver a las personas por quiénes son —la imagen de Dios— y tratarlas en consecuencia. ¿Puedo contarte un secreto? La manera en que ganas respeto es dando. Lo mismo sucede con el amor y el gozo y miles de cosas más.

Cuando caminamos por la cuerda floja, vemos a cada persona como si fuera invaluable e irreemplazable. Es así como amas a aquellos que no se parecen a ti, ni piensan como tú ni votan como tú. Aun si no les gustas, estás llamado a amarlos. Es una teología de la dignidad que respalda la santidad de la vida desde el vientre hasta la tumba, e invalida las diferencias que dividen la cultura. "Si destruyes una simple vida, es como si hubieses destruido todo el universo", dice el Talmud. "Si salvas una vida, es como si hubieses salvado todo el universo".

No es fácil crear o romper un hábito. ¡Se parece mucho a caminar por la cuerda floja! Necesitas tener valor. Necesitas mantener el equilibrio todo el tiempo. ¿Cómo? Cambia la atmósfera con humildad, mansedumbre y paciencia. Ya lo dije antes y déjame volver a decirlo: no crearemos ni romperemos los hábitos simplemente por nuestro propio bien. ¡Lo hacemos por aquellos que amamos! La representación del desinterés es romper los malos hábitos que hieren a otros. Es crear hábitos que agreguen valor a otros. Cualquiera de las dos maneras es una manera de decir: ¡Allí estás!

¡Camina por la cuerda floja!

DÍA 14

UNE LOS PUNTOS

Daniel manejó la situación
con sabiduría y discreción.
Daniel 2:14, NTV

En el año 2009, un investigador de árboles llamado Dr. Martin Gossner investigaba la resiliencia de la corteza del árbol. Como parte del estudio, roció el árbol más antiguo del Parque Nacional del Bosque Bávaro con un insecticida llamado piretrina. Todos los organismos que vivían sobre o dentro de la corteza de ese árbol cayeron en la tierra. ¿Te animas a adivinar cuántos especímenes descubrió?

Para el ojo promedio, un árbol es un árbol. ¿La realidad? Un árbol es un ecosistema. ¿Sabías acaso que los árboles se comunican unos con otros al liberar químicos en el aire? Forman una comunidad, una red, por medio de sus sistemas de raíces. Y no solo alimentan a los microorganismos del suelo que rodean los troncos, sino que también convierten el dióxido de carbono en el oxígeno que tú y yo respiramos.

El Dr. Gossner recogió 2,041 insectos, organismos y animales de 257 especies distintas.[1] Un árbol, como puedes ver, no es solo un árbol. ¡Es un ecosistema en sí mismo, al igual que tú! Intento vivir y liderar mediante un simple mantra: "Piensa siempre como un ecosistema". Cada decisión que tomes y cada acción que realices tiene un efecto dominó en cientos de direcciones. La formación de hábitos consiste en unir los puntos al identificar los impulsos, los patrones y las recompensas. Es ver el bosque a través de los árboles, nunca mejor dicho.

Conserva ese pensamiento.

Hace algunos años, tuve el privilegio de asistir a la Welcome Conference en Nueva York. Era un encuentro de profesionales que comen, sueñan y respiran hospitalidad. Muchos chefs y dueños de restaurantes y, supongo, ¡un pastor! Uno de los oradores era el precursor de los productos de la granja a la mesa Dan Barber. Creó Blue Hill en Stone Barns, que se hizo famoso en la primera temporada del documental *Chef's Table*. ¡Barber contó una historia que está casi a la altura de las parábolas!

El chef francés Alain Ducasse es el Michael Jordan de los chefs. El primer chef en ser propietario de restaurantes con tres estrellas Michelin en tres ciudades, Ducasse escuchó acerca de Blue Hill en Stone Barns y decidió hacer una visita. Dan Barber se sentía increíblemente halagado y más que ansioso. ¿Qué le sirves para el desayuno a tu héroe culinario?

Blue Hill posee lácteos de pastoreo, lo que significa que las vacas no comen ningún grano. Barber decidió volver a la vieja escuela y destacar su mantequilla al servirla sobre el pan recién horneado. Ducasse comió terriblemente despacio y no dijo ni una sola palabra. En algún punto, se quitó los anteojos y cerró los ojos. Dan Barber iba muriendo lentamente todo ese tiempo. ¿Le habrá gustado? ¿O no? Cuando Ducasse finalmente terminó, le dijo a Barber que estaba muy bueno, pero Dan Barber no compraba lo que Alain Ducasse le estaba vendiendo. Dijo "muy bueno", pero no quiso decir "muy bueno". Así que Barber le hizo una pregunta atrevida: "Señor Ducasse, ¿cómo podría mejorar la mantequilla?".

Ducasse respondió la pregunta con otra pregunta: "¿Estuvo lloviendo en la granja Blue Hill Farm?". Ducasse no tenía manera de saberlo, apenas había bajado del avión desde Japón, cuando el huracán Irene golpeó la costa este, lo que dio como resultado precipitaciones récords. Alain Ducasse podía *saborear el clima*. La mantequilla estaba lavada.

Cuando Ducasse estaba a punto de irse, se dio vuelta y le hizo otra pregunta: "¿La mantequilla la batieron a mano o con batidora eléctrica?". Barber se sentía un poco insultado. ¡Blue Hill nunca usaría una batidora eléctrica! Arruina la viscosidad al agregarle demasiado aire. Entonces Ducasse hizo una última pregunta: "La mantequilla que comí, ¿provenía de las vacas que están cerca o lejos del granero?". Barber le contestó que ellos pastaban sus vacas cerca del granero, y eso fue todo.

¡Pocos días después de la visita de Ducasse a Blue Hill, Barber se encontraba en la cocina de repostería y encontró a una pasante batiendo la mantequilla con —lo adivinaste— una batidora eléctrica! "Chef", exclamó inocentemente, "¡puedo hacer la mantequilla más rápido con la batidora eléctrica!". ¡Ducasse no solo *saboreó el clima*, sino que también pudo *saborear la batidora eléctrica*! Pero espera, hay más.

Una semana después, Barber estaba observando las pasturas que rodeaban Blue Hill y no pudo ver ninguna vaca. Le preguntó al granjero dónde estaban. "Estoy haciendo un experimento", le contestó el granjero. "Estoy pastando las vacas en el campo siete, el campo más lejano al granero". Cuando Barber le preguntó por qué, él le respondió: "Porque está lleno de malezas".

"Es humillante pensar sobre lo que pudo saborear de forma intuitiva", dijo Barber. ¡Alan Ducasse pudo saborear la lluvia, la batidora eléctrica y las malezas del campo siete!

Abrazar la ola es ver más allá de la superficie de las situaciones en que nos encontramos. Es unir los puntos de una manera un poco diferente. ¿Cómo? Haciendo preguntas, usando el pensamiento divergente, buscando interrelaciones, contemplando las consecuencias involuntarias, considerando la causa y el efecto, identificando lo que está sucediendo en el campo siete.

En el siglo VI a. C., el rey Nabucodonosor II y el ejército babilónico sitiaron la ciudad de Jerusalén. Rompieron los muros, saquearon el templo y se llevaron cautiva a Babilonia a las clases creativas y altas. Entre esas personas había un joven llamado Daniel, que llegaría al poder por medios no convencionales.

Daniel pasó tres años aprendiendo el idioma y la literatura de los caldeos. Después de aprender su idioma, cambió el guion con una unción bastante exclusiva. Daniel tenía la capacidad de solucionar los problemas imposibles de forma sobrenatural. ¡Daniel era un solucionador![2] Albert Einstein decía: "Un problema no se puede solucionar desde el mismo nivel de conciencia que se creó". Es en ese momento y en ese lugar en que necesitamos la imaginación profética.

Cuando el comandante de la guardia real, que se llamaba Arioc, salió para ejecutar a los sabios babilonios, Daniel le habló con mucho tacto e inteligencia.[3]

La palabra hebrea traducida como tacto significa "sabor". Piensa en un *sommelier*. ¿Sabías que el 80% del sabor del vino proviene del aroma?[4] Un *sommelier* bien entrenado puede saborear el tanino, el elemento que añade textura, complejidad y balance. ¡Un *sommelier* también puede saborear el suelo, la altitud, la edad y el clima!

El profeta Daniel era un experto en ecosistemas. Su capacidad para percibir las cosas más allá de los cinco sentidos no tiene casi precedentes. Sí, tenía un alto nivel de educación. Pero el factor x, *el* factor, es algo denominado imaginación profética. Es ver lo invisible, escuchar lo inaudible y percibir lo imposible. Pensamos en los profetas como personas que tienen una visión sobrenatural, y esa ciertamente es una dimensión de la imaginación profética. Es ver más allá de lo que otros ven. Es ver antes de que otros vean.

Dicho esto, hay otras dos dimensiones menos reconocidas, pero igual de importantes.

La segunda dimensión es la visión sobrenatural. Es ver más allá de los problemas presentes y reconocer las causas básicas. Es identificar las consecuencias involuntarias antes de que sucedan. Es ver cómo las diferentes partes de un ecosistema se afectan unas a otras. ¡Es saborear el clima, la batidora eléctrica y las malezas en el campo siete! Esto es crucial cuando se trata de acumular hábitos. Es difícil interrumpir el patrón si no lo ves.

La tercera dimensión de la imaginación profética es la retrospectiva sobrenatural. Es entender quién, qué, cuándo, dónde, por qué y cómo. "No puedes unir los puntos mirando hacia adelante", dijo Steve Jobs en su ahora famoso discurso de graduación en la Universidad de Stanford. "Solo puedes unirlos mirando hacia atrás".[5] ¿Recuerdas el consejo del día 8? Cuanto más hacia atrás mires, más hacia adelante podrás ver.

"En las horas decisivas de la historia", dijo el teólogo judío Abraham Heschel, "caemos en la cuenta de que no cambiaríamos ciertas líneas del libro de Isaías a cambio de las siete maravillas del mundo".[6] No estoy seguro de si Heschel se refería a las maravillas antiguas o a las naturales. De todos modos, necesitamos una palabra de Dios. Prefiero tener una sola idea de Dios a tener miles de buenas ideas. ¡Las buenas ideas son buenas, pero las ideas de Dios cambian el curso de la historia!

La imaginación profética nos da la valentía moral para vivir contraculturalmente, como Daniel. Es negarse a inclinarse ante los poderes de ser. Es decir la verdad ante el poder, de forma creativa y amorosa. Es una exégesis de nuestra vida desde una perspectiva divina. "La tarea es reformular", dice Walter Brueggemann, "para que podamos volver a experimentar la realidad social que se encuentra frente a nosotros desde un ángulo diferente".[7] Pero la imaginación profética no solo son explicaciones santificadas; son expectativas santificadas.

Durante la primavera de 1884, al artista francés George Seurat comenzó a pintar el cuadro *Tarde de domingo en la isla de la Grande Jatte*. La pintura, de siete pies de alto y diez pies de ancho (2x3 m), se encuentra en el Instituto de Arte de Chicago. A finales del siglo XIX, el impresionismo estaba en auge. Seurat rompió la tradición y utilizó una nueva técnica llamada puntillismo. En lugar de pintar con pinceladas, Seurat utilizaba puntos de colores diferentes.

Si te paras a unos metros de la obra maestra de Seurat, es cualquier cosa excepto arte. ¡Estás demasiado cerca para verlo por lo que es! Parece una mezcolanza de puntos. Lo mismo podría decirse de las circunstancias en que te encuentras. Pero si retrocedes, los puntos forman una obra maestra. Si te paras a la distancia correcta y lo observas lo suficiente, te sentirás como un parisino en un parque a las orillas del río Siena.

La vida es como la pintura, ¿no es así? Es terriblemente fácil perder la perspectiva si estás muy cerca. Necesitas alejar la imagen. Necesitas abrir el orificio. Entonces, y solo entonces, verás la narrativa que Dios está escribiendo.

¿Cómo hizo David para derrotar al gigante llamado Goliat? Cultivó una habilidad compensatoria con su honda, que requirió muchísima práctica deliberada. Pero más impresionante que su habilidad fue su forma de pensar. David era fuerte mentalmente. Unía los puntos entre lo que Dios había hecho y lo que Dios estaba a punto de hacer:

El Señor, que me libró de las garras del león y del oso, también me librará del poder de ese filisteo.[8]

David mira en retrospectiva la provisión de Dios en el pasado y une los puntos con las circunstancias presentes y produce una fe para los desafíos futuros. Los leones y los osos eran como los partidos de pretemporada: prepararon a David para jugar los partidos oficiales. ¡El testimonio es la profecía! Si Dios lo hizo antes, puede volver a hacerlo. Nuestra fe futura se basa en la fidelidad de Dios en el pasado. De allí proviene la confianza divina. La fidelidad de Dios nos persigue desde el pasado. La soberanía de Dios nos prepara para el futuro. Lo mejor aún está por venir.

¿CÓMO LO TRANSFORMAS EN UN HÁBITO?
¡Pensando siempre en ecosistemas!

Sir Richard Branson, el emprendedor serial, vive con un simple lema: A-B-C-D, une siempre los puntos.[9] Unes los puntos haciendo la pregunta: ¿Qué has venido a enseñarme? Hazla a cada persona que conozcas. Hazla por cada situación en que te encuentres. Si tomas una postura de aprendizaje en la vida, te enseñará lecciones que no podrás aprender de ninguna otra manera.

¿Puedo hacerte una recomendación más? Ten un diario para registrar cada lección. Cuando conozco a las personas, siempre intento tener mi diario a mano. ¿Por qué? Tengo algo que aprender de ellas, y si no lo escribo, perderé la lección.

Hace muchos años, la doctora Catherine Cox realizó un minucioso estudio de tres mil fuentes biográficas, investigó a trescientos uno de los genios más grandes de la historia. Además de valorar sesenta y siete rasgos del carácter, retroactivamente les otorgó un índice de coeficiente intelectual.[10] También descubrió entre ellos un común denominador: todos registraban sus pensamientos y sentimientos, sus ideas y puntos de vista, sus observaciones y reflexiones en un diario de algún tipo u otro.

Un diario de agradecimiento une los puntos entre las bendiciones y convierte los momentos en recuerdos. Un diario de sueños une los puntos entre las experiencias y te marca el camino. ¡Un

diario de oración une los puntos entre la causa y el efecto y te ayuda a darle la gloria a Dios cuando responde a esas oraciones!

A-B-C-D es la diferencia entre aprender de nuestros errores y
repetirlos. Es la manera en que explicamos nuestras experiencias.
Los grandes líderes unen los puntos un poco diferente, un poco
mejor. Si quieres romper el ciclo de un hábito o crear uno, tienes
que unir los puntos entre el impulso, el patrón y la recompensa.
No se necesita una gran medida de imaginación profética.

¡Une los puntos!

HÁBITO 3 – ¡TRÁGATE ESE SAPO!

Si quieres que Dios haga algo sobrenatural,
debes hacer lo natural.

"Si alguna vez tienes que comer un sapo vivo", dijo supuestamente Mark Twain, "es mejor que sea lo primero que hagas por la mañana".[1] ¿Por qué? Porque así puedes seguir con tu día sabiendo que lo más difícil ya ha pasado. Este escenario es muy poco probable, pero así y todo es un buen consejo. La forma en que comienzas el día sienta la base, marca el ritmo.

¡Un buen comienzo es la mitad! Por supuesto que lo opuesto también es verdad. Si tus días tienen un mal inicio es difícil corregir el curso. Al respecto, todos nosotros tenemos al menos ciento veintisiete días malos por año. Está bien, inventé la estadística por completo. Apunté alto debido al efecto de anclaje. Te sentiste mejor, aunque sea por un segundo, ¿no es cierto?

Hablando del efecto de anclaje, vivimos en un planeta que acelera a través del espacio a sesenta y siete mil millas por hora (107,826 km/h). Así que incluso en un mal día, un día en que no logras hacer mucho, viajaste 1.6 millones de millas (2.5 millones de kilómetros) a través del espacio. Así que ahí lo tienes.

¿Recuerdas el estudio realizado por la Universidad de Duke? En promedio, el 45% de nuestro comportamiento es automático. Me atrevo a decir que el porcentaje es un poco más alto respecto de lo primero que haces por la mañana. ¿Por qué? ¡Porque todavía te estás despertando! Y si te despiertas tarde, apuesto que todavía es más alto. ¡No tienes tiempo para pensar en nada excepto en vestirte y salir por la puerta!

A medio camino de nuestro desafío de treinta días, es momento de hacer una pequeña deconstrucción. Quiero que evalúes tu rutina matutina. ¿A qué hora te levantas? ¿Y por qué? ¡Si no respondes por qué, es terriblemente fácil seguir actuando como autómata! ¿Qué es lo primero que haces? ¿Y por qué? Mantén un registro del tiempo de todo lo que haces desde el segundo en que te despiertas hasta el momento en que sales por la puerta. Ahora, hazte estas preguntas: ¿Mi rutina está alineada con mis metas? ¿Está sincronizada con quien estoy tratando de convertirme y lo que estoy tratando de lograr?

¿Recuerdas la mentalidad de crecimiento del día 2? ¡Más difícil es mejor! Tragarse el sapo añade una marca de tiempo: ¡más difícil es más pronto! Y no es solo "quitarlo de en medio" o "comprobar la lista". ¡Es un enfoque de vida que abraza el desafío! Tragarse el sapo no esquiva la responsabilidad ni retrocede ante el peligro. No impide la dificultad. Es una forma de pensar que abraza la resistencia como una forma de entrenamiento de resistencia. ¡Por supuesto que no hay nada de malo con agregar un elemento de diversión a lo largo del camino!

Mark Twain y Teddy Roosevelt fueron contemporáneos y, en muchas maneras, estaban cortados por la misma tijera. No se llevaban bien, políticamente hablando. Pero ambos abordaban la vida con un pragmatismo sensato, sin excusas y sin peros, lo que es digno de aplaudir. Ese enfoque de la vida ejemplificado en uno de los pasatiempos favoritos de Roosevelt, algo que él llamaba caminata de punto a punto.

A Teddy Roosevelt no le gustaba caminar por senderos que ya hubiesen sido trazados. A él le encantaba salirse del guion, salirse del mapa. La caminata de punto a punto tenía una simple regla:

¡luego de encaminarte hacia un destino en particular, no alteres el curso! Tienes que caminar en línea recta, sí o sí. Si te encuentras con una pared, la trepas. Si te encuentras con un arroyo, lo cruzas nadando. En lugar de rodearlo, tienes que atravesarlo.

Se parece mucho a abrazar la ola, ¿no es cierto?

¡El obstáculo no es el enemigo; el obstáculo es el camino!

Cierto día el presidente Roosevelt invitó al embajador de Francia a esas caminatas de punto a punto. "Lo que el presidente llama una caminata fue una carrera" dijo Jean Jules Jusserand. Durante esa caminata, se toparon con el Rock Creek. Tenía el presentimiento de que estaba todo planeado. Roosevelt se quitó la ropa hasta quedarse en paños menores. El embajador francés, con gran asombro, lo copió. "Yo también, por el honor de Francia, me quité la vestimenta, todo excepto mis guantes de seda con lavanda". ¿Por qué los guantes no? "En caso de que nos cruzáramos con mujeres".[2] Se me ocurren otras cosas que uno quisiera mantener cubiertas, pero no soy francés. No puedo demostrarlo, pero me pregunto si no vendrá de allí el antiguo refrán: "Veo a Londres; veo a Francia; veo al embajador en ropa interior". Tan solo es una teoría.

La formación de hábitos es una caminata de punto a punto. No puedes permitirte atajos ni desvíos. No puedes terminar la carrera en los tiempos difíciles o en las conversaciones difíciles. Tragarse el sapo es tener la valentía de atravesarlos y salir por el otro lado con un testimonio. ¿De qué otra forma vas a cultivar tu fuerza mental?

¿Qué nos hace pensar que podemos parecernos a Jesús sin que Judas nos traicione, sin que Pedro nos niegue, sin ser burlados por los fariseos, sin que los soldados romanos se mofen de nosotros, sin que el enemigo mismo nos tiente? Así es como crecemos, espiritualmente hablando.

¡Es hora de tragarse el sapo!

DÍA 15

HAZLO DIFÍCIL

He trabajado más arduamente.
2 Corintios 11:23

El 4 de octubre de 1912, Teddy Roosevelt estaba en medio de su campaña electoral cuando recibió un disparo a quemarropa de un presunto asesino. Con una bala calibre .32 alojada en el pecho, se levantó y aun así dio su discurso. "Tengo una bala en pecho, así que no podré dar un discurso muy largo" dijo. Roosevelt habló durante noventa minutos, mientras la sangre de la herida de bala le empapaba la camisa.[1] Por supuesto que eso era lo más normal. Roosevelt era mitad hombre renacentista, mitad hombre salvaje. Se ganó cada uno de sus apodos: Alce Macho, Jinete Salvaje, el Hombre a Caballo, el Dínamo, el Destructor de Confianza (el Antimonopolista), el Guerrero Feliz, el Héroe de la Colina de San Juan, por nombrar algunos.

Roosevelt montó un alce, voló en el aeroplano de los hermanos Wright, escaló los Alpes suizos, trabajó como peón en las Dakotas, derribó a un vaquero armado en medio de una pelea en un bar, cruzó un río congelado para atrapar a unos ladrones de botes, se embarcó en un safari de un mes por África, exploró el río Amazonas, lideró el ataque de Kettle Hill durante la Batalla de San Juan y se bañó desnudo en el río Potomac. Piensa en lo último como si fuera el desafío del cubo de hielo de hace cien años.

¿El dato divertido? Roosevelt armó un ring de boxeo en la Casa Blanca donde podía pelear con cualquiera que fuera lo suficientemente valiente como para entrar en él. De hecho, uno de sus asistentes, Dan Tyler Moore, lo dejó ciego del ojo izquierdo con un gancho de derecha. ¡Roosevelt ocultaba el hecho de que había perdido la vista para proteger la reputación del hombre que le había desprendido la retina! "¿Podrías pedir una mejor prueba del espíritu deportivo del hombre que el hecho de que nunca me dijo lo que le había hecho!",[2] dijo Moore.

Teddy Roosevelt dio una gran cantidad de discursos memorables, incluyendo el de Milwaukee que mencioné anteriormente, pero mi preferido es el que dio el 10 de abril de 1899, en el Club Hamilton de Chicago. Se parece más a un sermón que a un discurso. Según mis cuentas, utilizó cuatro veces la palabra *predicar* y cinco veces la palabra *doctrina*. Defendía lo que él llamaba una vida intensa:

> *Quisiera predicar, no la doctrina de la vil facilidad, sino la doctrina de la vida intensa, la vida del trabajo duro y del esfuerzo, de la labor y del sacrificio; predicar que la forma más alta de éxito no le llega al hombre que desea meramente la simple paz, sino al hombre que no retrocede ante el peligro, ante la dificultad o ante el amargo trabajo duro, y que de estas obtiene el espléndido triunfo final.*[3]

¿Recuerdas la mentalidad de crecimiento? Es eso: la doctrina de la vida intensa. Es la esencia de tragarse el sapo. Cuando tienes la opción de elegir entre el ascensor y la escalera, ¡sube por la escalera! En otras palabras, toma el camino de mayor resistencia. Es el camino menos transitado.

Teddy Roosevelt quizá haya creado la frase "la doctrina de la vida intensa", pero el apóstol Pablo fijó el estándar. Cuando miramos su vida, ¿qué subrayó Pablo con un resaltador amarillo? "Estoy loco por hablar así", dijo. "He trabajado más arduamente, he sido encarcelado más veces, he recibido los azotes más severos, he estado en peligro de muerte repetidas veces". ¡Pero espera, hay más!

"Cinco veces recibí de los judíos los treinta y nueve azotes. Tres veces me golpearon con varas, una vez me apedrearon, tres veces naufragué, y pasé un día y una noche como náufrago en alta mar". ¿Cuántas cicatrices tenía Pablo? ¿Y qué sucede con el trastorno de estrés postraumático? "Mi vida ha sido un continuo ir y venir de un sitio a otro; en peligros de ríos, peligros de bandidos, peligros de parte de mis compatriotas, peligros a manos de los gentiles, peligros en la ciudad, peligros en el campo, peligros en el mar y peligros de parte de falsos hermanos". ¿Algo más? "He pasado muchos trabajos y fatigas, y muchas veces me he quedado sin dormir". ¿Eso es todo? "He sufrido hambre y sed, y muchas veces me he quedado en ayunas". Ah, casi lo olvido: "He sufrido frío y desnudez".[4]

¿Recuerdas la idea del pensamiento de contraste descendente del día 10? Tal vez estés teniendo un mal día, te quedaste atascado en el tráfico. Sé que eso es frustrante. Realmente lo sé. La congestión de tráfico es estresante. Pero el resumen de Pablo es un golpe de realidad, ¿no es así? ¡Una vez más, vence a una carreta!

Al final de nuestra vida, ¿qué es lo que más recordaremos? No será el tiempo en que no teníamos nada que hacer. "Observa el día que al terminar te hace sentir sumamente satisfecho", dijo la primera ministra británica Margaret Thatcher. "No es el día en que holgazaneaste sin hacer nada; es el día en que tuviste todo para hacer y lo hiciste".[5]

Podría decirse lo mismo de la vida, ¿no es cierto? Si algún día queremos mirar para atrás a las vidas que hayan sido sumamente satisfechas, no serán vidas de una vil facilidad. ¡Recordaremos los sapos que tragamos! Recordaremos los momentos en que llevamos nuestra vida al límite y la sacamos de nuestra zona de confort.

¿Alguna vez has notado la manera en que las personas octogenarias recuerdan los tiempos difíciles con un toque de nostalgia?

Las encuestas indican que los bombardeos de Londres, que aterrorizaron a los británicos durante muchas noches sin dormir durante la Segunda Guerra Mundial, fue para muchos londinenses el momento más feliz de su vida.[6] Espera; ¿qué? ¿Por qué? Porque recordamos los momentos difíciles por lo que producen. En ese caso, ¡es una libertad muy reñida!

También es verdad con el parto, ¿no es cierto? Después de semejante dolor, seguido de muchas noches sin dormir, ¿cómo puede alguien tener más hijos? Está bien, el sexo tiene algo que ver. Pero para muchas mujeres es una elección consciente. ¿Por qué? Se olvidan del dolor y recuerdan el beneficio.

¿Cómo hizo Jesús para soportar la cruz? ¡Se enfocó en el gozo que esperaba![7] Su enfoque es una caminata de punto a punto. "Pero no se cumpla mi voluntad", oró Jesús en el Huerto de Getsemaní, "sino la tuya".[8] Esa es la clave de la fuerza de voluntad, que es una de las claves para la formación de hábitos. Jesús imaginó la recompensa, como tú y yo.

Si abrazar la ola es hacerlo asustado, tragarse el sapo es hacerlo difícil. Y, podría agregar, hacerlo ahora. Cuando yo estaba en octavo grado usaba pesas en los tobillos. ¿Por qué? Soñaba con encestar en el aro de basquetbol. Me sobrecargaba para poder elevar mi juego.

Si quieres crecer más fuerte, tienes que añadir resistencia. ¿Y luego qué? Añade más resistencia. ¡No hay otra manera de sacarle jugo al día! No se torna más fácil. Te haces más fuerte. ¿Cómo? Tienes que suscribirte a la doctrina de la vida intensa. No puedes eludir los tiempos difíciles, las preguntas difíciles, las decisiones difíciles o las conversaciones difíciles. Son cosas que producen fortaleza mental.

¿Recuerdas el concepto de la dificultad deseable? El tragarse el sapo es el momento de la verdad. Es una decisión previa: una decisión que tomas antes de tomar una decisión. Es elegir la escalera antes de poder elegir cosa alguna. Es elegir la carretera, que resulta ser el camino más difícil. No retroceder ante el sacrificio ni escapar del peligro, ni impedir la dificultad.

¿CÓMO LO TRANSFORMAS EN UN HÁBITO?
Conquistando tu alma

En la celebración de Halloween de 1900, un niño de diez años llamado Ike quiso jugar dulce o truco con sus hermanos mayores. Cuando sus padres le dijeron que él era muy pequeño, le dio un ataque. Salió corriendo por la puerta delantera y golpeó un árbol de manzanas hasta dejar los nudillos en carne viva. Lo mandaron a su habitación, donde siguió llorando sobre la almohada una hora más. En ese momento, su madre entró a la habitación, se sentó en la mecedora que estaba al lado de la cama, y cambió el guion con Proverbios 16:32:

Más vale el dominio propio que conquistar ciudades.

Su madre le dijo que, de todos sus hermanos, él era el que más tenía que aprender a controlar sus pasiones. Mientras le vendaba las manos, le advirtió que el enojo solo lastima a la persona que lo alberga. (En 1915, Ike se graduó de la academia militar West Point. Para que conste, quedó en el puesto 125 de 164 en disciplina. El autocontrol no venía sobrenaturalmente).

A los veintiséis años, pudo mirar hacia atrás al panorama de su vida e identificar ese momento de enseñanza como un punto de inflexión. Fue un día en el que transcurrieron décadas. "Siempre miré hacia atrás a esa conversación como uno de los momentos más valiosos de mi vida".[9] ¿Por qué? Porque esa escritura se convirtió en su guion.

Antes de servir como el comandante aliado supremo de la Operación Overlord durante la Segunda Guerra Mundial, el general Dwight D. Eisenhower tuvo que conquistar su propia alma.

Antes de liderar a los Estados Unidos durante sus dos mandatos como presidente, tuvo que liderarse a sí mismo.

Hacia el final de la guerra, Eisenhower fumaba cuatro paquetes de cigarrillos por día. Luego, un día lo dejó de golpe. ¿Cómo? "Simplemente me di una orden a mí mismo".[10] Bien, ¡esa es la idea! En algún punto, ya es suficiente. ¿Hay alguna orden ejecutiva que necesites darte a ti mismo? ¿Qué necesitas dejar de golpe? ¿Qué necesitas comenzar en un instante? ¿Y qué estás esperando? La obediencia que se demora es desobediencia.

¿Cómo conquistas tu alma? Entablas la guerra contra tu naturaleza pecadora hasta que la sometes. O quizá debería decir, hasta que se somete a un poder mayor. Tienes que llevar todo pensamiento cautivo y hacerlo obediente a Cristo. Tienes que tomar tu cruz cada día y negarte a ti mismo.[11] Es la mejor manera de romper un mal hábito.

El liderazgo comienza con el autoliderazgo, y el autoliderazgo comienza con el auto control. La persona más difícil de liderar, definitivamente, eres tú. Es por eso que los hábitos son tan difíciles de crear y romper. Pero si quieres conquistar una ciudad, primero tienes que conquistarte a ti mismo.

¡Hazlo difícil!

DÍA 16

TOMA DECISIONES EN TU CONTRA

"Todo está permitido",
pero no todo es provechoso.
1 Corintios 10:23

En 1972, un psicólogo llamado Walter Mischel realizó una serie de estudios sobre la gratificación retrasada, conocidos como la prueba del malvavisco de Stanford.[1] Se llevó a cabo en la Escuela Infantil Bing (Bing Nursery School) con niños de entre tres y cinco años.[2] A cada niño se le pedía que eligiera entre un malvavisco y un pretzel. Si podía esperar una cierta cantidad de tiempo, podría comer su golosina preferida. Si no, tenía que comer la otra.[3]

Una cámara oculta permitía a los investigadores observar la manera en que los pequeños respondían ante la situación. Algunos tomaban la golosina tan pronto el investigador salía de la habitación. Otros reunían la mayor fuerza de voluntad posible al utilizar una gran variedad de técnicas. Cantaban, jugaban a algún juego, se tapaban los ojos y hasta intentaban dormirse.

Años más tarde, un estudio de seguimiento determinó si la capacidad de los niños para retrasar la gratificación estaba correlacionada con el logro académico a largo plazo. Los registros académicos de los niños que participaron en el estudio se monitorearon a lo largo de la escuela secundaria. Cuando los resultados longitudinales se compararon con el tiempo de gratificación retrasada, los investigadores descubrieron que los niños que habían retrasado la gratificación más tiempo tenían mayores logros académicos.

En promedio, alcanzaban doscientos diez puntos más en el examen SAT [examen estandarizado para la admisión universitaria en Estados Unidos]. La prueba del malvavisco fue un indicador de los logros académicos dos veces más poderoso que el coeficiente intelectual. Los niños que habían retrasado la gratificación eran más autosuficientes y socialmente competentes. Tomaban iniciativas con mayor frecuencia y manejaban el estrés de forma más efectiva. Cuatro décadas después, otro estudio de seguimiento reveló mayores ingresos, matrimonios más sólidos y profesiones más gratificantes.[4]

Incontables estudios han confirmado lo que indicó la prueba del malvavisco. La gratificación retrasada es la clave. ¿La clave de qué? ¡De casi todo! Y más definitivamente de la formación de hábitos. Tiene otro nombre: fuerza de voluntad. Es la mente sobre la materia. Es la nutrición por sobre la naturaleza. Es el antiguo refrán que dice: donde hay voluntad, hay un camino.

Una manera de tragarse el sapo es no comiendo nada. Se llama ayuno. Existe una gran cantidad de beneficios físicos en el ayuno intermitente y a corto plazo. Reinicia el sistema inmune.[5] Purifica las toxinas, especialmente si bebes agua o caldo de hueso. Recalibra tu metabolismo y renueva tu apreciación por la comida cuando vuelves a ingerirla.

El ayuno tiene beneficios físicos, pero la retribución más grande es la fuerza de voluntad. ¡Si puedes renunciar a la comida, puedes renunciar a cualquier cosa! ¿Es correcto? Pocas cosas son más difíciles que resistirse a los retorcijones por hambre. En ese sentido, el ayuno ejercita la fuerza de voluntad.

Existen dos palabras griegas que se traducen como "poder" en el Antiguo Testamento, y tienen una relación de yin y yang. *Dunamis* es el poder para hacer las cosas más allá de tu capacidad natural.

Es de donde proviene la palabra dinamita. *Exousía* es el poder de no hacer algo que está dentro de tu poder. Se necesita *dunamis* para levantar doscientas libras (90 kg). ¡Se necesita *exousía* para comerse solo una galletita *Oreo*!

El cuerpo humano posee más de seiscientos músculos esqueléticos. En caso de que te interese, ¡poseen el potencial conjunto de levantar veinticinco toneladas si se utilizan todos al mismo tiempo y de la misma manera! El músculo que más trabaja es el corazón, bombeando la sangre a través de sesenta mil millas (casi cien mil kilómetros) de venas, arterias y capilares cada día. El músculo más grande es el glúteo mayor. Y el músculo más fuerte es el masetero en tu mandíbula, que puede ejercer doscientas libras (90 kg) de fuerza sobre tus molares.[6]

Esos músculos ejercen *dunamis*, te dan la fuerza para hacer lo que se necesita hacer. ¿Cómo se ejerce *exousía*? Me gusta pensar en ella como "el no músculo". Es el músculo que flexionas cuando le dices que no a un postre. No es tan fácil de ejercitar como los pectorales, pero una de las mejores maneras de levantar la fuerza de voluntad es mediante el ayuno. Te ayudará a romper los malos hábitos al interrumpir el patrón, pero también resulta clave cuando se trata de crear buenos hábitos. ¿Por qué? ¡La disciplina es un área de nuestra vida que concibe disciplina en las otras áreas!

Cuando se trata de fuerza de voluntad, Jesús marca el nivel. No es coincidencia que la primera tentación a la que se enfrentó involucrara comida. Jesús ayunó por cuarenta días, y el enemigo le golpeó donde duele. Le dijo a Jesús que convirtiera las piedras en pan, que parece ser algo inofensivo. Jesús hizo uso de cada gramo de fuerza de voluntad que tenía. Resistió la tentación al identificar el impulso e interrumpir el patrón. Fue a las Escrituras: "No solo de pan vive el hombre".[7]

Tragarse el sapo se trata de gratificación retrasada. *Espera, pensé que primero había que tragarse el sapo*. ¡Es así! La gratificación retrasada es hacer primero lo más difícil. Es combinar la idea de que más difícil es mejor y agregar una marca de tiempo: más difícil más pronto. Cuando se prioriza la tarea más difícil, en comparación, todo lo demás parece fácil.

Hace algunos años, subí hasta la cima del Half Dome del Parque Nacional de Yosemite. No es la caminata más difícil que haya hecho, pero fue la más aterradora. El último tramo requiere un ángulo extremo, en especial si le tienes miedo a las alturas como yo. Lo hice asustado. Y enfrentar el miedo me dio una nueva confianza.

Cuando llegué a la cima del Half Dome, observé una roca que tenía algo escrito. No tengo idea de cuánto tiempo llevó tallarlo, pero alguien garabateó en ella un mensaje que marcaba la vida: "si puedes hacer esto, puedes hacer cualquier cosa". Esa roca demostró ser un impulso. Me cambió el guion, encendió mi interruptor. En la época que hice esa caminata, estaba sufriendo una fascitis plantar grave debido a que tenía veinticinco libras (11.5 kg) de sobrepeso sobre mi índice de masa corporal óptima. Tomé una decisión justo allí. Me di a mí mismo un lapso de tres meses para inclinar la balanza.

Acababa de enfrentar mi miedo a las alturas y había triunfado. ¡Si pude vencer ese temor, ciertamente podía perder veinticinco libras! Necesitas hacerlo asustado, hacerlo difícil y hacerlo ahora. ¿Cómo? Tomando decisiones desfavorables, o supuestamente en tu contra. ¿Por qué? ¡Para demostrarte a ti mismo que es posible! Esa es la esencia de tragarse el sapo.

"Todo está permitido", pero no todo es provechoso.[8]

La distinción entre permitido y provechoso es la diferencia entre bueno y estupendo. Si te conformas con lo permitido, nunca golpearás tu potencial. El enemigo de lo bueno no es lo malo; es lo "bastante bueno". Me recuerda el lema que el director de la película la ganadora de los premios Óscar, James Cameron, supuestamente utilizaba como motivación mientras realizaba *Avatar*: "bueno no es suficiente".

Cuando tenía veintitantos años, pasé una semana con Jack Hayford en su Escuela Pastoral de la Infancia [School of Pastoral Nurture]. Esa semana transformó la trayectoria de mi ministerio. Dos décadas después, me volví a conectar con Jack en una reunión de pastores en el área de DC. Ya siendo un octogenario, compartió un secreto para su longevidad, productividad y, podría agregar, integridad.

¿Su ingrediente secreto? Tomar decisiones en tu contra. ¡Bueno, eso no suena muy divertido! Sé que no, pero escúchame. Tomar decisiones en tu contra es tomar decisiones por ti mismo. Es tan contradictorio como romper los músculos para fortalecerlos e igual de efectivo. ¿La buena noticia? ¡Nada otorga interés compuesto como la gratificación retrasada!

¿Hay algo a lo que tengas que decir que no? En muchos casos, la abstinencia es más fácil que la moderación. ¿Por qué? Requiere menos fuerza de voluntad porque confías en una decisión previa fuerte. La moderación es un terreno resbaladizo. ¡En mi experiencia, es más difícil comerse una sola Oreo que ninguna! Si alimentas el antojo, crece. Si lo matas de hambre, se atrofia. Si quieres romper un mal hábito, intenta con la abstinencia.

Durante dos horas, Jack detalló algunas de las decisiones determinantes —decisiones difíciles— que había tomado. Algunas eran decisiones correctas o incorrectas, como resistir una tentación. No habrían sido incorrectas para otras personas, pero lo hubiesen sido para él. ¿Por qué? Habría comprometido sus convicciones. De alguna manera, las decisiones determinantes equivalen a un voto del Antiguo Testamento. Son voluntarios, no obligatorios. Pero una vez que lo haces, es inviolable. Es semejante al mecanismo de compromiso utilizado por los monjes maratonianos el día ciento uno del desafío de mil días.

Cuando Jack tenía cuarenta y tantos años, decidió dejar de comer chocolate. No, no durante la Cuaresma. Hasta donde yo sé, para siempre. Si eso no califica como una decisión en tu contra, no estoy seguro de qué otra cosa califica. Eso parece un castigo cruel e inusual. Jack era la primera persona en decir que no había nada malo con el chocolate. ¿Podemos tomarnos un momento para agradecer a Dios por el chocolate? ¡Alabado sea Dios por el chocolate caliente, por los bombones de chocolate y por el pastel de chocolate fundido!

Durante más de cuatro décadas, Jack Heygord se abstuvo de comer chocolate. Por alguna razón sintió que Dios le había pedido que lo evitara. Él tomo una decisión en su contra y tuvo un efecto dominó. ¿Cómo es eso? ¡Si puedes decirle no al chocolate, puedes decirle no a casi cualquier cosa! ¿Estoy o no en lo cierto? Cuando ejercitas la fuerza de voluntad en un área de tu vida, se genera una reacción en cadena de efecto dominó. La disciplina física concibe la disciplina espiritual y viceversa. Tragarse el sapo es un hábito dominó.

Si quieres salir de esa deuda, tienes que tomar una decisión en tu contra en el área financiera. Se llama elaborar un presupuesto. Si quieres perder peso, tienes que tomar una decisión en tu contra en el área física. Se llama hacer dieta. Si quieres escribir un libro, obtener un título universitario o entrenar para un maratón, tienes que tomar una decisión en tu contra en el área cronológica. Se llama tener una agenda. Tú no encuentras el tiempo. Tú tienes que procurártelo. ¿Cómo? Al poner la alarma del despertador un poco más temprano cada mañana.

¿Qué decisión tienes que tomar en tu contra? ¿Qué estás esperando?

¿Recuerdas mi tesis? Casi todos pueden lograr casi todo si trabajan de forma dura, constante e inteligente. La clave es la gratificación retrasada. Es tomar decisiones en tu contra. ¿Cuándo? Hoy. ¿Por qué? ¡Porque así podrás obtener las ganancias mañana! Se necesita un poder de arranque, pero también requiere un poder de resistencia, que es una función de la fuerza de voluntad.

¿CÓMO LO TRANSFORMAS EN UN HÁBITO?
¡Formando el cuerpo!

¿Recuerdas la doctrina de la vida intensa del día 15? No creíste acaso que era una vez y listo, ¿no? ¡De ninguna manera nos iba a soltar tan fácil! La vida intensa no es simplemente resplandeciente, llueva o truene. Es un esfuerzo diario. Es una caminata de punto a punto.

De niño, Teddy Roosevelt sufrió asma severa. Por supuesto que él no tenía a mano el inhalador de salbutamol como yo. El asma limitaba sus actividades al aire libre. ¿Entonces cómo se volvió semejante defensor de la actividad física? El punto de inflexión fue la mano dura. A menudo lo es, ¿no es cierto?

Cuando Teddy era joven, Theodore Roosevelt padre le lanzó un guantelete y le dijo a su hijo: "Theodore, tienes la mente, pero no tienes el cuerpo". El padre de Teddy cambió el guion y lo desafió a tragarse el sapo: "Sin la ayuda del cuerpo, la mente no puede llegar hasta donde debería. Te estoy dando las herramientas, pero te toca a ti preparar el cuerpo". Esas tres palabras —preparar el cuerpo— cambiaron la trayectoria de la vida de Teddy Roosevelt. Sin dudarlo, dijo: "¡Prepararé mi cuerpo!".[9] A partir de ese día, Teddy Roosevelt comenzó a hacer una rutina de ejercicios regulares que incluía boxeo, lucha libre, caminatas y equitación. Comenzó a practicar tenis, que finalmente formó el infame "gabinete de tenis". Hasta probó *jiu-jitsu*, sin llegar nunca a clasificar.

Teddy Roosevelt comenzó a ejercitar y nunca se detuvo. Incluso cuando tiempo después luchó con su peso, nunca se dio por vencido. A los cincuenta y ocho años, pasó dos semanas en el centro de adelgazamiento de Jack Cooper. ¿Su meta? Perder treinta y cinco libras (15 kg). ¿A qué me refiero? No existe la línea de llegada. ¡Tienes que continuar tomando decisiones en tu contra hasta el día en que te mueras!

Cuando se trata de entrenamiento físico, soy completamente consciente de los factores hereditarios. Más de cuatrocientos genes están implicados cuando se trata del sobrepeso o la obesidad. Dependiendo de la persona, la influencia genética es responsable de entre el 25 y el 80% de la predisposición a tener sobrepeso.[10] ¿Mi consejo? No uses la genética como excusa, úsala como una motivación. Enfócate en el impulso, y déjale el resultado a Dios. Mientras te encuentras en ello, deja de jugar el juego de la comparación. Sin importar la clase de cuerpo que tengas, puedes controlar las calorías que consumes. No estoy minimizando los factores hereditarios. Creo en ambos: la nutrición y la naturaleza. ¡Pero a la hora de la verdad, creo en la nutrición por sobre la naturaleza, así como en la mente por sobre la materia!

Gerald Schattle es el director del centro educativo Kenneth R. Knippel Education Center, un programa de educación alternativo para estudiantes que han violado el código de conducta en sus escuelas. Schattle ha luchado contra la obesidad la mayor parte de su vida. Hace algunos años llegó a pesar 397 libras (180 kg). En ese momento se puso una meta del tamaño de Dios: correr un maratón. Tenía que perder ochenta libras (36 kg) antes siquiera de comenzar a correr. Cuando alcanzó el peso que se había fijado, empezó a hacer carreras de oración alrededor de los ochenta y dos recintos universitarios de su distrito escolar. No solo corrió el maratón, sino que perdió casi la mitad de su peso. ¡Y durante el proceso, inspiró a sus estudiantes a perseguir sus metas!

¿Hay alguna meta que parece imposible desde donde te encuentras ahora? Con los hábitos diarios correctos no es imposible. ¡Es inevitable! ¿Necesitará fuerza de voluntad? Definitivamente. Pero si tú haces lo natural, Dios hará lo sobrenatural.

¡Toma decisiones en tu contra!

DÍA 17

VIVE SIN MENTIRAS

No ignoramos sus artimañas.
2 Corintios 2:11

El 12 de febrero de 1974, Aleksandr Solzhenitsyn fue arrestado por la KGB y acusado de traición. Había ganado el premio Nobel de Literatura en 1970, pero Solzhenitsyn era más que una torre de marfil intelectual. Había pasado ocho años en un gulag ruso. ¿Por qué? Era una de esas extrañas almas que se armaban de valor moral para enfrentar lo que está mal y defender lo que está bien. Se negaba a inclinarse ante el poder, la propaganda y las tácticas de intimidación utilizadas contra él y su familia.

En la víspera de su exilio, Solzhenitsyn publicó una petición final para el pueblo ruso. El título habla por sí solo: "Vivir sin mentiras". "No será… una elección fácil para el cuerpo", dijo, "pero es la única para para el alma".[1]

Antes de decirte lo que es vivir sin mentiras, déjame decirte lo que no es. No es alabarte para hacerte sentir y parecer mejor. Eso se llama ostentación, una forma sutil de arrogancia que es pesada en el discurso, pero liviana en la acción. Vivir sin mentiras es todo excepto palabras vacías.

Vivir sin mentiras es negarse a inclinarse a los ídolos culturales y a las ideologías que no aprueban el examen de la verdad. Es vivir de acuerdo con tus convicciones al tiempo que muestras compasión por aquellos que no creen de la misma manera que tú. Es arriesgar tu reputación por lo que crees que es bueno, correcto y verdadero. Es declarar al poder verdad de forma creativa y amorosa, y es hablar la verdad con amor. Vivir sin mentiras es una conciencia hecha cautiva a la Palabra de Dios, mediante el Espíritu de Dios.

"Sean astutos como serpientes", dijo Jesús, "y sencillos como palomas".[2] Es una verdad de dos caras. Una vez más, la verdadera sabiduría tiene dos lados. Ser sencillos como una paloma habla sobre la motivación detrás de nuestras acciones. Si haces lo correcto por las razones equivocadas, no cuenta siquiera en el reino de Dios. Necesitamos revisar las motivaciones al mismo tiempo que dejamos nuestro ego en la puerta. Pero también tenemos que ser más listos que el enemigo, que resulta ser el "más astuto".[3] En otras palabras, ¡tenemos que derrotar al enemigo en su propio juego!

Hay un antiguo refrán que dice: "la mejor defensa es un buen ataque". Creo que eso es verdad, espiritualmente hablando. La mejor manera de no meterse en problemas es no enfocándote en mantenerte fuera de los problemas. ¿Recuerdas el espantoso gigante verde y la idea del doble vínculo? ¡La bondad no es la ausencia de maldad! Puedes no hacer nada malo y aun así no estar haciendo nada bueno.

¡La mejor manera de no meterte en malos problemas es meterte en buenos problemas! Necesitas una visión que sea mayor y mejor que la tentación que enfrentas. Es un método del cambio de hábito. La mejor manera de romper un mal hábito es construyendo un buen hábito. Es la manera en que interrumpimos el patrón y alteramos el ciclo del hábito.

La mejor defensa quizá sea una buena ofensiva, un buen ataque, pero tampoco podemos permitirnos bajar la guardia. Todo lo que el enemigo quiere es un punto de apoyo, porque los puntos de apoyo se convierten en fortalezas. Si le das al enemigo un centímetro, se tomará un kilómetro. Otra vez, la abstinencia es una de las formas más efectivas de interrumpir el patrón. ¡Eliminas la opción por completo! La abstinencia no siempre significa *para siempre*. Puedes abandonar ciertas cosas por un determinado tiempo. El programa para adelgazar Whole 30 es un gran ejemplo. También lo es la Cuaresma. También lo es un campo de entrenamiento de CrossFit. Tienes que definir la fecha de inicio y la fecha de finalización, y luego ser explícito sobre lo que quieres abandonar. No puedes permitir escapatorias si quieres formar un nuevo ciclo del hábito.

Sin azúcar significa *sin azúcar*.

Nada de alcohol significa *nada de alcohol*.

Nada de redes sociales significa *nada de redes sociales*.

No estoy seguro de qué hábitos estás intentando crear o romper, pero ¿cómo te está yendo? Si te descarrilaste, presiona el botón de reinicio. ¡Considéralo como una segunda oportunidad! La formación de hábitos siempre conlleva algunos falsos comienzos. Es hora de volver a empezar.

El día 5, exploramos la idea de la formación de sensibilización. Se trata de hacer un inventario de nuestros disparadores. "Parece ridículamente simple", dijo Natha Azrin, "pero una vez que eres consciente de cómo funciona un hábito, una vez que reconoces los impulsos y las recompensas, estás a medio camino de cambiarlo".[4]

Cuando se trata de romper malos hábitos, tenemos que identificar los impulsos. En las palabras del apóstol Pablo: "no ignoramos sus artimañas".[5] Junto con el conocimiento de nosotros mismos, necesitamos cultivar el conocimiento de la situación. Requiere la imaginación profética de la que hablamos el día 14, ¡piensa siempre como ecosistema!

Hay un antiguo acrónimo, HALT [*hunger, anger, loneliness* y *tiredness*, en inglés], que significa hambre, enfado, soledad y cansancio, en español. ¿Puedo contarte un secreto? El enemigo es un oportunista. Todo lo que quiere es un punto de apoyo, y esos momentos HALT son algunos de los más fáciles. Recuerda que lo que toleras prevalecerá con el tiempo . ¿La buena noticia? ¡Somos conscientes de sus tácticas! Tenemos el video del partido desde el Jardín del Edén.

Al enemigo se lo conoce con algunos nombres, y esos apodos revelan sus métodos. Una de sus firmas es el acusador de los hermanos. El enemigo ha estado haciendo un boicot desde el inicio de los tiempos. Intenta robar, matar y destruir la visión futura al hacernos mantener el enfoque de nuestra energía en la culpa pasada. Tienes que identificar las falsas acusaciones que llevan a falsas identidades y falsos relatos.

Una segunda firma es el ángel de luz. El ángel de luz utiliza humo y espejos para distraernos. Y si eso no funciona, desdibuja la línea entre lo correcto y lo incorrecto. ¿Recuerdas la primera tentación de Jesús? "Diles a estas piedras que se conviertan en pan", le dijo Satanás. Eso parece bastante inocente. ¿Qué hay de malo con esa proposición? Después de todo, ¡Jesús alimentaría milagrosamente a cinco mil personas con cinco panes y dos peces! El problema con esa proposición es que Jesús habría probado su identidad de la manera incorrecta.

La tercera firma es padre de la mentira. Cada vez que pierdes la esperanza, creíste una mentira del enemigo. ¡Su lengua materna son las noticias falsas! Siempre está redefiniendo lo correcto y lo incorrecto. Siempre está reescribiendo lo verdadero y lo falso. Muchos de nuestros malos hábitos se basan en falsas suposiciones. Tienes que analizar esas suposiciones. ¿Hay alguna mentira que creíste como verdad? Una vez que la identificas, tienes que renunciar a ella como lo hizo Aleksandr Solzhenitsyn.

En el evangelio de Juan hay un hombre que no había caminado por treinta y ocho años. Iba al estanque de Betesda todos los días, esperando a que las aguas se agitaran. ¿Por qué? Había una superstición sobre el agua agitada. Las personas creían que las agitaba un ángel. El primero en el agua era el ganador, el campeón. No estoy seguro de qué es peor: la falta de fe o la falsa creencia. Sea cual sea, era una superstición que estorbaba a este hombre para experimentar lo sobrenatural. Su mayor obstáculo no era físico; era espiritual, una falsa creencia basada en una falsa suposición.[6]

Nosotros cometemos el mismo error, ¿no es así? ¡Seguimos intentando lo que no funciona! Por favor, escúchame: ¡tu sistema está perfectamente diseñado para los resultados que estás obteniendo! Por esa razón necesitamos mano dura. Necesitamos a alguien que se preocupe por nosotros lo suficiente como para confrontarnos. Necesitamos a alguien que haga la pregunta honesta: "¿cómo te está yendo con eso?".

Si quieres vivir contraculturalmente, necesitas una contranarrativa. Me encantan las palabras de ánimo, pero no son suficientemente buenas. Tampoco lo es una charla TED. Necesitamos una metanarrativa que supere los puntos de charlas culturales y los *hashtags* de moda. ¿Cuál es nuestra contranarrativa? Es el Sermón del Monte. Jesús reescribió las reglas de una manera que es tan radical ahora como lo fue en su tiempo.

En el centro de la formación de hábitos se encuentra el arte de romper y crear reglas, y nadie lo hacía mejor que Jesús. Rompió las reglas de la religiosidad con los pecadores, tocando a los leprosos y celebrando con los samaritanos. Al hacerlo, Jesús estableció una regla de vida para todos aquellos que siguen sus pasos.

Muchos de nosotros tenemos una relación desfavorable con las reglas. La palabra evoca connotaciones negativas. Por favor, escúchame cuando digo que las reglas correctas son tus mejores amigas. Imagina un partido de fútbol sin los límites del campo de juego, sin la posición adelantada, sin la interferencia de pase. ¡No podrías siquiera jugar! Sucede lo mismo con cada juego, incluido el juego de la vida.

Tenemos reglas para casi todo, ¿no es así? Hay una regla nemotécnica para la ortografía en inglés: la i viene antes de la e, excepto después de la c. Hay una regla para cruzar la calle: mirar para ambos lados. Tengo una regla para el equipo de la NCC: si no puedes reírte de mis chistes, no podemos trabajar juntos. No solo creo en la teoría de la diversión; es una regla de mi vida.

Hablando de eso, me encantan los hechos curiosos y divertidos. ¿Sabes cómo se llama la sotana que utilizan los monjes benedictinos? Se llama hábito. ¡También me encantan los dobles sentidos! El hábito que utilizan los monjes benedictinos simboliza los setenta y tres hábitos que forman sus reglas de vida.

En el siglo VI, Benito de Nursia abandonó sus estudios en Roma y vivió en una cueva en las afueras de Subiaco, Italia, para vivir como un ermitaño durante tres años. ¿Otro dato curioso y divertido? ¡Benito es el santo patrón de los espeleólogos, un nombre elegante para aquellos que eligen la espeleología como profesión!

San Benito fundó doce monasterios, incluido el de Montecasino. Es allí donde se compuso la Regla de San Benedicto. Compuesta de setenta y tres capítulos, les dio a esos monjes la guía y la directriz en sus vidas diarias. La intención era promover el crecimiento espiritual y la comunidad cristiana al implementar reglas de vida. ¿Mi regla favorita? Si estás ayunando y alguien te visita, puedes utilizar la regla número cincuenta y tres y comer con tu invitado. La hospitalidad supera tu ayuno.[7] ¡Deja de juzgarme! ¡Soy un pastor, no un monje!

La palabra en latín para "regla" es *regula* y se refiere a la espaldera donde crece una planta. La espaldera la utilizan los jardineros o los viticultores para levantar las ramas, y tiene un doble propósito. Mantiene las ramas lejos del suelo —lo que las protege de los predadores— y maximiza la productividad al mantener las ramas derechas.

Una regla de vida consiste en rutinas diarias que sustentan el crecimiento.

Es una expresión de la forma de pensar en crecimiento, que nos protege de la tentación y nos apunta al crecimiento. Es la estructura para los hábitos que nos ayudan a crecer física, intelectual, relacional, emocional y espiritualmente.

¿CÓMO LO TRANSFORMAS EN UN HÁBITO?
¡Reescribiendo las reglas!

En la práctica del derecho, existe un concepto llamado regla de los límites claros. Es una regla claramente definida que elimina la necesidad de tomar una decisión. ¿Por qué? Ya se estableció un precedente. Es muy similar a las decisiones previas que tomamos el día 4. Estas son algunas de mis reglas de los límites claros:

Quiero ser famoso en mi hogar.
Ir a lo seguro es arriesgado.
La verdad se encuentra en la tensión de los opuestos.
Critica creando.
Deja que Dios sea tan original con otros como lo es contigo.
Presume de las personas a sus espaldas.
Revisa tu ego en la puerta.

Cuando se trata de establecer prioridades y límites, las reglas de los límites claros son cruciales. Necesitas escribirlas y colocarlas en lugares visibles. Necesitas decirlas en voz alta una y otra vez. ¿Por qué? Tendemos a creer lo que nos escuchamos decir en voz alta.

Me encanta la regla de los límites claros que el señor Rogers anotó en un trozo de papel y llevaba en su billetera: "No hay nadie a quien no puedas amar una vez que escuchas su historia".[8] Valdría la pena anotarla en un papel y ponerla en tu billetera. Al igual que Fred Rogers, intento tener recordatorios escritos por todos lados. Cuando nuestros hijos eran pequeños, había una nota pegada en el espejo del baño que decía: Elige tus batallas sabiamente. Tengo una parte de la poesía de Emily Dickinson pegada en mi oficina: Habito en la posibilidad.[9] Tengo una tarjeta en mi Biblia que dice: Cualquier cosa que me aleje de la Biblia es mi enemigo, sin importar lo inofensivo que parezca.[10]

¿Qué reglas necesitas crear?

¿Qué reglas necesitas romper?

¡Vive sin mentiras!

HÁBITO 4 – REMONTA LA COMETA

*La forma en que haces cualquier cosa
es la forma en que harás todas las cosas.*

El 9 de noviembre de 1847, un ingeniero civil llamado Charles Ellet Jr. fue comisionado para construir un puente que cruzara la Garganta del Niágara. El mayor desafío era lanzar el primer cable que atravesara un abismo de 825 pies (244 m) con riscos de 225 pies (68 m) a cada lado. Theodore Graves Hulett, un obrero metalúrgico, sugirió que —escucha esto— organizaran un concurso de cometas. ¡Claro que sí!

Un muchacho norteamericano de quince años llamado Homan Walsh ganó el premio de diez dólares en efectivo por volar la primera cometa cruzando el abismo. Al día siguiente de ese vuelo exitoso, una cuerda mucho más fuerte fue atada a la de la cometa y logró cruzar al otro lado. Luego otra más fuerte, después una soga, y por último un cable de treinta y seis hebras de alambre de calibre 10.[1] El puente eventualmente se convertiría en la primera vía férrea sobre un puente colgante. El mismo conectaría dos países, y sería tan fuerte como para soportar una locomotora de ciento setenta toneladas. ¡Y todo comenzó con una simple cuerda de cometa! No desprecies el día de los pequeños comienzos.

Cuando vean la plomada en las manos de Zorobabel, se alegrarán los que menospreciaron los días de los modestos comienzos.[2]

Plomada, cuerda de cometa, ¡es lo mismo! Una plomada era un artefacto antiguo que se usaba en la construcción. Era una línea de referencia vertical que aseguraba que la estructura estuviera centrada. Para y piensa un poco en esto. Dios se estaba alegrando antes de que ellos siquiera abrieran un surco. Todo lo que habían hecho era encontrar el centro de gravedad, y Dios les estaba dando un aplauso de pie.

Nosotros queremos hacer cosas increíbles para Dios, pero ese no es nuestro cometido. Dios es quien hace cosas increíbles para nosotros. Nosotros remontamos la cometa, pero Dios es el que construye el puente. Nuestro trabajo es consagrarnos a Él un día a la vez. Si hacemos nuestra parte, Dios hará la suya.

Solemos abrumarnos por el tamaño de nuestros sueños. Es muy difícil dar el primer paso, pero no podemos terminar lo que no hemos comenzado. Te doy un consejo: comienza desde lo pequeño. Tenemos que ampliar nuestras metas, es verdad, pero necesitamos la ingeniería inversa de las pequeñas victorias. Si realizas las cosas pequeñas como si fueran grandes, ¡Dios hará las cosas grandes como si fueran pequeñas!

¿Recuerdas mi escalada a la cima del Half Dome? Antes de iniciar el ascenso miré hacia la cumbre, y un pensamiento se disparó junto con mis sinapsis: "¿Cómo rayos vamos a subir todo ese camino hasta la cima y vamos a bajar antes del atardecer?". Ya sabes la respuesta: de a un paso a la vez.

Te pones en forma haciendo un ejercicio a la vez.

Sales de la deuda pagando un peso a la vez.

Corres un maratón una milla a la vez.

Escribes un libro una página a la vez.

Construyes una relación una cita a la vez.

Haces crecer el negocio una venta a la vez.

Cuando se trata de la formación de hábitos, todo lo que tienes que hacer es romper la inercia.

¡Hasta un pastel se corta en pequeñas porciones!

En 1952 Winston Churchill era el rector de la Universidad Bristol y se le concedió el honor de poner la piedra fundamental de un nuevo edificio del campus. Cuando levantó la pala plateada para poner la piedra, dijo: "¡La piedra no está a nivel!".[3] Los funcionarios, avergonzados, trajeron una plomada para comprobarlo. Ciertamente la estimación de Churchill era correcta.

Ese incidente hizo surgir la pregunta: ¿cómo es que un político profesional tiene esa clase de ojo para el detalle arquitectónico? La respuesta está en el verano de 1928. Bajo una tremenda presión como ministro de Hacienda, posición que mantuvo desde 1924 hasta 1929, Churchill necesitaba desesperadamente descansar. El primer ministro, Stanley Baldwin, le dio una licencia para ausentarse. "Recuerda lo que dije acerca de descansar de los problemas actuales", le escribió Baldwin. "Pinta, escribe, juega". Churchill agregó un ejercicio a esa lista: colocar ladrillos. Se retiró al campo, donde construyó una casita para su hija.

Durante ese tiempo sabático, el futuro primer ministro de Gran Bretaña adquirió su sentido de perspectiva. Al escribirle al primer ministro actual, Churchill le dijo: "Pasé un mes hermoso construyendo una pequeña casa y dictando un libro: 200 ladrillos y 2,000 palabras por día".[4]

Doscientos ladrillos.

Dos mil palabras.

Remontar la cometa se trata de consistencia consistente. Es el departamento del departamento de redundancia. Es hacer un progreso marginal cada día: ¡doscientos ladrillos, dos mil palabras! Es interés compuesto. Es 1% de mejoría. Es mejorar cada día.

Muy pocos atletas logran competir contra la longevidad y productividad de Kobe Bryant. Su carrera en la NBA abarcó 1,346 partidos en unas veinte temporadas. Anotó 33,643 puntos en temporada regular, el cuarto mejor de todos los tiempos. Eso incluye sesenta puntos en su partido final. Bryant ganó cinco campeonatos de la NBA y dos medallas olímpicas de oro, entre muchos otros premios y galardones.

¿Cómo lo hizo? El éxito no es unidimensional, de modo que no hay una sola respuesta. Bryant se tragó el sapo con sus "ejercicios bíblicos".[5] Pero también remontó la cometa con estudios sobre cine. "Pasé de ver lo que ofrecían a ver lo que faltaba y lo que debería hacerse". Eso es el próximo nivel. Eso es remontar la cometa. "El estudio sobre cine finalmente me llevó a imaginar alternativas, opciones, además de los detalles precisos de por qué una clase de acciones funciona y otra no".[6] Si tuviéramos solo una fracción de esa clase de enfoque, ¡el juego ya podría comenzar!

Es hora de remontar la cometa.

DÍA 18

HAZLO DE A POCO

Los desalojaré poco a poco…
Éxodo 23:30

En julio de 2018, el entrenador John Harbaugh me invitó a hablarles a los Baltimore Ravens en la inauguración de su campo de entrenamiento. Realicé mi charla con base en mi libro *Persigue tu león*, y ese título se convirtió en el lema de esa temporada para ellos. Después de la charla, el entrenador se tomó el tiempo de pasearme por las instalaciones del campo. Ellos poseían la última tecnología, incluyendo una balanza biométrica que medía la masa corporal. (No admitiré ni tampoco negaré que me subí a esa balanza, pero tampoco revelaré los resultados).

El artefacto tecnológico más impresionante tiene un algoritmo computarizado que usa la electromiografía para medir las patologías musculares. La biorretroalimentación de esa máquina les brinda a los entrenadores en fuerza y acondicionamiento una rápida lectura de las deficiencias biomecánicas, y les permite identificar las debilidades sobre las que hay que trabajar, así como también las tendencias que deben contrarrestarse. El término técnico es "análisis de marcha", y el objetivo es ayudar a los atletas a moverse con más eficiencia y efectividad.

Un componente clave del autoliderazgo es la autoevaluación. Tenemos que hacer nuestro propio análisis de marcha. ¿Cómo lo hacemos? Remitiéndonos al ciclo de tres pasos que seguimos repasando: identificar el impulso, interrumpir el patrón e imaginar la recompensa. Quizás no seamos capaces de meternos en una máquina que nos brinde una biorretroalimentación en tiempo real, pero podemos deconstruir el ciclo de un hábito si sabemos lo que queremos.

Si eso te ayuda, realiza un análisis FODA. A menudo se emplea en organizaciones con el fin del planeamiento estratégico, pero también funciona con individuos. FODA quiere decir fortalezas, oportunidades, debilidades y amenazas. Un análisis FODA puede ayudarte a interrumpir el ciclo de hábitos mediante ingeniería inversa.

Tengo un amigo que trabajaba como directivo de una franquicia de la NFL [Liga Nacional de Fútbol Americano, por sus siglas en inglés], y él me contó sobre un estudio fascinante que tomó cinco años y que utilizó el análisis regresivo para aislar e identificar los factores claves que llevaban al éxito o al fracaso a las franquicias de la NFL. En estadística, el análisis de regresión se usa para determinar si dos conjuntos de datos están relacionados entre sí. Establece la diferencia entre causalidad y correlación. Eso identifica la variable que hace la gran diferencia.

Desde 2009 a 2013, los equipos que terminaron la temporada con un diferencial entre los diez mejores en el diferencial de pérdidas de balón, finalizaron 521-278-1. Esto se traduce en un porcentaje de 65.1% victorias, promediando 10.4 victorias por temporada. Por el contrario, los equipos que quedaron entre los diez últimos en diferencial de pérdidas terminaron 287-512-1. Eso equivale a un porcentaje de victorias del 35.9% y un 5.7 de victorias.

¿Cuál es la moraleja? Que es realmente difícil ganar si estás perdiendo el balón todo el tiempo. Aplica para el deporte y aplica para la vida. Son los errores no forzados los que hacen más daño. No son los errores aislados los que hunden el barco, sino los que permitimos que se conviertan en malas rachas. Posiciones que dejamos que se vuelvan fortalezas. Malas decisiones que permitimos que se tornen en malos hábitos.

Al igual que una orden para detener las pérdidas en el mundo de las finanzas, necesitas protegerte de los errores agravantes. Por supuesto que lo contrario también es preciso. Tienes que cambiar las pequeñas victorias en rachas positivas repitiéndolas una y otra vez.

Si hicieras un análisis de regresión de tus hábitos, ¿qué te revelarían? Para bien o para mal, nuestros hábitos más pequeños son los que pueden producir una reacción en cadena. No tienes que hacer cambios muy significativos; solo necesitas identificar los pequeños hábitos que tienen un alto apalancamiento: los hábitos dominó.

¿Sabías que el promedio de las personas mira su celular noventa y seis veces al día?[1] ¡Y supongo que algunos de ustedes superan el promedio! En un sentido, los celulares inteligentes nos ahorran tiempo y energía, pero no si sumamos tres horas y cuarenta y tres minutos de tiempo en pantalla.[2] Nos quejamos porque no nos alcanza el tiempo para hacer esto o aquello, pero la realidad es que podríamos rescatar ese tiempo para hacer otras cosas. O al menos, usarlo para crear un hábito.

Cuando se trata de imaginar el premio, tienes que jugar todo el juego hasta el final. Dicho de otro modo, no hay línea de llegada. Es el concepto japonés *kaizen*: un compromiso incondicional con la mejora continua. Se trata de mejorar un poco cada día en todo sentido posible. Esa mentalidad es la clave de cada hábito: hazlo de a poco.

Hay una expresión compuesta por tres palabras que se encuentra en el libro de Éxodo y que me produce una mezcla de emociones. "Los desalojaré poco a poco", dijo Dios "hasta que seas lo bastante fuerte para tomar posesión de la tierra".[3] ¿Lo captaste? "Poco a poco".

Repasemos la escena y te explicaré el porqué de mis emociones mezcladas. Los israelitas estaban a punto de poseer la Tierra Prometida, pero eso no vendría servido en bandeja de plata. Dios les dijo que ellos tendrían que sembrar si querían cosechar, cavar pozos si querían beber de ellos, y construir las casas en las que querían habitar. Es la ley de la medida una y otra vez. Obtendrás lo que hayas puesto, nada más ni nada menos.

Entonces Dios les dijo que no sucedería de la noche a la mañana. Sucedería "poco a poco". En un sentido es desalentador, ¿por qué? ¡Porque queremos que Dios lo haga en un día! Últimas noticias: puede llevar tanto tiempo romper un mal hábito como llevó crearlo. Ahora déjame cambiar el guion. Lo que nos alienta es que todo el mundo puede hacerlo de a poco. Es la rutina de la excelencia. Repito, si haces las pequeñas cosas como si fueran grandes, Dios hará grandes cosas como si fueran pequeñas.

¿Recuerdas el día 2? ¡Más difícil es mejor!

¿Y el día 3? ¡Más despacio es más rápido!

¿Qué hay acerca del día 5? ¡Más pequeño es más grande!

Cuando hablamos de crear y romper hábitos, esos son la trama secundaria. El proceso será más duro de lo que esperas y más largo de lo que te gustaría. Dicho de manera sencilla: sucederá poco a poco. Así es como Dios nos hace crecer, nos promueve y a menudo también nos sana.

Ciertamente no estoy sugiriendo que Dios no puede librarte en un solo día. Puede hacer más en un día de lo que tú podrías lograr en mil vidas. Él puede hacerlo tan sencillamente como cambió el agua en vino. Pero más a menudo, la liberación es un proceso. Más específicamente, un proceso de tres pasos llamado el círculo del hábito. Incluso si Dios te liberara en un día, tendrías que poder sostener esa liberación con hábitos cotidianos.

La meta no es la meta. ¡La meta es el proceso!

Yo creo en metas del tamaño de Dios, en ir tras objetivos que serían imposibles sin la intervención divina, pero la meta no es llegar a la meta: es en lo que tú te conviertes en el proceso. Dios usa los grandes sueños para formar grandes personas. ¿Por qué? ¡Para mantenernos de rodillas! Así nos fuerza a ejercitar la fe, nos hace hacer sacrificios.

Remontar la cometa tiene que ver con enfocarse en los resultados. Sí, tienes que identificar las metas que vas a perseguir. Pero luego tienes que aplicar la ingeniería inversa y convertirlos en pequeños triunfos que te ayuden a llegar allí. Esa es la manera en que se construye un puente colgante hacia el futuro. Cuanto mayor sea la meta, más atención tendrás que prestar a los detalles.

Después de retirarse de una vida como entrenador, le preguntaron a John Wooden qué era lo que extrañaba más. Te daré una pista: no eran los partidos. No eran los trofeos ni los campeonatos. Me encantó esta respuesta de una sola palabra: "entrenar".[4]

Hay un viejo refrán que dice que la práctica hace la perfección. No es falso pero tampoco es completamente cierto. Tienes que practicar de la manera correcta. Eso nos lleva a la ecuación que presentamos el día 3:

Práctica deliberada + Dificultad deseable = Aprendizaje duradero

Si practicas del modo equivocado, cultivarás malos hábitos. Anders Ericsson lo llamó "práctica ingenua".[5] La práctica deliberada es prestar atención a los detalles. ¿Por qué? Porque la práctica perfecta hace la perfección. Es cierto si estás practicando escalas musicales, practicando un drible o practicando disciplinas espirituales. Así como tienes que hacer lo correcto por las razones correctas, también tienes que hacerlo de la manera correcta. Esa es la manera de Jesús.

Durante su ilustre carrera como compositor, Johann Sebastian Bach escribió 256 cantatas. Tres de ellas entraron en la lista de "las 50 mejores piezas de la música clásica", lo cual las coloca justo después de Mozart y Beethoven.[6] Bach ya no está invitado a las bodas, pero siempre se mete en las fiestas. ¿Cómo? "Jesu, Joy of a Man's Desiring" todavía es la pieza musical más tocada en las ceremonias tradicionales.

¿Tienes idea de cómo Bach compuso todas esas cantatas? ¡De una nota a la vez! Sé que esto empieza a sonar como un disco rayado, pero es intencional. Es la rutina de la excelencia aplicada a la música.

Luego de completar esas composiciones, Bach escribía tres letras sobre el margen de la partitura: SDG. Esas tres letras representaban la frase en latín *soli Deo gloria*, o "solo a Dios la gloria". Ese fue uno de los reclamos de la Reforma protestante, pero Bach lo empleó como un medio para dar crédito a quien se lo merece. ¡El premio era la gloria de Dios!

¿CÓMO LO TRANSFORMAS EN UN HÁBITO?
Comenzando de a poco

Sigue adelante y sueña en grande, pero tienes que comenzar de a poco y pensar a largo plazo. Tienes que remontar la cometa un poco más alta, un poco más lejos cada día. Con el tiempo, el techo se convertirá en el suelo. "No puedes saltar al segundo piso desde el pavimento", dijo Emil Zátopec. "Paso a paso, no obstante, un hombre llegará al quinto piso".[7]

Así fue como Zátopek ganó tres medallas de oro en las Olimpíadas de Helsinki. Así fue como ganó sesenta y nueve carreras seguidas, de cualquier distancia. Emil Zátopek corrió un total de cincuenta mil millas: el equivalente a dos vueltas a la Tierra.

¿Recuerdas la ley de la medida? Si quieres burlar al sistema, acabarás burlándote de ti mismo. Si tomas atajos, estás cercenando tu propio éxito y cambiando la gloria de Dios. La forma en que creas un hábito es no permitiéndote ninguna trampa o vericueto.

¿Cómo va tu hábito?

¿Todavía es medible, significativo y sostenible?

¿Has aplicado ingeniería inversa de a poquito?

Tienes que convertir esas metas de vida en hábitos cotidianos.

¿Cuál es el pequeño paso que tienes que dar hoy para hacer ese progreso poco a poco?

Para Kobe Bryant, remontar la cometa fue estudiar filmación de juegos.

Para Winston Churchill, remontar la cometa fue colocar doscientos ladrillos y escribir dos mil palabras cada día.

Para los monjes maratonianos, fue rodear el Monte Hiei cada día.

Para mí, fue leer tres mil libros antes de escribir uno.

¡Hazlo de a poco!

DÍA 19

EJERCE TU AUTORIDAD

*Él se levantó, reprendió al viento y ordenó al mar:
¡Silencio! ¡Cálmate!*
Marcos 4:39

El 14 de octubre de 1947, un bombardero B-29 despegó desde una pista en el sur de California. Acoplado a la parte inferior del bombardero había un avión mucho más pequeño, el Bell X-1. Ese avión ahora está suspendido del cielorraso del Museo Nacional del Aire y el Espacio. En el mundo de la aviación había un supuesto común de que la velocidad del sonido, Mach 1, era una barrera infranqueable. Pero al igual que todos los récords, fueron hechos para ser rotos.

Desde unos veinticinco mil pies de altura (7,6 km), el B-29 soltó el Bell X-1. Encendió sus motores, ascendió a unos cuarenta y tres mil pies (13 km) y aceleró a quinientas, seiscientas, setecientas millas por hora (unos 804,965 y 1,126 km/h respectivamente). En el Mach .965, los paneles de control del tablero se volvieron locos. En el Mach .995, la fuerza G empañó la visión de Chuck Yeager y se le hizo un nudo en el estómago. Justo cuando sentía que la nave iba a implosionar, hubo un estallido sónico.

Yendo a 761 millas por hora (1,224 km/h), el Bell-X rompió la barrera del sonido, y la presión de aire que había estado golpeteando la parte delantera se pasó para atrás. Fue como si la tormenta perfecta se hubiera convertido en la calma perfecta, absolutamente quieta, absolutamente silenciosa. ¿Por qué? Porque a velocidades supersónicas el avión estaba viajando más rápido que las ondas de sonido que producía. El Bell-X alcanzó el Mach 1.07, Chuck Yeager apagó los motores y el resto es historia.

En los evangelios hay una historia sobre Jesús cruzando el mar de Galilea con los discípulos. En realidad, Él estaba durmiendo una siesta, cosa que me encanta. Esa es toda la justificación que preciso para tomar siestas, pero déjame agregar algo más: un estudio realizado por la NASA descubrió que veintiséis minutos de sueño aumentan la productividad en un 34%.[1] Es buena mayordomía y buena ciencia. Si alguna vez me postulara para el servicio público, dentro de mi plataforma incluiría un tiempo de siesta nacional. No, no estoy anunciando mi candidatura. (Y la siesta sería opcional, por si acaso). Solo creo que seríamos un país más amable, feliz y saludable si todos durmiéramos un poco más.

Mientras Jesús dormía, se desató una tormenta furiosa que sacudió su bote, algo parecido al viento de frente que experimentó el Bell-X. Esta clase de tormenta no era extraña. El mar de Galilea está a setecientos pies por debajo del nivel del mar, pero está rodeado por colinas y montañas. Los Altos del Golán, que también se conocía como Decápolis en los días de Jesús, estaban dos mil quinientos pies (762 m) por encima del nivel del mar. Esa topografía hacía que el mar de Galilea fuera susceptible a tormentas repentinas y muy violentas.

¿Recuerdas lo que sucedió después? Los discípulos, algunos de los cuales eran pescadores profesionales, se murieron de miedo y fueron a despertar a Jesús diciendo: "¡Maestro! —gritaron—, ¿no te importa que nos ahoguemos?".[2] ¿De veras? ¿Jesús estaba durmiendo una siesta y eso significaba que no le importaba nada? ¡Sí que eran rápidos para juzgar!

Nuestras reacciones revelan mucho acerca de nosotros, ¿no es cierto? Es mucho más fácil actuar como cristianos que reaccionar como si lo fuéramos. En situaciones de crisis, somos terriblemente rápidos para culpar a los demás. Somos terriblemente rápidos para juzgar las motivaciones, incluso de nuestros amigos. Si te tomas el tiempo para cambiar de un canal de noticias a otro, podrás notar que todos culpan a alguien por casi todo. Permíteme recordarnos que nadie gana el juego de la culpa.

Ahora déjame cambiar el guion. ¿Qué hizo Jesús cuando lo despertaron? ¿Entró en pánico? ¿Comenzó a rescatar el bote? ¿Agarró un remo y comenzó a remar? ¡No, no y no! Nada de eso. Jesús se puso de pie erguido cual *Karate Kid* e hizo la grulla (al menos es como yo me imagino ese momento).

¿Quién reprende al viento?

¿Quién le habla al mar?

Te diré quién: el que los creó. Él ejerció su actividad espiritual sobre los elementos físicos del mismo modo en que convirtió el agua en vino, del mismo modo en que maldijo a la higuera estéril, del mismo modo en que llamó a Lázaro fuera de la tumba.[3]

No estoy seguro de qué hábito estás tratando de crear o de romper, pero deberás ejercer tu autoridad espiritual. ¿Cómo lo haces? Primero, tienes que mantener la paz en medio de la tormenta. Tienes que estar en calma y seguir adelante. Tienes que mantener una presencia libre de ansiedad. ¿Y cómo lo logras? Interrumpiendo el impulso de ansiedad con un patrón de oración. Mantener la paz es mantener el espacio, es estar plenamente presente. Es abrazar la tensión del ahora pero no todavía. Es confrontar los hechos brutales con una fe inquebrantable. Segundo, ¡tienes que verbalizar tu paz! No estoy seguro de qué desafíos estás enfrentando, pero tienes que hablar paz a tu cónyuge. Habla paz a tus hijos. Habla paz a tus amigos. Habla paz a la tensión racial y la polarización política. ¿Cómo se hace esto? Operando en el espíritu opuesto.

Como seguidor de Cristo, estoy obligado a poner la injusticia sobre el tapete. Ocuparse de los marginados es la Manera de Jesús.

Nos lamentamos con los que padecen injusticia, pero no jugamos a la víctima, ni tampoco jugamos a las escondidas. Ejercemos nuestra autoridad como más que vencedores.[4] Nos posicionamos en la brecha como pacificadores, dadores de gracia y establecemos el tono.

En 1913, Josiah Royce fundó una comunidad a la que llamó la Fraternidad de la Reconciliación. Su objetivo era convertirse en una comunidad amorosa. Esa comunidad aceptaría entre sus miembros al Dr. Martin Luther King Jr., quien patrocinaría la causa y entregaría una visión para ella. El propósito del movimiento de derechos civiles no era solamente los derechos civiles; era establecer una comunidad amorosa en donde la gente no fuera juzgada por el color de su piel sino más bien por su carácter.[5] El objetivo era la creación de una comunidad cuyo amor fuera tan fuerte que pudiera transformar a los oponentes en amigos. "Es este amor", dijo el Dr. King, "el que hará milagros en los corazones de los hombres".[6]

Es difícil cambiar los hábitos individuales, pero más difícil es cambiar los culturales. "Esto requerirá un cambio cualitativo en nuestra alma, así como también un cambio cuantitativo en nuestra vida", dijo King.[7] Tenemos que tomar la responsabilidad personal y poner el orgullo y el prejuicio en el altar. Debemos sacrificarnos por el bien mayor y permanecer "inofendibles".

La mayoría de las personas viven su vida en .965 Mach. Los paneles de control están colapsados. La cabina de mando está fuera de control. Algunos viven en .995 Mach. La visión borrosa, el estómago anudado. Sienten que su matrimonio o su salud mental va a implosionar en cualquier momento, y sin embargo pueden estar más cerca de la victoria de lo que piensan. No hay que apagar el motor antes de tiempo…

Si has de crear o romper un hábito, tendrás que ejercer tu autoridad. Tendrás que reprender a las olas y al viento. En un cierto punto, tendrás que dejar de hablarle a Dios sobre tus problemas y comenzar a hablarle a tus problemas de tu Dios. Tienes que declarar su poder, su presencia, sus promesas. Es cierto, hay muchas cosas que tú no puedes controlar, pero sí puedes tomar la "responsabilidad".

Somos muy buenos contándole a Dios nuestros problemas. Se los explicamos, como si Él no supiera qué es lo que anda mal. Nos quejamos sobre ellos, como si a Dios no le importaran. Se los recordamos, como si se le hubieran olvidado. Tengo un consejo para darte: ejerce tu autoridad. La duda es permitir que las circunstancias se interpongan entre tú y Dios. La fe es permitirle a Dios colocarse entre tú y tus circunstancias.

¿CÓMO LO TRANSFORMAS EN UN HÁBITO?
Cambiando la atmósfera

El Viernes Santo de 1963 el Dr. Martin Luther King Jr. fue encarcelado por una protesta pacífica que realizó sin permiso. Al recibir las críticas por el momento y la táctica utilizada, el Dr. King escribió una carta abierta desde su celda en Birmingham, Alabama:

Hubo un tiempo en donde la iglesia era muy poderosa: era el tiempo en donde los primeros cristianos se regocijaban por ser considerados dignos de sufrir por lo que creían. En esos días la iglesia no era meramente un termómetro que registraba las ideas y principios de la opinión popular; era un termostato que transformaba a los de la sociedad.[8]

¿Eres un termómetro o un termostato? ¿Estás regurgitando los canales de noticias que miras y las redes sociales que sigues? ¿O estás siguiendo el ejemplo del guion de las Escrituras? ¿Te estás amoldando a la cultura, o estás interrumpiendo el patrón con fe, esperanza y amor?

Los termómetros reflejan la temperatura (del cuerpo, del agua, del aire). La mayoría de las personas se rinden ante las circunstancias sin hacer preguntas. ¿Recuerdas el día 7 y el experimento del ascensor atascado? ¡Ellos están viendo la parte de atrás en vez de mirar para adelante! Se dejan llevar por el pensamiento de manada, se conforman con el mínimo común denominador y permiten que el medio determine cómo se sienten, piensan y actúan. Como seguidores de Cristo, somos llamados a alcanzar el estándar superior. Cambiamos la atmósfera operando en el espíritu opuesto. ¡Así es como ejercemos nuestra autoridad!

Debemos representar al reino de Dios con tanto amor, tanto gozo y tanta esperanza que provoque preguntas para las que el evangelio es la respuesta. ¿Y cómo se hace? Cuando amamos a nuestros enemigos, oramos por los que nos persiguen y bendecimos a los que nos maldicen, se generan preguntas para las cuales el evangelio es la respuesta. Cuando ponemos la otra mejilla, hacemos la milla extra, entregamos la túnica, surgen preguntas para las cuales el evangelio es la respuesta.[9]

Contrarrestamos el odio con amor.

Contrarrestamos el orgullo con humildad.

Contrarrestamos la maldición con bendición.

Contrarrestamos la mentira con la verdad.

Contrarrestamos el racismo con la reconciliación.

Contrarrestamos la cultura del rechazo con gracia y paz.

Así es como reprendemos al viento y las olas. Y al hacerlo, se generan preguntas para las cuales el evangelio es la respuesta. Así es como vienen las victorias. No combatimos el fuego con más fuego. Al igual que los termostatos, cambiamos la atmósfera con gozo inexplicable, una paz que sobrepasa el entendimiento y una medida extra de gracia.

¡Tú tienes más autoridad de la que te imaginas! Tienes autoridad como para detener las tormentas. Tienes autoridad para sanar enfermedades. Tienes autoridad para mover montañas. ¿Cómo? Con semillas de mostaza de fe. La autoridad espiritual es como un músculo que tiene que ser ejercitado, ¡y ejercitamos la autoridad con humildad! Pero no seas tímido. Levántate como Jesús en medio de la tormenta. Párate en la brecha como un pacificador, alguien que ofrece gracia y establece el tono.

En aquellos lugares en los que has experimentado victoria en tu vida, tienes autoridad. Tu testimonio es la profecía de otro. Tu victoria es la bendición de otro. La iglesia es una comunidad de fe. Cuando elevamos la fe de los demás, experimentamos la inmunidad de rebaño contra el temor, la vergüenza y el odio.

No les estás haciendo ningún favor a Dios si operas con menos de tu autoridad plena. Estás disminuyendo el precio que Jesús pagó en la cruz del Calvario. Deja de vivir como si Jesús todavía estuviera clavado a la cruz. El enemigo está vencido. Es hora de empezar a vivir esa verdad.

¡Ejerce tu autoridad!

DÍA 20

YA ES SUFICIENTE

¿Quién eres tú, gran montaña?
Zacarías 4:7, DHH

El 7 de noviembre de 2020, Chris Nikic se convirtió en la primera persona con síndrome de Down en finalizar el Triatlón Ironman. Nikic nadó 2.4 millas (3,86 km), pedaleó su bicicleta unas 112 millas (180 km) y corrió 26.2 millas (42 km) en dieciséis horas y cuarenta y cinco minutos. "Meta fijada y alcanzada", dijo al día siguiente. "Es hora de poner una meta nueva más grande". Chris Nikic es paracaidista. "Sea lo que sea, la estrategia es la misma: ser 1% mejor cada día", afirmó.

Es fácil usar nuestras debilidades como muletas, ¿no es cierto? Rendirnos a los errores que hemos cometido o a la mala suerte. ¡Trata de seguir el ejemplo de Chris Nikic! Él no usó su síndrome de Down como excusa: ¡lo usó como motivación! Nikic le añadió algo más a la mezcla: "Yo hice el trabajo, pero los ángeles me ayudaron".[1]

¡Me encanta esa mentalidad! Es una mentalidad de crecimiento unida a una mentalidad divina. Es reconocer el rol que Dios juega a nuestro favor, sin disminuir la responsabilidad personal. Es orar como si dependiera de Dios, pero trabajar como si dependiera de nosotros. Es hacer lo natural y confiar en que Él hará lo sobrenatural. Es el lugar en donde nuestra determinación se encuentra con la gracia de Dios.

En el año 536 a.C., un hombre llamado Zorobabel lideró al remanente judío de regreso a Jerusalén para reconstruir el templo que estaba en ruinas. Era una visión de la medida de Dios, pero Zorobabel solo podía ver una pila de escombros. Ahí es cuando se necesita una palabra de Dios, y Zoro la obtuvo: "Esta es la palabra del Señor para Zorobabel: 'No será por la fuerza ni por ningún poder, sino por mi Espíritu' —dice el Señor Todopoderoso—".[2] ¿Te puedo contar un pequeño secreto? Dios quiere hacer cosas en tu vida y a través de ti que están fuera del alcance de tu habilidad, recursos, educación o experiencia. ¿Por qué? ¡Porque así no podrás llevarte el crédito! ¿Cómo? Por medio de su Espíritu. El Espíritu Santo es el factor *x*, el factor *guau*.

Después el Señor dijo: "¿Quién eres tú, gran montaña? ¡Quedarás convertida en llanura delante de Zorobabel!".[3] No tengo idea de qué montaña te está mirando fijo, si es la montaña de la ansiedad, del enojo o la adicción, la montaña de la injusticia o del resentimiento, la montaña de la depresión, la duda o el temor. O aun si es una cordillera, Aquel que creó las montañas puede hacerlas reducir a llanura.

Él sigue siendo el Dios que abre camino en medio del mar.

Él sigue siendo el Dios que hace detener el sol.

Él sigue siendo el Dios que cambia el agua en vino.

Él sigue siendo el Dios que hace flotar un hacha de hierro.[4]

Dios todavía mueve montañas. ¿Cómo lo hace? ¡Con una fe del tamaño de una semilla de mostaza! No desprecies el día de los pequeños comienzos (o el 1 % de mejora cada día).

Después de quebrarse el cuello jugando al fútbol americano en la universidad, Chris Norton tenía solo un tres por ciento de probabilidad de volver a moverse. Ahí es donde el 97% de las personas se da por vencida. Pero Chris Norton está cortado por la misma tijera que Chris Nikic: "retroceder nunca, abandonar jamás". Uno de los médicos le dijo a Norton que nunca más volvería a caminar.

Mucha gente hubiera aceptado ese diagnóstico y el consejo de dejar de intentarlo otra vez. Norton no se entristeció; se puso como loco. A los pocos días, ya estaba moviendo el dedo gordo del pie.

Estuve en una llamada de Zoom con Norton la noche anterior al estreno del documental sobre su vida. Fue apropiadamente titulado *7 yardas*, porque le llevó siete años volver a caminar siete yardas (6.4 m). Ese era el largo del pasillo de su boda. ¿Cómo lo hizo? Nunca perdió la fe y —podría agregar— nunca perdió el sentido del humor.

¿Recuerdas la teoría de la diversión? ¡Chris Norton la practica! Cuando se dio cuenta de que podía mover el dedo, le pidió a su padre que le diera una pequeña charla motivacional al dedo. Su padre se esforzó por reproducir la mejor charla motivacional de Matt Foley. Ahí fue cuando Norton movió su dedo del pie.

¡Buena jugada, Chris Norton! ¡Buena jugada!

Hay un momento en nuestra vida en que llegamos al final de la cuerda. Lázaro estuvo cuatro días muerto, pero nada está acabado hasta que Dios diga que se acabó. No pongas un punto donde Dios pone una coma.

A un cierto punto, *ya es suficiente*. ¿Recuerdas el desafío de ayer? Tienes que dejar de hablarle a Dios de tus problemas y comenzar a hablarles a tus problemas de tu Dios. Lo mismo aplica para las montañas. Así es como cambias el guion y remontas la cometa. Declaras su bondad: "el bien y la misericordia me seguirán todos los días de mi vida".[5] Declaras su fidelidad: "quien comenzó la buena obra en ustedes, la continuará hasta que quede completamente terminada".[6] Declaras su soberanía: "a los que aman a Dios, todas las cosas les ayudan a bien, esto es, a los que conforme a su propósito son llamados".[7] Declaras su favor: "Si Dios es por nosotros, ¿quién contra nosotros?".[8]

Eso fue lo que yo hice el 2 de julio de 2016. Oré una oración valiente, y Dios sanó mis pulmones. Sí, tiene que ser la voluntad de

Dios, a la manera de Dios. Toda oración tiene que pasar dos pruebas de fuego: tiene que ser la voluntad de Dios y para la gloria de Dios. Si no, es imposible que se cumpla. Pero si la pasa, ¡abróchate el cinturón y mantén tus piernas y brazos dentro del carrito en todo momento!

Tengo una obra de arte en mi oficina. Es la primera línea de un poema de Emily Dickinson. Según se dice, ella era una reclusa. Vivía relativamente aislada y casi nunca salía de su habitación. Las amistades que tenía las mantenía por correspondencia. Su mundo físico era increíblemente pequeño, pero su espíritu volaba cuando escribía poesía. Así era como remontaba su cometa. Tres palabras que ella escribió están plasmadas en mi oficina: *Habito la posibilidad.* Lo admito, soy un eterno optimista. ¿Cómo podría no serlo? Creo en la resurrección de Jesucristo, y el mismo Espíritu que lo levantó de la muerte mora en mí. ¡Eso significa que todo puede suceder!

El 23 de diciembre de 2011, estaba haciendo una capellanía para los Vikingos de Minnesota cuando me encontré con Adrian Petterson, el corredor de All-Pro. Recuerdo ese encuentro por dos motivos: uno, el apretón de manos de Peterson fue casi infame, por el tamaño y la fuerza de sus manos. Su apretón de manos es como un movimiento que te somete. La otra razón es que Peterson tuvo una lesión de rodilla devastadora al día siguiente. Se rasgó el ligamento cruzado anterior y el lateral de su rodilla izquierda. Esa clase de lesiones ha acabado con las carreras de muchos jugadores de la NFL, pero Peterson regresaría para ganar el Jugador Reaparecido del Año y el Jugador Más Valioso la temporada siguiente. Corrió por 2,097 yardas (1,917 m), solo nueve yardas menos que el récord de la temporada de la NFL. ¿Cómo lo hizo? La simple respuesta es "con mucha rehabilitación". Él transformó la montaña en llanura corriendo a toda velocidad por las colinas. Adrian Peterson podría ser un fanático de la naturaleza, pero su ética del trabajo es crianza por encima de naturaleza. Y su fortaleza mental es un testamento sobre mente por encima de materia. En vez de usar su lesión como excusa, la usó como motivación.

Poco tiempo después de la lesión, le preguntaron a su entrenador, James Cooper, en cuánto tiempo creía que Peterson podría llegar a jugar. En vez de responder a la pregunta de manera directa, Cooper contó una historia personal. Siendo él mismo un fanático del entrenamiento personal, estaba compitiendo en el UASTF Masters para atletas de más de treinta y cinco años. Durante la carrera de los cien metros, Cooper sintió, en sus propias palabras, "a ese anciano justo al lado mío". El anciano era Bill Collins quien, a los cuarenta y seis años, ¡hizo la carrera en solo 10.58 segundos!

Cooper, que era mucho más joven que Collins, quedó tan impresionado por el rendimiento de este, que cambió el guion y ajustó el reloj en un momento decisivo. "Me enseñó que cuarenta no es la edad para rendirse", dijo James Cooper. Luego subió la apuesta: "Cincuenta no es la edad para rendirse". ¿Qué quería decir? Que la edad es relativa. Y eso no solo es cierto para atletas como Adrian Peterson o Bill Collins.

Si tomamos el ejemplo de Caleb, ochenta y cinco no es la edad para rendirse tampoco. "Aquí estoy este día con mis ochenta y cinco años: ¡el Señor me ha mantenido con vida!", dijo.[9] Sé que esto parece imposible, hablando desde un punto de vista psicológico. Pero no tengo razón para dudar de la afirmación de Caleb. Creo que él podría alcanzar a los ochenta y cinco lo mismo que a los cuarenta. La pregunta, por supuesto, es cómo. Hay muchos factores, pero una fracción de nuestra fuerza física es una función de fortaleza mental. Los pensamientos positivos pueden aumentar la fuerza física en un 42%. Si no me crees, chequéalo en *Sácale jugo al día*.[10] Ahí comparto un estudio sobre el poder de la sugestión que confirma que la mente está por encima de la materia. "Ya sea que creas que pueden hacer algo o que no, estás en lo cierto", dijo Henry Ford.[11]

El tiempo nos pasa factura a todos. La piel se arruga, el metabolismo se ralentiza, los músculos se atrofian. La última vez que me fijé, el tiempo estaba invicto. Pero el estrago que el tiempo hace puede variar de una persona a otra, y la mentalidad hace la diferencia en el mundo. ¡Si no me crees, es porque no has ido a una reunión con tus compañeros de secundaria de hace veinte años!

¿Sabías que hay una sola manera de que un médico acierte tu edad? No puede medirla como la frecuencia cardíaca o la presión sanguínea. Un doctor determina tu edad del mismo modo que lo hacen los demás: ¡preguntándote la fecha de nacimiento!

Por amor al tiempo, ten tu edad. Después de todo te la has ganado. Ten tu edad, pero no dejes que ella te tenga a ti. Siempre y cuando vayas tras una visión del tamaño de Dios, nunca ha pasado tu hora. Siempre y cuando estés persiguiendo una pasión que Dios te ha dado, nunca has superado la edad límite.

En resumidas cuentas: no te sometas a tu edad. Ya que estamos en tema, no te sometas a la adicción, la tentación o las expectativas de los demás. No te sometas al miedo, al resentimiento o a la baja autoestima. No te sometas a las etiquetas que te colocan los demás, ni a las mentiras del enemigo. Solo hay una cosa a la que deberías someterte, y esa es la voluntad de Dios. Sométete a Dios y todas las demás cosas se someterán a ti. Ejerce tu autoridad como hijo o hija de Dios.

Ya lo he dicho antes, pero déjame decirlo otra vez: todo lo que toleres, eventualmente te dominará. No tienes que tolerar nada menos que la buena, agradable y perfecta voluntad de Dios.[12] No toleres el abuso. No toleres malas actitudes. No toleres una raíz de amargura. No toleres los privilegios. No toleres la ingratitud. ¿Hay algo a lo que te has estado sometiendo y no es la voluntad de Dios? En un punto tendrás que decir *ya es suficiente*.

¿CÓMO LO TRANSFORMAS EN UN HÁBITO?
¡Cambiando tu número!

No tienes que someterte a un diagnóstico médico. ¿Lo sabías? Te aseguro que amo y respeto a los médicos; la medicina me ha salvado la vida más de una vez. Pero las autopsias revelan que los doctores diagnostican erróneamente a sus pacientes un 40% de las veces. A pesar de los tremendos avances en la ciencia médica, la tasa de diagnósticos equivocados casi no ha cambiado en los últimos cien años.[13] E incluso si el diagnóstico es correcto, tampoco tienes que someterte a él.

No tienes que someterte a las malas críticas, a las malas notas o a la mala suerte.

No tienes que someterte a las suposiciones o a las profecías falsas.

Cuando Suzanne estaba en la escuela secundaria, su madre le dijo cuánto tenía que pesar. En palabras de la propia Suzanne, "nunca alcancé esa cifra". Aun corriendo a campo traviesa (*cross-country*) en la universidad, ella estaba veinte libras (9 kg) encima de ese peso. Incluso luego de completar trescientas sesiones de Pelotón [grupos de competición en bicicletas en línea] estaba treinta libras (13 kg) por encima.

El número del peso que su madre le había dado era el de ella. El tema es el siguiente: su madre mide menos de cinco pies (metro y medio) y es de contextura pequeña. Varias décadas más tarde Suzanne pudo amigarse con este simple hecho: "Ese no era el número que debía alcanzar; nunca había sido mi número". Dejó de someterse a expectativas imposibles de alcanzar y se liberó de ellas. "Hoy en día hago ejercicio, pero no para castigarme, ni para llegar a una meta imposible impuesta por otra persona". ¿Por qué hace ejercicio? "Me encanta fortalecer los increíbles músculos que Dios me dio".

Recuerda: tus hábitos tienen que ser medibles, significativos y sostenibles. Cuando estableces una meta en forma de número, asegúrate de que sea *tu* número. Ir tras la meta de otro es la receta para la desilusión.

Déjame agregar un ingrediente más a la mezcla. Cuando yo estaba entrenando para correr mi maratón, tenía más de un número en mente. Tenía un número secreto que requeriría mi mejor carrera en mi mejor día. Pero también tenía otra marca que representaba una meta flexible. Yo sabía que eso presionaría un poco mi ritmo y me daría una buena oportunidad de terminar la carrera. Establece una meta flexible y luego apunta al 1 % de mejora diaria. Cualquiera que sea el hábito que estás tratando de formar o quebrar, ¡es hora de ponerte en marcha!

¡Ya es suficiente!

HÁBITO 5 – CORTA LA CUERDA

Jugar a lo seguro es arriesgado.

En 1853, la ciudad de Nueva York fue sede de la primera exposición universal en Estados Unidos. Los organizadores construyeron un salón de exhibiciones para mostrar las últimas y mejores invenciones. También fue donde un hombre llamado Elisha Otis se robó el *show* con una charla promocional muy singular. Al inventor del freno de seguridad para ascensores le estaba costando venderles la idea a los escépticos de la seguridad. ¿Entonces qué hizo? Dio un discurso memorable.

Se ubicó sobre una plataforma elevada en la sala de exhibiciones y colocó a un hachero en el hueco del elevador. Luego gritó, con fuerte voz de manera que todos en la sala pudieran oírlo: "¡Corta la cuerda!". La multitud soltó un suspiro colectivo, mientras el elevador caía algunos pies de altura. Entonces Otis anunció: "Todos están a salvo, señores, todos están a salvo".[1]

El freno de seguridad funcionó bien, como también el discurso de presentación. Cuando Elisha Otis cortó la cuerda, solo unos pocos edificios en la ciudad de Nueva York tenían más de cinco pisos de altura. ¿Por qué? ¡Porque nadie quería subir por escalera! En 1854, Otis instaló el primer elevador en un edificio en Broadway. Ya en 1890, 538 edificios de Nueva York eran considerados rascacielos.

Avancemos cien años.

Según la Compañía Otis, el equivalente a la población mundial sube en uno de sus ascensores cada tres días.[2] No solo Elisha Otis puso el mundo al revés, sino que su idea influencia la vida diaria de millones de personas ciento cincuenta años más tarde. Por supuesto, yo todavía sigo el consejo que te di el día 2: ¡Sube por la escalera!

Si quieres construir un puente colgante, remonta una cometa. Si quieres construir un rascacielos, corta la cuerda.

Remontar la cometa —el hábito 4— se trata de comenzar desde lo pequeño. Con el tiempo, esos pequeños cambios suman rachas ganadoras. Cortar la cuerda —el hábito 5— se trata de cortar la cinta inaugural, de hacerlo público, lo cual es un poderoso compromiso. Al igual que Elisha Otis, hazlo en grande o vete a casa. Cortar la cuerda es arrojar el guante de un modo que marca el momento.

En el invierno de 2000, Reed Hastings y Marc Randolph se subieron al elevador de la Torre Renaissance en Dallas, Texas. No estoy seguro de que fuera un elevador de marca Otis, pero estaban a punto de cortar la cuerda. Al salir del elevador, Reed le susurró a Marc: "Blockbuster es mil veces más grande que nosotros".[3]

Se bajaron del ascensor en el piso 26, ingresaron a una sala de conferencias, y dieron su discurso de promoción. En ese tiempo, Blockbuster era el gigante de seis mil millones de dólares que dominaba el entretenimiento hogareño con casi nueve mil tiendas. Hastings y Randolph sugirieron que Blockbuster comprara su empresa emergente llamada Netflix, y esta administraría su división de alquiler de videos en línea: blockbuster.com.

Tú ya sabes en lo que se ha convertido Netflix, no tengo que decírtelo. Probablemente te hayas dado una panzada de sus series originales. Cuando Netflix hizo esta presentación, ellos eran una compañía emergente de tan solo dos años con un modelo de negocios poco ortodoxo. La gente podía ordenar sus películas en el sitio web de Netflix y recibir los DVD por correo. Tenían trescientos mil suscriptores en ese momento, pero sus pérdidas netas ese año alcanzaron cincuenta y siete millones de dólares.

Blockbuster rechazó la propuesta. ¿Por qué lo hicieron? Porque no vieron el futuro. Se quedaron varados en el pasado. No estuvieron dispuestos a cambiar su modelo de negocios, lo cual es básicamente interrumpir el patrón, y se perdieron la oportunidad de comprar Netflix por cincuenta millones de dólares. Ese precio hubiera sido exorbitante para una compañía emergente, pero para Blockbuster representaba las entradas de tres días.

En el 2000, solo el 1 % de los hogares en Estados Unidos tenía una conexión de banda ancha. Cuesta recordarlo, ¿verdad? En realidad, si tuviste alguna vez conexión *dial-up*, nunca olvidarás ese sonido característico. Para 2010, las conexiones de banda ancha se habían disparado al 62%.[4] Eso cambió las reglas del juego, y el nombre del juego era video en directo (video *streaming*).

Ya sabes el resto de la historia. Blockbuster quebró, y Netflix ahora tiene un valor estimado en ciento veinticinco mil millones de dólares.[5] Claro que no tenía por qué ser de esa manera, pero Blockbuster jugó a lo seguro, y jugar seguro a veces es arriesgado.

En el mundo de la economía hay dos clases de costo: el costo real y el costo de oportunidad. Un costo real es un desembolso que aparece en tu balance como un pasivo. Un costo de oportunidad es un costo oculto. Hay un viejo refrán —cuenta el costo— que son las dos caras de una moneda. Tienes que contar el costo real como un contador: hacer tu trabajo, la investigación preliminar, la preparación. También tienes que incluir el costo de oportunidad, el cual es muy difícil de calcular.

Cuando las acciones de Amazon se hicieron públicas en 1997, yo pensé bastante en invertir ahí porque estaba comprando libros de Amazon cada dos días. No era una gran cantidad de dinero, pero decidí invertirlo en otra cosa. No haber invertido en Amazon no me costó un centavo en términos de costo actual. No hubo daños ni ofensas. Hace poco calculé cuánto me habría rendido esa inversión hoy, y fue un ejercicio doloroso. En términos de costo de oportunidad, ¡perdí una pequeña fortuna!

Suena contradictorio, pero el mayor riesgo es no tomar riesgos. No solo mantiene el *statu quo*, sino que también es la receta para el remordimiento. Más específicamente, el lamento por la inacción. Según el psicólogo Tom Gilovich, hay una diferencia entre el remordimiento a corto y a largo plazo. En el corto plazo, tendemos a lamentarnos por los errores que cometimos, y en el largo plazo lamentamos las oportunidades que perdimos más que los errores que cometimos, por un margen de 84% a 16%.[6] Todos experimentamos el fracaso, y puede ser increíblemente doloroso. Pero al final de nuestra vida, nuestros mayores remordimientos serán por las cosas que habrían sido, habríamos tenido y habríamos hecho.

¡Es hora de cortar la cuerda!

DÍA 21

CAMBIA LA RUTINA

La batalla es del Señor,
y él los entregará a ustedes en nuestras manos.
1 Samuel 17:47

En junio de 1976, una explosión enorme arrasó con media manzana en Los Ángeles, y mató a nueve personas. El origen fue un error de cálculo de dieciocho pulgadas (45.7 cm). Al excavar la manzana 9500 del Boulevard Venice, alguien seccionó un caño de petróleo, dejando escapar miles de galones de gasolina presurizada. No fue ni el primero ni el último accidente de esta clase, pero la enormidad de esa tragedia llevó al uso de un código de colores para marcar los servicios públicos.

Si vives en un área urbana, habrás visto las aceras pintadas con aerosol, con marcas rojas, amarillas y verdes. Para ser sincero, esas marcas fueron un misterio para mí toda mi vida. De hecho, me resultaban un poco irritantes. Tomas una nueva acera y lo próximo que ves es un grafiti por todos lados. Ahora conozco la razón, y tiene sentido común.

Esas marcas en el suelo mapean el tendido de redes subterráneas de cañerías, tubos y cables que surcan cada ciudad en Norteamérica. En caso de que te interese el tema, te daré una decodificación de los colores. El rojo representa la electricidad; el amarillo, el gas; el naranja, las telecomunicaciones. El verde significa cloacas. Estas marcas de colores ayudan a las máquinas excavadoras a evitar peligros bajo la superficie.

¿Recuerdas el estudio de la Universidad Duke? El 45% de nuestra conducta es automática. En otras palabras, es inconsciente. Esos hábitos son los cables que se entrecruzan en nuestra corteza cerebral. Uno podría decir que se asemejan a minas antipersonas; si has de deconstruir y reconstruir tus círculos de hábitos, tendrás que identificar esas amenazas subterráneas.

Cuando estaba en el postgrado, conocí la obra de un psicólogo excéntrico llamado Milton Erickson. Sus métodos terapéuticos son bastante legendarios y, —puede decirse—, no tradicionales. Su especialidad era identificar e interrumpir patrones de comportamiento.

Un día un hombre con sobrepeso vino a consultar al Dr. Erickson. Su autoevaluación era: "Soy un policía retirado, médicamente retirado. Bebo demasiado, fumo demasiado, como demasiado... ¿usted puede ayudarme?". El Dr. Erickson le hizo una serie de preguntas. "¿En dónde compra sus cigarrillos?". El hombre respondió: "Hay un pequeño almacén a la vuelta de la esquina". El doctor continuó: "¿En dónde suele cenar?". "En un lindo restaurante a la vuelta de la esquina", le contestó. Y finalmente Erickson le dijo: "¿Y el licor?". El hombre dijo: "Hay una pequeña licorería a la vuelta de la esquina".

¿Sabes por qué los malos hábitos son difíciles de romper? Porque son muy convenientes. Lo que hizo el doctor fue interrumpir el patrón cambiándole la rutina. "Usted es un expolicía y quiere mejorar su presión sanguínea, su obesidad, el enfisema pulmonar y compra tres cartones de cigarrillos de una sola vez", dijo el Dr. Erickson. "Ahora su terapia va a requerir mucho más esfuerzo". ¿Quieres saber qué le prescribió?

Puede fumar todo lo que desee, pero comprará un paquete de cigarrillos a la vez, e irá caminando al otro lado de la ciudad a buscarlo. Con respecto a cocinar su comida, bueno, usted no tiene mucho que hacer, así que irá de compras tres veces al día,

*y comprará solo lo necesario para esa comida, sin que sobre.
Y para la cena, hay muy buenos restaurantes a una o dos millas... eso le dará la oportunidad de caminar. Y en cuanto a la
bebida... no veo mal que tome. Hay excelentes bares a una
milla de distancia. Beba su primer trago en el bar y su segundo trago en otro bar a una milla más lejos. Y estará en excelente forma en poco tiempo.*[1]

Eso suena casi como psicología inversa, ¿no es así? No estoy seguro de poner mi sello de aprobación a esos hábitos perniciosos,
pero la prescripción funcionó. Interrumpió el patrón. Si quieres
quebrar un mal hábito, hazlo menos conveniente. Lo repito: más
difícil es mejor.

Tienes que voltear tus hábitos como una media, y ponerlos patas arriba. Tienes que aplicarles ingeniería inversa. Algunas veces la
solución es tan simple como cambiar la secuencia. Otras veces requiere interrumpir el patrón cambiando las tácticas de raíz.

Pocas frases son tan famosas como *David contra Goliat*. Es el
antagonismo por excelencia, la clásica historia del desfavorecido.
La ironía es que solemos leer mal la historia. Vemos a David como
el que estaba en desventaja. Si ellos hubieran estado librando un
combate mano a mano, podría ser. No hay manera en que David
pudiera haber vencido a Goliat en una jaula de lucha libre. Pero la
desventaja notable de David, en términos de tamaño y experiencia,
resultó ser su mayor ventaja.

Goliat era de la infantería; todo lo que tenía era una estrategia de campo. David era de la artillería; usó la habilidad que había
cultivado como pastor. ¿Recuerdas a Kenny Sailors y su salto patentado? David dio un salto patentado con su honda ¡y Goliat ni
siquiera lo vio venir!

En su libro *David y Goliat*, Malcolm Gladwell citó un estudio
de Eitan Hirsch, experto en balística de la Fuerza Armada israelí.

Según Hirsch, una piedra mediana lanzada por un experto puede atravesar la longitud de un campo de fútbol americano en tres segundos. A esa velocidad, tendría la misma potencia de frenado que un revólver de calibre .45.[2] Goliat tenía una lanza del tamaño de la viga de un tejedor y su punta pesaba quince libras (6.8 kg). Eso es terriblemente imponente, pero Goliat llevó un cuchillo a un tiroteo.

Claramente, David no era quien estaba en desventaja. Goliat era un blanco fácil y realmente grande. La fuerza de Goliat demostró ser su debilidad, y la debilidad de David demostró ser su fuerza. ¿Recuerdas al gigante Blockbuster? No se adaptaron a la evolución de la tecnología, y eso les costó la empresa. Una compañía emergente llamada Netflix utilizó su honda, llamada *streaming*, e interrumpió el patrón liberando las películas en línea.

La victoria de David no era improbable: era inevitable. Es obvio que David se veía como un pequeño tonto yendo a la guerra con una honda. Pero no hay forma de que la artillería pierda contra la infantería. Por supuesto, tienes que cortar la cuerda. ¿Cómo? A un cierto punto, ya es suficiente. Tienes que recoger unas piedrecillas del valle de Elá y ponerlas en el saco.

Israel había estado cautivo por las burlas de Goliat por suficiente tiempo. Lo mismo va para los malos hábitos que se burlan de nosotros. Si los comparamos con nuestra habilidad, llevamos las de perder; pero con la de Dios, no hay punto de comparación. Para el Infinito, todos los finitos son iguales. No hay grande o pequeño, fácil o difícil, posible o imposible.

¿Qué tan grande es tu Dios? Él es más grande que tu mayor problema, tu peor error, tu mayor desafío. "Cuánto más feliz serías, cuánto más serías tú mismo, si el martillo de un Dios más alto pudiera hacer añicos tu pequeño cosmos".[3]

Lo sé, los gigantes son muy grandes. Lo sé, los gigantes asustan. Pero cuanto más grandes son, más fuerte caen. "Vienes contra mí con espadas y lanzas", dijo David. ¿Puedes verlo meneando su dedo como Dikembe Mutombo? ¿O moviendo su dedo del pie como Chris Norton? "Pero yo vengo a ti en el nombre del Señor Todopoderoso, el Dios de los ejércitos de Israel, a quien has desafiado".[4] A veces la solución es más, pero más de lo mismo no resuelve el problema. En vez de intentar más duro, necesitas intentar diferente. ¿Recuerdas el hábito 3, trágate ese sapo? Si quieres que Dios haga lo sobrenatural, tú debes hacer lo natural. Permíteme ir un paso más allá y cortar esa cuerda: Si quieres que Dios haga algo nuevo, no debes seguir haciendo las mismas viejas cosas.

En el Sermón del Monte, Jesús interrumpió el patrón condicionando los reflejos. Cuando alguien te insulta, ¿cuál es tu reacción natural? ¡Le devuelves el insulto! Por supuesto, todo eso perpetúa el problema. Escala la situación generando un círculo vicioso. En un mundo despiadado, Jesús lanzó un mandato contradictorio: "Bendigan a quienes los maldicen, oren por quienes los maltratan".[5] Es más fácil decirlo que hacerlo, lo sé, pero no hay defensa contra esto. Pruébalo.

¿Recuerdas el día 19? Cambiamos la atmósfera operando en el espíritu contrario. Ejercitando la gracia detenemos el círculo vicioso. Iniciamos círculos virtuosos aplicando la fe, la esperanza y el amor. Como sea, eso provoca preguntas para las cuales solo el evangelio es la respuesta.

Una clave para mantener los hábitos es establecer rutinas. Pero una vez que la rutina se vuelve rutina, tienes que cambiarla. Si siempre ejercitas del mismo modo, al final ese ejercicio pierde eficacia porque tu cuerpo se adapta a la rutina. Tienes que confundir a tus músculos interrumpiendo el patrón. Lo mismo es cierto espiritual, relacional, emocional e intelectualmente. Pero hay buenas noticias: si modificas tus rutinas y haces un cambio de un 1%, puedes hacer una diferencia de un 99%.

La próxima vez que alguien te insulte, devuelve ese voleo con un cumplido. No te sorprendas si ves una mirada confusa del otro lado. Lo tomará desprevenido; tal vez no detenga el mal comportamiento, pero al menos lo parará en seco.

Si quieres combatir el fuego con más fuego, solo escalará la situación. Nadie gana en una pelea de gritos. Cuando Dios quiere que cambiemos, ¿sabes qué es lo que hace? ¡Nos muestra más bondad![6] Es una táctica contradictoria, pero es altamente efectiva. Tiene el potencial de romper un círculo vicioso e iniciar un círculo virtuoso.

En el siglo VIII a.C., los israelitas y los arameos eran como los Hatfields y los McCoys. Estaban constantemente en guerra, hasta que el profeta Eliseo interrumpió el ciclo del hábito. Atrajo al ejército arameo a la ciudad capital de Israel, y pudo haberlos matado. Por supuesto, eso hubiera aumentado el conflicto a otro nivel. ¿Pero qué hizo? ¡Organizó una fiesta sorpresa! Con la panza llena y la mente confundida, Eliseo los mandó de vuelta a casa. ¿Y cuál fue el resultado? "Y las bandas de sirios no volvieron a invadir el territorio israelita".[7]

¿Que si era una estrategia arriesgada? ¡Absolutamente! Pero así es como se rompe el ciclo y se quiebra un hábito. ¿Qué necesitas para organizar una fiesta? ¿Qué estás esperando? En las palabras del hit clásico de Pink del 2001, "Get the party started" [Que comience la fiesta].

Una de las mejores formas de sacarle jugo al día es alegrándole el día a alguien. Puedes interrumpir el patrón con una simple sonrisa. Puedes cambiar la atmósfera con un simple elogio. Un acto de bondad puede romper el círculo y tener un efecto dominó que cambie generaciones. Déjame conectar los puntos, el estilo A-B-C-D.

Mucho antes de que David enfrentara a Goliat en un duelo, su bisabuela cortó la cuerda con un acto de generosidad. Ella salvó la vida de unos espías judíos, y les hizo una petición: que tuvieran misericordia de ella y su familia cuando Israel conquistara Jericó.[8]

Ese solo acto de bondad no solo le salvó la vida, sino que sirvió la mesa para las futuras generaciones. Ella se casó con Salmon y tuvo un hijo llamado Booz, y Booz tuvo un hijo llamado Obed, y Obed tuvo un hijo llamado Isaí, e Isaí tuvo un hijo llamado David.[9] Haz que tu misión sea alegrarle el día a alguien y podría cambiar el curso de tu historia.

¿CÓMO LO TRANSFORMAS EN UN HÁBITO?
Haciendo las cosas de manera diferente

En 1894, el periódico *Times* de Londres sacó un artículo sobre una crisis inminente que azotaba a toda la civilización. En una palabra: fertilizante. La población de Londres había alcanzado el tope de un millón de personas, y más gente significaba más caballos (cincuenta mil, para ser exactos). Saca cuentas. El promedio de materia fecal de un caballo es treinta libras (13.5 kg) por día. Eso alcanza el millón y medio de libras (casi setecientos mil kilogramos) de heces por día. El *Times* estimaba que Londres quedaría sepultada bajo nueve pies (2.7 m) de abono en cincuenta años.[10] ¡Londres, tenemos un problema! Y en Nueva York era peor todavía. Había terrenos con montículos de abono de hasta sesenta pies (18.2 m) de alto. Los expertos pronosticaron que, en la Gran Manzana, las pilas de abono alcanzarían los segundos pisos de los edificios para el año 1930.

En 1898 los planificadores urbanos se reunieron en Londres para intentar resolver el problema. La primera conferencia duraría diez días. Los organizadores cortaron la conferencia después de tres días sin hallar la respuesta. ¿Por qué? Porque estaban intentando resolver los problemas de hoy con soluciones de ayer. Estaban pensando de manera gradual en vez de soñar de manera exponencial.

Mientras tanto, un hombre llamado Henry Ford estaba pensando de manera diferente. ¿Cuál era la forma de reducir las emisiones de los caballos? Un carruaje que no precisara de caballos, obvio. La solución a nuestros mayores problemas raramente es más o menos de lo mismo. Tienes que romper las reglas. Tienes que cambiar el juego. Tienes que saltar la curva.

Si estás luchando para crear o romper un hábito, tal vez sea tiempo de intentar algo diferente. Después de todo, como dije antes, tu sistema está perfectamente diseñado para los resultados que estás obteniendo. Intenta aplicar ingeniería inversa a tus rutinas y luego reconstrúyelas un poquito distintas. ¿Cómo lo haces? Agrégale un impulso. No tiene por qué ser algo complicado. Puede ser un suspiro profundo para reiniciarte, una rutina que te permita entrar en calor o sosegarte, un simple pensamiento u oración que repites. Antes de predicar, siempre hago esta oración: "Señor, ayúdame a ayudar a las personas". Eso cambia mi enfoque de mí mismo a los demás, ¡hey, hola, allí estás!

¡Cambia la rutina!

ESCOGE UNA BATALLA

Las aldeas quedaron abandonadas en Israel,
habían decaído, hasta que yo, Débora, me levanté.
Jueces 5:7, RVR60

El 5 de noviembre de 1872, Susan B. Anthony emitió un voto en las elecciones presidenciales en su ciudad natal de Rochester, Nueva York. Fue arrestada, acusada, juzgada y condenada por haber votado de manera ilegal. En su juicio de dos días, en junio de 1873, le obligaron a pagar una multa de cien dólares. "Nunca pagaré un dólar de su injusta penalidad", dijo Anthony.[1] Y nunca lo hizo.

Susan B. Anthony dedicó cincuenta años de su vida a una causa que una vez fue considerada un crimen: el derecho de las mujeres a votar. No vivió para ver aprobada la decimonovena enmienda, pero su valor fue un catalizador en esa causa. Un siglo después, una imagen de la mujer que se rehusó a pagar cien dólares de multa está grabada en la moneda de un dólar, el dólar de Susan Anthony.

En ocasión de su cumpleaños número ochenta y seis, Anthony dio un discurso en la Iglesia de Nuestro Padre (Church of Our Father), en Washington D. C. Ella evadió los elogios y le dio el crédito a todas las que habían entregado sus vidas por la causa del sufragio femenino. Estas fueron sus palabras finales: "Con estas mujeres consagrando sus vidas, ¡el fracaso es imposible!".[2]

Me encanta esa mentalidad de "el fracaso es imposible". ¿Recuerdas nuestra tesis? Casi todos pueden lograr casi todo si trabajan de forma dura, constante e inteligente. Quizás no ocurra durante tu vida, pero el legado son las cosas que sobreviven después de ti. Es hacer las cosas que marcarán una diferencia de aquí a cien años. ¡Es cultivar fruto en los árboles de otras personas!

Susan B. Anthony nunca perdió su fe en el final de la historia, pero cada movimiento comienza con un simple paso de fe. ¿Recuerdas a Naasón? Tuvo que sumergirse en el agua hasta la nariz. No estaba simplemente abrazando la ola; estaba cortando la cuerda. ¿Cómo? ¡Con un gran gesto! Para Anthony era poner su voto. Para Rosa Parks, fue negarse a dejar su asiento en el bus. Para Katherine Johnson, la computadora humana que inspiró *Talentos ocultos* y ayudó a calcular la ruta de vuelo para el Apolo 11, fue pedir el asiento en una mesa reservada para hombres.

Todas esas mujeres me recuerdan a otra mujer llamada Débora que se levantó con poder en el siglo XIII a.C. Había un círculo vicioso que se repetía una y otra vez en los días de los jueces de Israel. La gente hacía lo que mejor le parecía. Después Dios levantaba jueces —fueron doce— para ayudar a Israel a encontrar su camino de regreso a Dios. El cuarto juez fue una mujer llamada Débora, que lideró a la nación durante sesenta años. Ella no era solo jueza sino además era poeta y profetiza. Según la tradición judía ella era una de siete profetas. Y, por último, pero no menos importante, Débora era madre.

La nación de Israel estaba experimentando una recesión económica y una opresión militar. ¿Y qué estaban haciendo? ¡Acobardándose por temor! "Las aldeas quedaron abandonadas en Israel, habían decaído". No solo habían perdido el rumbo, sino que habían perdido la voluntad de luchar. No era una imagen muy alentadora, pero hay un cambio de guion que merece un redoble de tambor: "...hasta que yo, Débora, me levanté".[3]

Hay una eterna obviedad y es que "lo único que se necesita para que el mal triunfe es que los hombres buenos no hagan nada".

Por supuesto, yo le agregaría "mujeres buenas" a la ecuación. Solo se necesita una persona que se levante. Solo se necesita una persona que se meta en el agua. Solo se necesita una persona que ponga un voto.

Si aplicamos ingeniería inversa a los momentos cruciales en la historia, encontraremos que siempre hay un punto de inflexión. Es el punto de no retorno, el punto en el cual una simple ficha de dominó inicia una reacción en cadena. Malcolm Gladwell lo dijo de este modo: "El punto de inflexión es ese momento mágico en el que una idea, tendencia o comportamiento social cruza un umbral, se inclina y se propaga como la pólvora".[4]

Me encanta la manera en que Débora pasa a la tercera persona: "Débora surgió como una madre para Israel".[5] En palabras de Martin Lawrence: "¡Vamos chica!" Este era un tiempo en donde parecieron transcurrir décadas. A un cierto punto, ya es suficiente. Tienes que pasar a tercera persona. ¿Qué significa esto? Debes acercarte a tus problemas con la perspectiva de alguien más. Es ver tu vida como un laboratorio. Es verte como un científico y ver tus hábitos como un experimento.

Leonardo da Vinci escribió en un diario hasta el día de su muerte, y lo digo de forma literal. Así era como él conectaba los puntos. Cuando estaba en su lecho de muerte, Leonardo describió sus síntomas con lujo de detalles.[6] ¿Por qué lo hizo? ¡Por la posteridad! La mirada de otro en la formación de hábitos significa ponerte bajo un microscopio. O en el caso de Evan O'Neill Kane, ponerte en la mesa de operaciones.

El Dr. Kane llevó a cabo más de mil cirugías durante su distinguida carrera como jefe de cirugía en el Hospital Kane Summit, pero su mayor contribución a la medicina fue ser pionero en el uso de la anestesia local. El Dr. Kane creía que la anestesia general era un riesgo innecesario para pacientes con problemas cardíacos y reacciones alérgicas, de modo que, para demostrar su teoría, llevó a cabo una cirugía mayor usando solo anestesia local. El 15 de febrero de 1921, su paciente estaba preparado para la cirugía y entró a la sala de operaciones en una silla de ruedas. Luego de administrarle anestesia local, el Dr. Kane abrió al paciente, le pinzó los vasos sanguíneos, le seccionó el apéndice y luego cosió la herida. Dos días después de la cirugía el paciente fue dado de alta del hospital. Fue muy sencillo para el Dr. Kane monitorear la recuperación del paciente, ya que este no era otro que él mismo, y su autocirugía cambió el procedimiento estándar de las operaciones.

Regresemos a Débora.

Israel estaba cautivo del rey cananeo Jabín y su general Sísara. Según una tradición rabínica, la voz de Sísara era tan potente que podía sacudir los muros y hacer que los animales salvajes detuvieran su rumbo.[7] Débora estaba inmutable. Ella guio a los israelitas a la batalla como Juana de Arco, y les ayudó a ganarse la independencia.

Me encanta lo que sucede luego. No estoy seguro de si era la crisis de la mediana edad o una nueva pasión, pero Débora lanzó su carrera musical con una canción que llegó a los primeros puestos del ranquin. No tenemos los acordes, pero sí tenemos la letra. Hay una nota al pie al final de esa canción: "Entonces el país tuvo paz durante cuarenta años".[8]

¿Qué hizo posible que hubiera paz? ¡Que una mujer se levantó! Débora rompió el techo de cristal en muchas maneras. Ella demuestra nuestra tesis: casi todos pueden lograr casi todo si trabajan de forma dura, constante e inteligente. Por supuesto, tendrás que cortar la cuerda como Débora lo hizo. ¿Cómo? ¡Ella declaró la guerra! No estoy hablando literalmente. Pero hablando de manera figurada, necesitas salir de tu rincón del *ring* y pelear por tus buenos hábitos. Es la única forma. En algún momento debes declarar la guerra a tus malos hábitos.

En *Rocky III*, Rocky Balboa obtiene la revancha con Clubber Lang después de haber sido noqueado en su primera pelea. Algunos *rounds* adelante en la revancha, Rocky está recibiendo una paliza de Clubber otra vez. Entonces empieza a burlarse de Clubber, como David bravuconeando contra Goliat. "No eres tan malo", le dijo Rocky. "No eres tan malo". Después de que Rocky recibe unos cuantos puñetazos, Apollo Creed dice: "Lo están matando". Pero Paulie lo sabe mejor: "No lo están matando, se está enfureciendo".[9]

Hace unos años fui parte de un panel en el Desayuno Nacional de Oración con Bob Goff. Bob dijo algo que se convirtió en mi mantra: "Escoge una pelea". Eso significa meterse en buenos problemas, como diría el difunto John Lewis. Escoge una pelea contra la pobreza. Escoge una pelea contra la injusticia. Escoge una pelea por alguna causa del reino que te importe. Si estás dispuesto a pelear, tienes una oportunidad para hacerlo. Lo mismo aplica para formar o romper hábitos. No te dejes vencer. Escoge una batalla con tu lado oscuro.

Cuando nos identificamos como las manos y los pies de Cristo, ¿pensamos en las implicaciones? ¿Recuerdas lo que les sucedió a las manos y los pies de Cristo? Fueron clavados a una cruz con clavos de nueve pulgadas (23 cm). ¿Qué nos hace pensar que estaremos exentos del dolor y el sufrimiento? Cuando sufrimos por causa de la justicia, la ganancia justifica el dolor.

Una de las mejores formas de sacarle jugo al día es alegrarle el día a alguien. En el mismo sentido, una de las mejores formas de resolver tu problema es ayudar a otro a aplicar ingeniería inversa sobre los suyos. Reflexionando sobre su obra como psiquiatra, Carl Jung descubrió una verdad fascinante sobre los problemas aparentemente insuperables: no pueden ser resueltos, solo pueden ser superados.[10] Tenemos que descubrir algo más importante que el problema en sí. Al hacerlo, este finalmente pierde su poder y se desvanece.

Así como la felicidad es el resultado indirecto de bendecir a otros, la formación de hábitos no es un esfuerzo centrado en el yo. Algunos problemas solo se resuelven ayudando a los demás. No solo ayuda a poner tus problemas en perspectiva, sino que hace que pierdan la fuerza.

¿CÓMO LO TRANSFORMAS EN UN HÁBITO?
¡Peleando un round más!

El 7 de septiembre de 1892, un boxeador llamado Caballero Jim Corbett ingresó al *ring* con el mayor boxeador indiscutido de todos los tiempos, John L. Sullivan. Sullivan fue el último campeón de peso pesado del boxeo sin guantes y el primer campeón peso pesado del boxeo con guantes. ¡La única lucha que perdería en toda su vida fue esta!

Corbett noqueó a Sullivan en el *round* 21, convirtiéndose en el nuevo campeón mundial de peso pesado. Pero en mi opinión no profesional, esa no fue la lucha más impresionante. El año anterior, Corbett había peleado con su rival de su misma ciudad, Peter "Black Prince" Jackson. Su combate duró sesenta y un *rounds* y —escucha esto— ¡terminó en un empate! Que conste que ahora las peleas profesionales están limitadas a un máximo de doce *rounds*.

¿Cómo haces para salir del rincón sesenta y una veces?

El Caballero Jim Corbett vivía con una máxima: "Pelea un *round* más".

Cuando tus brazos están tan cansados que casi no puedes levantar las manos para ponerte en guardia, pelea un round *más. Cuando tu nariz está sangrando y tus ojos están negros y estás tan cansado que deseas que tu oponente te dé un puñetazo en la mandíbula y te ponga a dormir, pelea un* round *más... el hombre que pelea un round más nunca es vencido.*[11]

En su primera carta a los corintios, el apóstol Pablo hizo un poco de boxeo sin guantes: "Así que yo (...) no lucho como quien da golpes al aire. Más bien, golpeo mi cuerpo…".[12] ¿Recuerdas a Teddy Roosevelt? ¡Ejercita tu cuerpo! Eso suena muy parecido, ¿no es cierto? Pablo estaba predicando la doctrina de una vida vigorosa. En su segunda carta a Timoteo le dijo: "He peleado la buena batalla".[13] En su carta a los efesios, el apóstol suena como si hubiera combatido sesenta y un *rounds*: "Pónganse toda la armadura de Dios, para que cuando llegue el día malo puedan resistir hasta el fin con firmeza".[14]

No tengo idea si el apóstol era peso mosca, peso pluma o peso pesado, pero ciertamente llevaba su peso, ¿no es verdad? Él sigue entrando al *ring*, continúa saliendo de su rincón. ¿Cómo te está yendo con el hábito que estás tratando de formar o de dejar? Te dije desde el principio que no iba a ser sencillo. ¿Por qué? Porque estás escogiendo una batalla.

¿Puedo desafiarte a pelear un *round* más?

¿Puedo desafiarte a seguir saliendo de tu rincón?

¡Escoge una batalla!

HAZLO AHORA

Tal vez el Señor nos ayude.
1 Samuel 14:6, NTV

En el verano de 1957, Ed Catmull, de tan solo doce años, estaba en un viaje a campo traviesa con su familia, conduciendo por un cañón muy escarpado y sin guardarraíles. Un auto que venía en dirección contraria se cruzó a su carril y el papá de Catmull enseguida giró el volante a la dirección contraria. Su auto estuvo a dos pulgadas (5 cm) de desbarrancarse por el precipicio.

Así de cerca estuvimos de nunca ver *Cars, Los Increíbles* o *Up*. ¿Por qué? Ed Catmull es el cofundador de los estudios de animación Pixar. Que Catmull no hubiera vivido significaría que no existiría *Toy Story, Toy Story 2, Toy Story 3* ni *Toy Story 4*. Cuesta imaginarlo, ¿verdad? Mirando hacia atrás a esa "salvada por un pelito" él hizo esta observación: "Dos pulgadas más y no existiría Pixar".[1]

Son los sucesos de dos pulgadas los que cambian la trayectoria de nuestra vida, ¿no es cierto? Un hecho de dos pulgadas, un dominó de dos pulgadas, es lo mismo. La vida gira en una moneda. No solo las películas de Pixar hubieran salido perdiendo. Catmull observa con gran satisfacción cuántos empleados de Pixar se conocieron y casaron y tuvieron lo que él llama niños Pixar. "Todas esas parejas Pixar no tienen idea de cómo dos pulgadas podrían haber impedido que se conocieran o concibieran a sus hijos".[2]

¡La vida es un juego de pulgadas! Está llena de esas decisiones y corrección del rumbo. En mi experiencia, los desvíos de la vida tienen una forma de reencaminarnos. Lo mismo con las desilusiones. De hecho, una desilusión puede convertirse en una cita divina. Edgar Bergen es considerado el mayor ventrílocuo que jamás existió. Además, es el padre de la actriz multipremiada, Candice Bergen. ¿Cómo fue que se interesó en la ventriloquía? Cuando era un niño, Bergen pidió un libro sobre fotografía pero, en cambio, recibió uno sobre ventriloquía. Naturalmente, estaba decepcionado. Pero fue esa confusión lo que lo llevó a su vocación.

"Me resulta fascinante que un hombre reservado, un hombre que tenía dificultad para expresar sus sentimientos, fuera a terminar en la profesión de ventrílocuo de radio", dijo Candice Bergen. "Y el personaje que creó fue este muñeco temerario, sin freno y que va de frente".[3] El muñeco, dicho sea de paso, era una marioneta de madera llamada Charlie McCarthy.

Cuando estaba en segundo año de la secundaria, di un discurso que fue también mi primer sermón. Yo no lo sabía en ese tiempo. Mi mamá le dio una copia del discurso a mi abuela, que a su vez se lo dio a su maestra de escuela bíblica, y esta le hizo una pregunta: "¿Alguna vez Mark pensó en entrar al ministerio?". Esa pregunta se la transmitió a mi madre, y ella a mí. Sinceramente, nunca había pensado en ello. ¡Hasta ese momento, eso sí! Fue un momento de inicio, un incidente detonador. Una pregunta inocente que plantó una semilla en mi espíritu, tres niveles más abajo.

Cuando se trata de crear y romper ciclos de hábitos, tenemos que comenzar por identificar el impulso. Eso incluye el impulso del Espíritu Santo. Si no obedeces su impulso esta vez, será menos probable que lo obedezcas la próxima. ¿Por qué? Porque la desobediencia endurece el corazón y el oído.

¡La obediencia que se demora es desobediencia! Tengo un consejo para darte: hazlo ahora. ¿Recuerdas el viejo refrán? No dejes para mañana lo que puedes hacer hoy. Cuanto más esperes, más difícil te resultará.

Somos muy buenos en las tácticas de posponer. Si quieres escribir un libro, tienes que ponerte una fecha de entrega. Luego tienes que hacer la ingeniería inversa para saber cuántas palabras tienes que escribir cada día, basado en tu fecha de presentación. Te aseguro que el primer paso es el más difícil. ¿Por qué? Porque tienes que vencer la inercia.

Durante el siglo X a.C. los israelitas estaban en un conflicto con sus archienemigos, los filisteos. ¡Es impactante, lo sé! El pleito parecía no tener fin, pero había algunos momentos de paz en el guion. Los catalizadores de esos momentos de tranquilidad a menudo eran actos de valor. Permíteme mostrarte la escena:

Y es que Saúl estaba en las afueras de Guibeá, bajo un granado en Migrón, y tenía con él unos seiscientos hombres.[4]

Sé que parece algo común y corriente, y esa es la idea. En vez de escoger una pelea, como vimos ayer, el rey de Israel estaba comiendo semillas a la sombra de un árbol de granada. Esta simple imagen es una muy buena indicación de su carácter, ¿no es cierto? Él debería haber sido quien desafió a Goliat, pero le dio ese honor a David. Debería haber estado en la primera línea de combate contra los filisteos, pero estaba a un lado.

Ahora permíteme cambiar el guion. El hijo de Saúl, Jonatán, era tan diferente de su padre como se podía ser. Es difícil creer que salió de esos genes. La granada cayó muy lejos del árbol. Saúl tomaba un rol defensivo, mientras que Jonatán tomaba el ofensivo. Saúl jugaba a no perder, pero Jonatán jugaba a ganar. Saúl dejó que el temor le dictara las decisiones, pero Jonatán se movía por fe. La mentalidad de Jonatán queda de manifiesto en uno de mis versículos preferidos:

Tal vez el Señor nos ayude.[5]

La mayoría de las personas operan bajo la mentalidad contraria: quizás el Señor *no* nos ayude. Caminan sobre seguro, porque dejan que el miedo les diga lo que deben hacer. Más específicamente, el miedo al fracaso. Se contentan con vivir bajo la sombra de una granada en las afueras de Guibeá. ¿Puedo hacerte una exhortación? *¡Deja de vivir como si el propósito de tu vida fuera llegar sano y salvo a la muerte!*

Jonatán tenía una inclinación a la acción, que es parte integral de cortar la cuerda. Es negarse a quedarse sentado o abandonar. ¿Por qué? Porque existe un pecado de silencio: no decir lo que debe decirse. Existe un pecado de tolerancia: no hacer lo que tiene que hacerse. Pero Jonatán escaló ese peñasco y peleó con los filisteos.

Pocas personas son tan buenas a la hora de escoger una pelea como el Dr. Martin Luther King Jr. Al igual que Jonatán, él era movido por una urgencia santa. "Somos confrontados con la cruda urgencia del ahora".[6] Hay una diferencia entre la urgencia ansiosa y la urgencia de la convicción. ¿Recuerdas lo que Jesús dijo: "¿No dicen ustedes: 'Todavía faltan cuatro meses para la cosecha'? Yo les digo: ¡Abran los ojos y miren los campos sembrados! Ya la cosecha está madura".[7] Otra vez, ¡la obediencia que se demora es desobediencia!

Si esperas hasta que estés listo, te quedarás esperando hasta el día en que te mueras. En un momento tienes que decir: preparados, listos, ¡ya! ¿Recuerdas a Naasón, el santo patrono de los trabajadores? Tienes que dar ese primer paso de fe. ¿Cuándo? ¡Ahora! Deja de esperar a ganarte la lotería y comienza a ganar el día. No esperes hasta que algo ocurra. Haz que ocurra.

Según la Ley de Parkinson, la cantidad de tiempo que se precisa para completar una tarea depende de cuánto tiempo te sea concedido. En otras palabras, si te dieron dos meses, te llevará dos meses. Si te dieron dos semanas, lo tendrás listo en dos semanas. La expresión fue acuñada por Cyril Northcote Parkinson en un artículo para *The Economist* en 1955, y todavía sigue siendo tan relevante como entonces.[8]

Existe un pecado de presunción: adelantarse a Dios. Existe también un pecado de procrastinación: ir detrás de Dios. Si luchas con la procrastinación, será difícil atar el cordón umbilical. Lo mismo es cierto sobre el perfeccionismo. ¿Por qué? Porque siempre hay espacio para mejorar. A cierto punto, necesitas escalar la montaña como Jonatán. Si yo no hubiera puesto la fecha de mi cumpleaños 35 como el día de entrega del escrito, todavía estaría trabajando en mi primer libro. Si no hubiera dado la visión de tener muchos sitios de reunión, todavía estaríamos soñando.

¿Qué ideas necesitas para comenzar?

¿Qué estás esperando?

¿CÓMO LO TRANSFORMAS EN UN HÁBITO?
¡Poniendo una fecha de inicio!

El desafío del día 18 fue *hazlo de a poco*. Déjame imprimirle la fecha a este desafío: ¡comienza ahora! Si has de crear o romper un hábito, tienes que ponerte una fecha de comienzo y una de finalización. Después tienes que hacer las cuentas. ¿Cómo lo haces? Aplica ingeniería inversa al número de libras que quieres bajar, el número de páginas que quieres escribir, o el número de millas que deseas correr. No puedes pedirle deseos a una estrella. Tienes que ajustar el reloj, como en un juego de ajedrez rápido.

¿Recuerdas el concepto de los dispositivos de compromiso? Podemos no pensar de ese modo, pero uno de los dispositivos de compromiso más comunes se llama "despertador". ¿A qué hora te pones la alarma? Y más importante, ¿para qué? Para ser sinceros, un montón de personas se levantan en el último segundo posible.

No hay manera de comenzar bien el día así. No te levantes con los minutos contados para vestirte y salir corriendo por la puerta. Levántate para perseguir una meta. ¿Cuándo? Eso depende de ti, pero ¿por qué no comenzar ahora tomando una decisión sobre la mañana de mañana?

Víctor Hugo está considerado uno de los mejores y más vendidos autores de la historia. Escribió diecinueve novelas, incluyendo *Los Miserables*, mientras vivía en exilio en la isla de Guernsey. Eso suena prolífico, pero Hugo tenía una inclinación natural a la procrastinación. ¿Cómo logró vencer esa tendencia? Lo adivinaste: un gesto de grandeza. Incluso pudieras llamarlo una clase magistral en dispositivos de compromiso.

En el verano de 1830, cuando Hugo debería haber estado escribiendo, se volvió obsesivo con todo menos con la escritura. Su editor le dio plazo hasta el 1 de febrero de 1831 para entregar el manuscrito. Con menos de seis meses para escribir su novela prometida, Hugo sabía que necesitaría un pequeño milagro. ¿Entonces qué hizo? Recogió toda su ropa y la guardó bajo llave en un gran baúl. No le quedaba otra cosa para vestir que una chalina enorme, de manera que debió permanecer en su casa durante muchos días para terminar. En los meses de otoño e invierno, escribió rápido y furioso.

El 14 de enero de 1831, Víctor Hugo superó su plazo y completó *Nuestra Señora de París*. La novela de novecientas cuarenta páginas ha sido adaptada docenas de veces para Broadway y Hollywood. Ha vendido decenas de millones de copias. Cuando la catedral de Notre-Dame se incendió en 2017, el libro de Hugo volvió a convertirse en el más vendido de la temporada.

Puedes tomar solo algunas decisiones trascendentes. Pasarás el resto de tu vida manejando esas decisiones. No te recomiendo un gran gesto cada dos días. Son poco frecuentes, pero son los dominós de dos pulgadas los que determinan nuestro destino. Hay días en que sucede lo que no pasa en décadas. A veces hay que romper un mal hábito de lleno. ¡Ya es suficiente! Al igual que Dwight D. Einsenhower en el día 15, date una orden. A veces hay que crear un nuevo y buen hábito. De cualquier modo, interrumpe el patrón con grandes gestos.

Si quieres competir en un triatlón, inscríbete. El gran gesto es pagar la matrícula. Ahora tienes que jugar el juego. Y eso aplica para cualquier meta. Si quieres escribir un libro, escribe la propuesta. Una vez que has invertido sangre, sudor y lágrimas, es difícil que abandones.

¡Hazlo ahora!

HÁBITO 6 – AJUSTA EL RELOJ

El tiempo se mide en minutos;
la vida, en momentos.

Cuando el Dr. Tony Campolo era profesor en la Universidad de Pennsylvania, convirtió un discurso común y corriente en una inolvidable lección. Le preguntó a un estudiante que estaba sentado en la primera fila: "Joven, ¿cuánto tiempo ha vivido?". El estudiante, sin sospechar nada, le respondió simplemente diciendo su edad. "No, no, no", dijo el profesor Campolo. "Eso es cuánto tiempo su corazón ha estado latiendo, no cuánto ha vivido".

Entonces el Dr. Campolo le contó a la clase una historia sobre uno de los momentos más memorables de su vida. En 1944, su curso de cuarto grado hizo un viaje a la cima del edificio Empire State, el rascacielos más alto del mundo en ese momento. Cuando salió del elevador y pisó la cubierta del observatorio desde donde se veía toda Nueva York, el tiempo se detuvo. "Si viviera un millón de años, ese momento aún sería parte de mi conciencia, porque me sentí completamente vivo cuando sucedió", dijo.

El Dr. Campolo se volvió al alumno y le dijo: "Ahora permíteme preguntarte nuevamente. ¿Cuánto tiempo has vivido?".

El estudiante tímidamente dijo: "Cuando lo dice así, tal vez una hora; tal vez un minuto, o dos".[1]

Déjame hacerte dos preguntas.

Uno: ¿cuántos años tienes?

Dos: ¿cuánto tiempo has vivido?

Es sencillo calcular la edad. Cuantificar la vida es mucho más difícil. ¿Por qué? Porque el tiempo se mide en minutos, mientras que la vida se mide en momentos. ¿Cuándo fue la última vez que el tiempo se detuvo? Algunos de esos momentos son tan espontáneos y no planificados como una broma que hace que la bebida te salga por la nariz. De cualquier manera, tienes que reconocer esos momentos y atesorarlos. ¿Cómo? Sacando el máximo provecho.

La formación de hábitos ocurre en tiempo real, pero es fuertemente influenciada por el pasado y el futuro. Hemos sido condicionados por el tiempo pasado; somos movidos por recompensas del tiempo futuro. Ajustar el reloj es recordar el pasado y recordar el futuro. Es manejar los minutos y los momentos.

Nagin Cox es una ingeniera de la NASA que vive en la Tierra, pero trabaja en el tiempo de Marte. Cox sirvió como jefa de equipo adjunta del grupo de ingeniería que envió tres vehículos terrestres no tripulados a Marte. Al más reciente se llamó *Perseverancia*, nombre elegido por el alumno de séptimo grado, Alexander Mather. ¡Eso es precisamente lo que se requiere para desarrollar la tecnología necesaria para trasladar un vehículo explorador unos ciento cuarenta millones de millas hasta Marte!

Un día de Marte se llama sol, y es casi cuarenta minutos más largo que un día en la Tierra. Entonces Cox y su equipo tuvieron que ajustar su reloj biológico cuarenta minutos más cada día. Eventualmente la mitad de un día en Marte es la mitad de una noche en la Tierra. ¿Estás confundido? Por eso Cox y su equipo usan relojes marcianos. El peso ha sido mecánicamente adaptado para correr más lento. Esos relojes de Marte los hacen vivir según el tiempo de Marte.[2]

En un sentido todos usamos dos relojes. El primero es el *chronos*, y es la forma en la que manejamos los minutos. En palabras de un popular musical de Broadway, "525,600 minutos".[3] Puedes oírlo sonando en tu cabeza, ¿cierto? A todos nosotros se nos ha concedido la misma cantidad de tiempo cada día: 1440 minutos. El tiempo es el gran ecualizador.

El segundo es el reloj *kairós*, y es la forma en que nos salimos del reloj. Nos ayuda a reconocer los momentos en que necesitamos parar y oler las rosas. Una forma de hacerlo es guardando el Sabbat. Claro que es más fácil decirlo que hacerlo. Cuando se trata del *kairós*, no encuentras tiempo: te lo procuras. Debes tener la intención de establecer prioridades y límites. Yo no trabajaré en más que tres juntas de manera simultánea. ¿Por qué? Porque conozco mi tendencia a hacer muchas cosas a la vez. Si trato de ser todo para todos, no seré bueno para nadie. Y eso me incluye a mí mismo.

Si quieres sacar el máximo provecho de cada día, tienes que contar los días. El salmista dijo: "Enséñanos a contar bien nuestros días, para que nuestro corazón adquiera sabiduría".[4] ¿Y cómo lo hacemos? Lo puedes hacer de manera literal, pero hablaremos de eso en el día 25. Aun así, te daré una idea del comienzo. Mi amigo Reggie Joiner es fundador de una hermosa organización llamada Orange (Naranja). Ellos capacitan a los padres e hijos para vivir mejor. Hacen que cada día rinda al máximo. Reggie sugiere usar una jarra llena de canicas para ilustrar la enseñanza. Cuando tu hijo nace, llenas una jarra con 936 canicas. Luego vas quitando una por semana, y eso es la cantidad de semanas que te quedan hasta que tu hijo cumpla dieciocho años.

Es un recordatorio visual de que el reloj sigue corriendo. Nuestros hijos no viven bajo nuestro techo para siempre. Y, seamos honestos, ¡eso es bueno! Tienes que hacer que cada día cuente. La jarra de canicas es un recordatorio visual de que esto es en serio. Encuentra alguna manera creativa de hacer que cada día rinda al máximo.

Si no controlas tu calendario, él te controlará a ti. ¿Cuándo fue la última vez que inspeccionaste cómo usas el tiempo? Si el tiempo es dinero, nos debemos un monitoreo así. En el primer sermón que prediqué en la NCC, cité un estudio sociológico de cincuenta personas que habían vivido por encima de los noventa y cinco años, y el sermón constaba de una sola pregunta: "Si tuvieras la oportunidad de vivir tu vida nuevamente, ¿qué cosa harías de manera diferente?" Hubo tres respuestas que surgieron de manera consensuada.

Uno: *me arriesgaría más.*

Dos: *reflexionaría más.*

Tres: *haría más cosas que queden cuando yo muera.*

¡Es hora de ajustar el reloj!

DÍA 24

QUÍTATE LA GORRA

Átalas a tus manos como un signo.
Deuteronomio 6:8

En 1931, Estados Unidos estaba sumido en la Gran Depresión. Un joven emprendedor llamado Conrad Hilton no se quedó mirando cómo ejecutaban hipotecas, sino que les pidió plata prestada a los botones para llegar a fin de mes. La gente no estaba viajando, y su cadena hotelera estaba sufriendo el embate. En ese momento se encontró con un fotógrafo del Waldorf Astoria en la ciudad de Nueva York.

El Waldorf Astoria, un ícono del lujo, con cuarenta y siete pisos, estuvo clasificado como el hotel más grande y alto del mundo desde 1931 hasta 1963. Tenía seis cocinas, doscientos cocineros, quinientos camareros, y dos mil doscientas habitaciones. ¡Hasta tenía su propio hospital privado y su estación de tren!

Luego de recortar la fotografía del Waldorf Astoria, Hilton la colocó debajo del vidrio de su escritorio y parecía que la foto lo miraba cada día. No sé quién aseguraba sus hoteles, pero esa fotografía le garantizó nunca perder de vista su meta del tamaño de Dios.

¿Recuerdas el ciclo del hábito? Comienza con un impulso, un disparador que activa un interruptor en tu cerebro, y este reacciona de manera automática. El segundo paso es un patrón (físico, mental, emocional, espiritual o relacional). El tercer paso es la recompensa. Cuanto mayor sea esta, más sacrificios estarás dispuesto a hacer y más riesgos a asumir.

Para Contrad Hilton, el Waldorf Astoria era la gran recompensa. No solo él tenía la fotografía en el centro de sus prioridades, sino que además cada vez que pasaba por delante en su auto se quitaba la gorra en señal de respeto. Era su manera de recordar el futuro y recordarse a sí mismo su objetivo final. En octubre de 1949, habiéndose sacado la gorra cientos de veces, la recompensa se hizo realidad cuando compró 249,024 acciones de la Corporación Waldorf. Hilton finalmente coronó su colección de hoteles con el Queen (la Reina), como lo llamaba.[1]

¿Recuerdas a John Heywood, el dramaturgo inglés? Él fue famoso por decir: "Roma no se construyó en un día".[2] Ese es uno de los muchos axiomas que superaron la prueba del tiempo. También dijo esta otra frase: "Ojos que no ven, corazón que no siente".[3] Y esta es clave cuando se trata de la formación de hábitos. El término técnico es "permanencia del objeto" y es parte de la teoría de Piaget del desarrollo humano.

La permanencia del objeto es entender que las cosas todavía existen aun cuando no podamos verlas. Los niños pequeños no tienen esta capacidad completamente formada hasta que cumplen dieciocho meses, por eso el juego de las escondidas es tan divertido para ellos. Los niños con el tiempo desarrollan la permanencia del objeto, pero nunca superamos la tendencia a olvidar lo que no tenemos en un lugar de prominencia. Es por eso que debemos recortar la foto y quitarnos la gorra.

Ya que estamos en el tema, una imagen vale más que mil palabras. En realidad, esa cifra está obsoleta. El cerebro humano es capaz de procesar una imagen impresa a una tasa de cincuenta bits por segundo.[4] La capacidad de procesar imágenes del cerebro va mucho más allá de eso; el cerebro puede reconocer una imagen tan rápido como en trece milisegundos.[5] Y puede procesar dibujos en un volumen mucho mayor. Por supuesto, eso depende del tamaño. Según una estimación, una fotografía del tamaño de una billetera equivale a 324,000 palabras, mientras que una de 8×10 pulgadas (20×25 cm) equivale a 4.3 millones.[6] De cualquier modo, ¡mil palabras es una gran subestimación!

Si entras alguna vez a los cuarteles de SpaceX, verás dos posters de Marte. Uno muestra un planeta frío y árido. El otro se asemeja a la Tierra. Ese segundo póster representa el propósito de vida de Elon Musk: colonizar Marte. "Me gustaría morir en Marte", dijo Musk, "solo que no en un impacto".[7] Si eso no es dispararle a la luna, ¡no sé entonces qué lo es! Ese póster es la manera de Elon Musk de quitarse la gorra ante Marte. Es su jarra de canicas.

Cuando Jim Carrey era un actor en apuros, tenía una rutina que repetía muchas noches. Al igual que Conrad Hilton quitándose la gorra, Jim Carrey conducía hasta la cima de Mulholland Drive y avistaba la ciudad de Los Ángeles. "Todos quieren trabajar conmigo. Realmente soy un buen actor. Tengo toda clase de ofertas de películas", se decía a sí mismo. Esa era su forma de cambiar el guion y ajustar el reloj. "Solo repetía esas cosas una y otra vez, literalmente convenciéndome a mí mismo de que tenía un par de películas esperándome. Luego descendía de la montaña, listo para llevarme el mundo por delante".

Jim Carrey hacía algo más, un ejemplo épico de imaginar la recompensa. Se autoescribía un cheque por diez millones de dólares. Ponía "por servicios efectuados" en el asunto, y la fechaba con fecha posterior, a cinco años en el futuro. Carrey llevó ese cheque en su billetera por muchos años. A la larga obtuvo su pago por diez millones, ¡y unos cientos de millones más! Protagonizó más de cuarenta películas, que sumaron más de dos mil quinientos millones de dólares en la taquilla.[8] Su ganancia neta se estima en ciento ochenta millones.[9]

En este punto, déjame hacer un pequeño recordatorio. "¿De qué sirve ganar el mundo entero si se pierde la vida? ¿O qué se puede dar a cambio de la vida?", dijo Jesús.[10] Recibir diez millones de dólares no vale ni un centavo si pierdes tu alma en el proceso. Habiendo aclarado esto, agrego lo que dijo Aristóteles: "El alma nunca piensa sin una imagen".[11]

¿Recuerdas el hábito 1, cambiar el guion? Si quieres cambiar tu vida, cambia tu relato. Cuando estás en el proceso, cambia la pintura que estás pintando. Ajustar el reloj tiene que ver con imaginar la recompensa, y las imágenes son una manera poderosa de hacerlo.

Una simple instantánea tiene el poder de sacudir tu memoria y liberar una catarata de emociones. También puedes ejercitar tu imaginación pintando una imagen de tu futuro preferido. De alguna manera tienes que encontrar la forma de concentrarte en tus metas.

Si hablamos de confianza, David Horsager escribió varios libros. Es autor de *The Trust Edge* (El eje de la confianza) y *Trusted Leader* (El líder confiable). En una conversación reciente compartió la historia detrás de haber perdido 52 libras (24 kg) en cinco meses. ¿Por qué cincuenta y dos libras? Porque quería volver a tener el mismo peso que tenía cuando iba a la secundaria, pero hay algo más.

Recuerda que nuestros hábitos tienen que ser medibles, significativos y sostenibles. Volver al peso de la escuela secundaria hizo que esta meta fuera significativa, pero la inspiración real fueron sus padres. Cuando su madre y su padre celebraron su quincuagésimo aniversario de casados, ¡cabían en la misma ropa que habían usado el día de su boda! Su madre todavía pesaba 117 libras (53 kg) y su padre 150 libras (68 kg). Horsager cobró impulso viendo a sus padres, y eso le ayudó a perder las cincuenta y dos libras, proyectándose al futuro.

Una manera de crear o romper un hábito es tomando el ejemplo de otros. ¿Sabes por qué me levanto temprano en la mañana? Debido a mi suegro, Bob Schmigdall. Él tenía el hábito de orar temprano y yo quiero imitarlo. También me inspiró un párrafo de la biografía de D. L. Moody. Él sentía una punzada de culpa si oía a los herreros martillando antes de que él leyera su Biblia en la mañana.[12] ¿Cuál es mi meta? En los días laborales me levanto antes de que salga el sol.

¿Los hábitos de quién estás tratando de imitar? Como seguidor de Cristo, imito a la persona de Jesucristo. Copio sus hábitos para cambiar los míos. Tomo ejemplo de su vida, muerte y resurrección. Cuando tengo dificultades para perdonar a alguien, pienso en lo que dijo Jesús sobre los que lo clavaron en la cruz: "Padre, perdónalos, porque no saben lo que hacen".[13]

Si Jesús pudo perdonar a los que lo crucificaron, yo puedo perdonar también a quienes me hicieron daño o dijeron cosas incorrectas acerca de mí. La forma de sacarte la gorra delante de Jesús es siendo "inofendible", perdonando setenta veces siete. Ves a los demás por quienes son —la imagen del Dios todopoderoso— y los tratas de acuerdo con eso.

Una forma de ajustar el reloj es redimiendo el tiempo. ¿Recuerdas a San Benito y su regla de vida? Junto con las setenta y tres reglas que creó, San Benito dividió el día en ocho períodos de oración llamados oficios diarios. No necesitas registrarte en un monasterio para poner la idea en práctica, y no tienen por qué ser ocho. Te recomiendo que establezcas una rutina en la mañana o en la tarde o ambas. No hay mejor forma de quitarte la gorra delante de Dios —y de las metas que tienen su tamaño— que tener un ritmo regular de oración.

Si te ayuda, emplea unas pocas reglas simples. Arrodíllate al salir de la cama en la mañana o antes de acostarte por la noche. Apaga tu celular y finaliza tu día. Lee la Biblia antes de consultar tu teléfono. ¡Cada uno de esos actos puede interrumpir el patrón y mantenerte centrado en la recompensa!

¿CÓMO LO TRANSFORMAS EN UN HÁBITO?
¡Escribiendo tus prioridades en un cartel!

A la hora de crear hábitos, yo necesito recordatorios visibles. Puede ser una fotografía del Waldorf Astoria, un póster de Marte o canicas en una jarra. Cuando Summer, nuestra hija, era adolescente, hicimos un cartel con nueve adjetivos descriptivos y prescriptivos. Esos nueve adjetivos eran los que creíamos que Summer era, en tiempo presente y futuro. Para los israelitas eran los símbolos que ellos se ponían sobre las manos y la frente. Dios también les dijo que colocaran símbolos visuales en sus casas, llamados *mezuzás*.

La *shemá* es una oración antigua que los israelitas recitaban dos veces al día. Comienza así: "Escucha, Israel: El Señor nuestro Dios es el único Señor".[14] La *shemá* funcionaba como un recordatorio; se pronunciaban las primeras palabras en la mañana y las últimas en la noche. Era una reafirmación de la regla de Dios, y el modo en que un judío practicante recibía el reino de los cielos de manera diaria.

La oración de apertura es seguida del mandato de amar a Dios con todo el corazón, el alma y las fuerzas. El contexto original de la *shemá* también imagina la recompensa. Dios prometió a los israelitas que tendrían casas que no habían construido, pozos que no habían cavado y viñas que no habían plantado. Entre el impulso y la recompensa, Dios les dio instrucciones explícitas referidas a sus rutinas diarias. Una vez más, ¡la formación de hábitos y el intercambio de ellos no son cosas nuevas! Son tan viejas como la *shemá*.

En agosto de 1996 hice una caminata de oración de 4.7 millas (7.56 km) alrededor del Capitolio. Demostró haber sido un día que valió por décadas. Veinticinco años más tarde, somos dueños de media docena de propiedades por una suma de setenta y cinco millones de dólares, justo en el perímetro en que oramos ese día. ¿Por qué? Como un recordatorio sagrado de ese impulso de oración. Por la misma razón que tengo en mi oficina un cuadro de la tierra de pastura donde sentí el llamado al ministerio.

Debes poner carteles de tus prioridades, imágenes de tus metas y cuadros con tus valores. Puedes hacerlo en una camiseta incluso. Puedes ponerlo en una pared. Puedes anotarlo en el espejo del baño o en la pantalla de la computadora. De alguna manera, arréglatelas para tener esas cosas visibles y a mano.

¡Quítate la gorra!

DÍA 25

SACA CUENTAS

Enséñanos a contar bien nuestros días.
Salmos 90:12

En 1948, Koerczak Ziolkowski fue comisionado por el cacique Lakota, Henry Oso Parado para diseñar un tallado en la montaña que honrara al famoso líder nativo americano, Caballo Retobado. Ziolkowski dedicó más de tres décadas a tallar la enorme estatua. Dicho sea de paso, es nueve veces más grande que los rostros del Monte Rushmore. Cuando Ziolkowski falleció en 1982, su familia llevó adelante su visión y continuó tallando. La fecha programada de finalización es el 2050: ¡más de un siglo después!

"Cuando se te acabe la vida, el mundo te hará una sola pregunta", dijo Korczak Ziolkowski. ¿Y cuál es? "¿Hiciste lo que se supone que tenías que hacer?".[1] Si quieres ajustar el reloj, tienes que responder a esa pregunta.

Nunca hubo —y nunca habrá— nadie como tú. Esto no es un testimonio de ti. Es un testimonio del Dios que te creó. Este es el significado de ello: nadie puede liderar como tú o por ti. Nadie puede amar como tú o por ti. Nadie puede adorar como tú o por ti. Simple y llanamente, nadie puede tomar tu lugar. Eso te hace invaluable e irremplazable.

¿Estás haciendo lo que se supone que debes hacer? Si no puedes responder a la pregunta de Korzczak Ziolkowski, puede ser tiempo para una pausa. Tienes que definir el éxito, como hablamos el día 8. Debes definir tu propósito y tus prioridades. Tienes que definir los valores y virtudes por los que quieres ser conocido.

Si quieres crear hábitos por razones egoístas, estás engañándote a ti mismo, y el hábito no te durará mucho. Tienes que imaginar la recompensa apuntando al desenlace. Debes saber quién eres y por qué eres. Tienes que vivir para algo más grande, mejor, más duradero y más fuerte que el interés personal.

¿Recuerdas a David Horsager, que perdió cincuenta y dos libras de peso? Su padre todavía cultiva la tierra a sus noventa años. Cuando David le preguntó por qué estaba sembrando cosas que nunca cosecharía, no evadió el golpe: "Alguien las disfrutará algún día".

¿Tienes algún objetivo o alguna meta que tomará toda una vida alcanzar?

Si no lo tienes, es hora de soñar un poquito más grande y pensar un poco más a largo plazo.

¿Alguna vez te detuviste a pensar en el tamaño y el alcance del arca de Noé? El arca es considerada uno de los proyectos de construcción más grandes y largos del mundo antiguo. ¡Desde el comienzo hasta el fin llevó 43,800 días! El arca medía trescientos codos de largo, cincuenta codos de ancho y treinta codos de altura. En el sistema de medidas hebreo, un codo era equivalente a 17.5 pulgadas (45 cm). Eso significa que el arca medía de largo como un campo y medio de fútbol americano. No fue sino hasta finales del siglo XIX que volvió a construirse un barco de ese tamaño, aunque la proporción 30:5:3 todavía es considerada el estándar más elevado en cuanto a la estabilidad en las tormentas marinas.[2]

El volumen del arca era de 1,518,750 pies cúbicos (unos 141,000 m²), el equivalente a 569 vagones. Si el animal promedio era del tamaño de una oveja, el arca tenía la capacidad de contener 125,000 animales.[3] Para ponerlo en perspectiva, hay dos mil animales de cuatrocientas especies en el Zoológico Nacional Smithsoniano en

Washington DC. ¡Podrían caber sesenta zoológicos a bordo del arca de Noé!

Noé merece un premio al logro que le llevó toda una vida, pero déjame aplicarle ingeniería inversa a su proceso. ¿Sabes cómo comenzó a construir el barco? Según la tradición rabínica, lo primero que hizo fue plantar árboles.[4] ¿Por qué? Por el tamaño del arca, él sabía que necesitaría muchísimos troncos. Ajustar el reloj es sacar cuentas, y es una clave para imaginar la recompensa.

¿Recuerdas los dos relojes que usamos? El *chronos* y el *kairós*. Podemos hacer cosas estupendas y desperdiciar nuestras vidas. Si tenemos éxito en la cosa equivocada, hemos fallado. Tenemos que asegurarnos de estar haciendo lo correcto y en el tiempo correcto.

En promedio las personas pasan ciento cuarenta y cinco minutos en las redes sociales por día.[5] ¿Estás por encima o por debajo de ese nivel? Eso suma un 15% de nuestras horas de vigilia. ¿Es así como quieres gastar el 15% de tu vida? Deja de vivir de manera indirecta y comienza a vivir de verdad. Toma decisiones de antemano que te ayuden a administrar mejor los minutos y momentos.

Tengo un lema de vida: "No acumules posesiones; acumula experiencias". Yo no he conocido muchas personas poseídas por demonios, pero sí he conocido gente poseída por sus posesiones. Deja de acumular posesiones y comienza a acumular experiencias. Una manera en que lo pongo en práctica es realizando un desafío anual o teniendo una aventura al año. Armar el calendario es una construcción muy personal, ¿no es cierto? Es una forma de imaginar el mañana.

Hay una palabra en el diccionario que se usa tanto como *beamonesco*. La palabra en cuestión es *micawberismo* y probablemente no tienes idea de lo que significa, a menos que domines la literatura inglesa. Está sacada de la novela de Charles Dickens, *David Copperfield*. Uno de los personajes, Wilkins Micawber, tiene un latiguillo: "Algo va a aparecer". A punto de salir de la prisión de deudores, dice: "No tengo dudas de que, por favor, cielo, comenzaré a estar más de antemano con el mundo y a vivir de una manera perfectamente nueva, si, en resumen, surge algo".[6]

Compara esto con aquello.

Tengo un amigo llamado Marcus Bullock que cometió varios errores cuando era adolescente. Marcus robó un auto cuando tenía quince años; cuando era adulto fue procesado y pasó las siguientes ocho noches en la cárcel. Pero él tomó la actitud contraria a Micawber. Leía libros. Aprendió lenguaje informático. Marcus fue liberado cuando tenía veintitrés años, pero le costó mucho conseguir empleo por sus antecedentes penales.

Se presentó a cuarenta y un empleos. Cuando le preguntaban si había cometido algún delito, él respondía con sinceridad. Finalmente se presentó a uno donde le preguntaron si había cometido algún delito en los siete años previos. Él había estado en prisión ocho años, así que no mintió cuando dijo que no. Consiguió trabajo en una pinturería, y se valió de eso para crear su propia empresa contratista.

Marcus es en la actualidad el fundador de Flikshop, una compañía que ayuda a las familias a enviarles postales a sus seres queridos en prisión.[7] ¿Por qué? Porque fueron las tarjetas que su madre le enviaba lo que lo ayudó a mantener la salud mental en la cárcel. Esas fotos ajustaron el reloj. ¿Cómo? Ella le envió una fotografía de una hamburguesa y le escribió: "Un día comerás esto cuando estés afuera". Luego le envió una foto de un colchón mullido y le puso: "Un día dormirás en uno de estos".

Hablando de manera objetiva, esas imágenes pueden no ser tan espectaculares como el Waldorf Astoria, pero son igualmente importantes. Y cumplen la misma función. Ellas le ayudaron a Marcus a quitarse la gorra y ajustar el reloj. Lo mantuvieron enfocado —en salir de la prisión— mirando al primer plano.

Hay dos clases de personas en el mundo: los que dejan que las cosas sucedan y los que hacen que las cosas sucedan. Están los que encuentran el tiempo y los que se hacen el tiempo. Están los que desperdician el tiempo y los que ajustan el reloj. ¿Eres Micawber? ¿O eres Marcus?

Hay un viejo refrán que dice: "El tiempo es dinero". ¿Cuál de los dos gastas con más cuidado: el tiempo o el dinero? ¿La verdad? Muchos de nosotros perdemos mucho tiempo, así que hagamos un pequeño monitoreo. El promedio de vida es setenta y nueve años, lo cual equivale a 28,835 días. La mayoría de las personas gastan en promedio veintiséis años en la cama y un adicional de siete años tratando de dormir. ¿Cuál es mi consejo? ¡Cómprate un buen colchón! Pasamos 4,821 días de nuestra vida trabajando; 4,127 mirando las pantallas; 1,583 días comiendo y 368 días socializando. ¿Un dato curioso? ¡Pasamos 115 días riendo![8]

Según los investigadores de la Universidad de California, el trabajador promedio es interrumpido cada once minutos.[9] Esos mismos empleados recuperaban la concentración después de veinticinco minutos. Saca cuentas y eso se suma a un problema de concentración. Claro que algunas de esas interrupciones eran autoinfligidas. Lo repito, ¡revisamos nuestro teléfono noventa y seis veces al día! ¿Sabías que tu celular tiene una función de "no molestar"? Tómalo o déjalo.

Parte del gerenciamiento del tiempo es identificar en dónde se nos fuga. Son las higueras estériles que tienes que maldecir. Reuniones innecesarias que producen una fuga de energía. Un número abrumador de correos electrónicos que te hacen sentir que te estás hundiendo en arenas movedizas. Una falta de prioridades que termina en más compromisos de los que puedes cumplir. La mayoría de nosotros somos culpables de todos estos cargos.

El salmista dijo: "Enséñanos a contar bien nuestros días".[10] Ese principio tiene muchas aplicaciones. Si quieres que cada día valga, cuenta los días. Una forma en que yo lo hago es numerando los días que estuve sin usar el inhalador. Como relaté en *Sácale jugo al día*, Buzz Williams contaba el número de días desde que obtuvo su posición como entrenador. Cualquiera sea el hábito que estás tratando de crear o de romper, contar los días ayuda a mantener un registro de la racha ganadora.

¿CÓMO LO TRANSFORMAS EN UN HÁBITO?
¡Llevando el control de tu tiempo!

A menudo me preguntan cuánto tiempo me lleva escribir un libro. No hay una respuesta fácil, especialmente si contamos la lectura previa de investigación. Pero déjame aplicar la ingeniería inversa a mi proceso. Yo utilizo mi fecha de cumpleaños, el 5 de noviembre, como fecha de inicio. Y tomo la final del Súper Tazón como fecha de culminación. En general encierro esa temporada de escritura en un paréntesis, que consiste en un retiro de tres días al principio y al final. Todavía uso mi sombrero de pastor, pero en esos tiempos enseño menos y no agendo reuniones que no estén relacionadas con NCC. Uso un promedio de cuatro días por semana para escribir, y separo doce horas de escritura en esos días. Eso suma unas quinientas cincuenta horas escribiendo. Por supuesto, eso no incluye la lectura ni la investigación.

Déjame agregar un ingrediente más a la mezcla. Durante la temporada de escribir, pongo mi despertador un poco más temprano en la mañana. No es fácil levantarse antes de la salida del sol, pero así es como hago las cuentas. Yo lo veo de este modo: los libros que escribo son mi forma de pasar cinco o seis horas con todos, en cualquier momento y cualquier lugar. *El hacedor de círculos* es mi libro más vendido. Si multiplicas el número de ejemplares vendidos por el promedio de tiempo de lectura, eso da unos 1,741 años. Eso es casi dos milenios de tiempo de lectura, lo cual es una muy buena recompensa por una inversión de quinientas cincuenta horas. ¡Sacar las cuentas me motiva a levantarme temprano!

Me ayuda a establecer prioridades y límites. Sacar cuentas es más que una acción sabia del Jedi; ¡es buena mayordomía!

Todos nosotros negociamos nuestro tiempo por algo. Cambiamos tiempo por un pago mensual. Cambiamos tiempo por relaciones. Cambiamos tiempo por experiencias que acumulamos. Además de identificar las higueras estériles, ¡tienes que identificar los árboles de dinero! Con árboles de dinero me refiero a las cosas que producen mayor retorno en términos de inversión de tiempo. Para mí, una de ellas es escribir.

Hay un viejo refrán que dice: "Un lugar para cada cosa y cada cosa en su lugar". Lo mismo es cierto respecto del tiempo. Por eso asigno diferentes días para diferentes propósitos. El martes es mi día de reuniones. Los miércoles y jueves son días de estudio si predico. El lunes es mi día de descanso, mi Sabbat. No es una ciencia perfecta, te lo aseguro. Y soy interrumpido como todos los demás. Pero asignarle a ciertos días ciertas funciones me coloca en la mentalidad correcta y me ayuda a enfocarme en la tarea que tengo entre manos.

Si reviso mi correo electrónico muy temprano en la mañana, siento que eso es todo lo que hago a lo largo del día. Claro, hay días en los que necesito vaciar mi bandeja de entrada para despejar mi mente. Pero también trato de limpiar mi calendario. Eso me permite seguir diferentes ideas, cualquiera sea el contratiempo que se me presente. Durante una temporada de escribir, convierto esos desvíos en capítulos.

Todos manejamos nuestro tiempo de manera distinta, pero hay un común denominador entre aquellos que terminan las cosas: la intencionalidad. No malgastan el tiempo. Ellos lo invierten como si fuera su tesoro.

¡Saca cuentas!

DÍA 26

JUEGA A LARGO PLAZO

Para el Señor un día es como mil años,
y mil años como un día.

2 Pedro 3:8

El 31 de diciembre de 1759, Arthur Guinness abrió una fábrica de cerveza en Dublín, Irlanda. Halló una propiedad de cuatro acres (1.7 ha) en St. James Gate, la entrada occidental del país. Ese era el sitio de la feria anual, donde la variedad ale era la más vendida. Pero había otro factor que Guinness tuvo en cuenta. Sabía que los planificadores urbanos tenían intención de construir el Gran Canal adyacente St. James Gate, lo cual le brindaría a su fábrica de cerveza una vía marítima integrada.

Guinness tenía buen ojo para las oportunidades (y debe haber tenido una facilidad para la negociación también). ¡De algún modo se las arregló para asegurarse un contrato de alquiler por nueve mil años![1] Leíste bien. Ese debe haber sido un nuevo récord mundial Guinness, en todo el sentido. Arthur Guinness entregó cien libras esterlinas como anticipo y arregló pagar cuarenta y cinco libras al año.

Déjame hacerte una pregunta obvia: ¿quién firma un contrato por nueve mil años? La respuesta simple es alguien que juega a largo plazo. Dicho sea de paso, Guinness es más viejo que los Estados Unidos. Cuando se trata de tomar decisiones, él empleaba esta política: "considerar el largo plazo y actuar rápidamente".[2]

Esa moneda de dos caras es una buena regla de oro, hablando de ajustar el reloj. Necesitamos tener la mirada puesta en las metas de largo alcance. Pero también precisamos actuar con rapidez, actuar de forma decisiva. A la hora de crear o quebrar hábitos, tienes que aprovechar el momento indicado. La motivación es una forma de energía. Como tal, tiende a disiparse con el tiempo. Por eso es que tu vida necesita tener metas que requieran toda la vida para alcanzarlas, porque te fuerzan a ajustar el reloj al pensar en lo lejano.

¿Cómo juegas a largo plazo?

Si quieres soñar en grande, tienes que comenzar por lo pequeño, poco a poco. Ese fue el desafío del día 18. El desafío que tenemos hoy, día 26, es pensar a largo plazo. Cuanto mayor sea el sueño, más va a costar alcanzarlo. Así será. Como siempre digo, ve por lo grande o márchate a casa.

Uno de los mejores ejemplos de pensar a largo plazo es el misterioso bosque de robles que puebla la isla sueca de Visingsö. Su origen se desconoció por muchas décadas. En 1980, la armada sueca recibió una carta del departamento forestal reportando que la madera para sus barcos estaba lista. La marina no sabía que hubieran pedido madera alguna, porque la orden había sido emitida en 1829. Ese fue el año en que el Parlamento sueco votó por plantar veinte mil árboles en Visingsö y protegerlos para la armada.[3]

Que conste, el único objetor fue el obispo de Strängnäs. Él no dudaba que para fin del siglo XX habría guerras, pero creía que los barcos debían construirse con otros materiales. ¿Cuál es la moraleja de la historia? Que necesitamos pensar a largo plazo, pero también necesitamos pensar distinto.

Déjame hacer un pequeño recordatorio en este punto: el tiempo es un constructo humano. "Para el Señor un día es como mil años, y mil años como un día", dijo el apóstol Pedro.[4] Eso no tiene sentido dentro de las cuatro dimensiones del tiempo y el espacio, pero Dios no existe dentro de las dimensiones espaciotemporales que Él creó. Con Él no hay pasado ni presente ni futuro. Dios está aquí, allá y en todas partes al mismo tiempo. Es el Dios Altísimo, el Anciano de días, el Eterno ahora.

La creación fue la manera de Dios de ajustar el reloj, el *chronos*. La eternidad es el tiempo *kairós*. Pensamos en el cielo como el destino en tiempo futuro, pero el cielo está invadiendo la tierra aquí y ahora. La eternidad está invadiendo el tiempo, cada segundo de cada minuto de cada hora de cada día.

Nosotros contamos hacia adelante, pero Dios cuenta hacia atrás. Nosotros vivimos nuestra vida hacia adelante, pero Dios obra hacia atrás. ¿Recuerdas el día de Pentecostés? Dios derramó su Espíritu al décimo día en que los discípulos estaban reunidos en el aposento alto.[5] Los discípulos estaban contando hacia adelante, pero Dios lo hacía para atrás: 10, 9, 8, 7, 6, 5, 4, 3, 2, 1.

Teleología es una palabra sofisticada para decir filosofía. Es el segundo hábito de la gente altamente efectiva: comenzar con el fin en mente.[6] Así es Dios. Así es como Él lo hace. Para nosotros, la flecha del tiempo se mueve en una sola dirección, pasado, presente, futuro. Luego Jesús apareció y dijo: "De cierto, de cierto os digo: "Antes que Abraham fuese, yo soy".[7] Espera... ¿qué? Él ajusta el reloj de una manera muy diferente a la nuestra. Dicho de manera sencilla, Dios va a contrarreloj.

Hay momentos en las Escrituras en que Dios ajusta el reloj de una manera única. Él hizo que el sol y la luna se detuvieran sobre el valle de Ascalón. Hizo volver el tiempo atrás para el rey Ezequías (la sombra del reloj solar retrocedió diez grados).[8] Mi ejemplo preferido es un poco menos misterioso, pero no menos milagroso. Antes de que los israelitas comenzaran a dar vueltas alrededor de Jericó, Dios dijo: "Yo te he entregado Jericó, con su rey y sus soldados".[9]

El tiempo verbal no tiene sentido porque todavía no había ocurrido, ¿correcto? Debería estar en tiempo futuro, pero el verbo que

Dios empleó revela una secuencia sagrada. Dicho de otro modo, todo es creado dos veces. La primera creación es interna. Es cuestión de la mente sobre la materia. Eso es especialmente cierto cuando se trata de formación de hábitos. La segunda creación es física.

¿Recuerdas la caminata de oración de 4.7 millas (7.5 km) que hice alrededor del Capitolio? Fue una especie de marcha de Jericó. Veinticinco años más tarde, tenemos media docena de propiedades en ese círculo de oración, incluyendo una manzana que fue construida como la cochera del astillero naval en 1891. Yo no tenía una categoría para orar por una manzana cuando lo hice. Y definitivamente no tengo una categoría para los veintinueve millones de dólares que decía el precio. En ese tiempo, teníamos menos de veinte personas y nuestro ingreso mensual como iglesia era de dos mil dólares.

Adivina qué: la oración es escribir la historia antes de que suceda. Es una forma de ajustar el reloj. No es coincidencia que firmamos el contrato de esa propiedad dieciocho años después del día de la caminata de oración. Eso es providencia. De hecho, daré el siguiente paso. Dios firmó el contrato futuro de esa propiedad el día en que la rodeamos en oración.

Jugar a largo plazo tiene que ver con obediencia en la misma dirección; con hacer cosas que marcarán la diferencia mucho después de que nos hayamos marchado. Y no tienen que ser cosas grandes. Una vez más, es comenzar poco a poco y pensar a largo plazo.

En 1964, Dick Foth era un estudiante graduado de la Universidad Wheaton que estaba trabajando en su tesis. Él ahora se ríe porque el título era muy largo: "Una investigación exploratoria de la transición de misionero a nacional en la administración de los institutos bíblicos de América Latina". No hace falta aclarar que no hay muchos libros sobre el tema. Su profesora y tutora de tesis, Lois LeBar, le preguntó si él y su esposa Ruth asistirían a la Conferencia Urbana de InterVarsity como parte de su investigación primaria. Dick le dijo que no, que no podía pagarlo. Lois LeBar se excusó, se dirigió a otra sala, y regresó con cinco billetes de veinte dólares.

Más de medio siglo después, Dick se emociona pensando en ese momento: "Esa ofrenda cambió por completo el curso de mi vida". Cambió totalmente la mía también, y te lo contaré en un momento. Luego Dick añadió de manera risueña: "Y no estoy exagerando, porque a veces yo exagero un poco". No pude evitar oír a Ruth riéndose en el fondo. Gracias a esos cien dólares, Dick y Ruth pudieron asistir a Urbana. Dieciocho meses después, regresarían a Urbana, Illinois, para plantar una iglesia.

Permíteme conectar los puntos: A-B-C-D. Si Lois LeBar no les hubiera dado esa ofrenda, ellos no habrían plantado la Iglesia Urbana de las Asambleas de Dios. Si no hubieran formado esa iglesia, no habría conocido a mi suegro y colega en la plantación de iglesias, Bob Schmigdall. Si no hubiera conocido a mi suegro, yo nunca habría conocido a Dick Foth. ¿A qué quiero llegar? Lois LeBar cambió mi vida cambiando la de Dick. Yo soy un beneficiario secundario de su generosidad. No solo Dick y Ruth Foth fueron parte de nuestro equipo original de diecinueve personas, sino que él ha sido también un amigo, mentor y padre espiritual para mí por más de veinte años.

Nunca sabes cómo una ofrenda de cien dólares puede cambiar el curso de la historia. Pero hay algo de lo que estoy muy seguro: tu legado no es lo que tú logras. Tu legado es lo que otros logran por causa de ti.

Mi versículo lema es Efesios 2:10, "Porque somos hechura de Dios, creados en Cristo Jesús para buenas obras, las cuales Dios dispuso de antemano a fin de que las pongamos en práctica".[10] ¿Lo tienes? Las buenas obras que estás destinado a realizar ya están preparadas. ¡Dios te está organizando! ¡Dios está contando hacia atrás! De allí es de donde viene la confianza santa. Eso redefine lo que significa imaginar la recompensa.

¿CÓMO LO TRANSFORMAS EN UN HÁBITO?
¡Haciéndolo como un juego!

Romper los malos hábitos es algo serio. Sin embargo, no puedes permitirte olvidar la teoría de la diversión. No importa lo difícil que te resulte crear o romper un hábito, tienes que agregar un elemento de diversión. ¿Cómo? Conviértelo en un juego.

El 6 de junio de 1985, Joe Simpson y Simon Yates salieron rumbo a la cumbre de Siula Grande. Con una altura de 20,814 pies (6,345 m) es considerada la montaña más alta del hemisferio sur. Nunca nadie había escalado su cara oeste, hasta que Simpson y Yates lo hicieron. Por supuesto, todo el que sube a una montaña tiene que bajar, y ahí es donde ocurre el 80% de los accidentes de escalada.

La mañana del 8 de junio Simpson se resbaló en el hielo, cayó 1,500 pies (457 m) dentro de una grieta y se quebró la pierna. Parecía una sentencia de muerte, porque los equipos de rescate no podían llegar hasta él. Para la mayoría de las personas aquí se habría terminado el juego. Pero Joe Simpson estaba cortado por la misma tijera que Chris Nikic y Chris Norton: retroceder nunca, abandonar jamás.

Después de usar su soga de escalar para descender más profundamente en la grieta, Simpson de alguna manera encontró una salida. Se las arregló para escalar sobre una pierna los 130 pies (40 m) a un ángulo de 45°. ¿Recordé mencionar que tenía los dedos negros por congelamiento? Incluso después de escapar de ese ataúd de hielo, tuvo que andar seis millas hasta el campamento base. No podía sentir los dedos, y la pierna le latía del dolor. Pero Joe Simpson logró sobrevivir.

"En la situación más peligrosa, más amenazante posible", dijo el autor Eric Barler, "él hizo la cosa más loca del mundo". ¿Qué fue? "Hizo un juego. Comenzó a ponerse metas: ¿Puedo llegar al glaciar en veinte minutos?".[11] Eso suena como la pregunta que atraviesa todo este libro, ¿no es cierto? ¿Puedes hacerlo por un día?

Joe Simpson se las arregló para escalar, arañar y reptar todo el camino hasta la base del campamento. ¿Cuál fue su mantra? "Sigue jugando el juego".[12] Convertir las situaciones difíciles en un juego puede sonar trivial, pero es una forma poderosa de mantener la perspectiva. No puedes usar los obstáculos como excusa, ¡tienes que usarlos como motivación!

Caer desde una altura equivalente a quince pisos no es divertido. Es de vida o muerte. Pero convertir la situación en un juego es un truco mental metacognitivo que solo los humanos somos capaces de hacer. ¿Recuerdas el día 10 y la idea de la reevaluación cognitiva? Esto es lo mismo, y es increíblemente importante en situaciones de crisis. A los niños les resulta natural la reevaluación cognitiva. O si no, ¡pregúntales a sus amigos imaginarios! Cuando se aburren, imaginan realidades alternativas como hacer un tiro en el último segundo de un campeonato.

Hacer de ello un juego es combinar muchos hábitos: cambiar el guion, abrazar la ola, tragarse el sapo y ajustar el reloj. Yo sé que jugar con el sistema no tiene connotaciones muy positivas, pero déjame redimir la frase. En *Sácale jugo al día*, conté la historia Frank Laubach y "el juego de los minutos".[13] Él aprovechaba el tiempo convirtiéndolo en un despertador. ¿Cuál era su objetivo? Pensar en Dios cada minuto de cada hora de cada día.

Yo sé que a veces sentimos las disciplinas espirituales como tareas. ¿Por qué no jugar con el sistema? ¿De qué modo? Interrumpiendo el patrón e imaginando la recompensa. Trato de leer la Biblia de tapa a tapa todos los años. Cambio la rutina cambiando las traducciones. ¿Por qué lo hago? Porque mi posesión más preciada es

una Biblia Thompson de Referencia Cruzada de 1934 que pertene-
ció a mi padre. Mi objetivo es tenerla bien leída y marcada para de-
jársela a mis hijos y, Dios mediante, a mis nietos y bisnietos.

Puedes jugar con el sistema cambiando las posiciones en la
oración.

Puedes jugar con el sistema ayunando de otras cosas además
de comida.

Puedes jugar con el sistema escribiendo un diario de gratitud.

Si has perdido algún pequeño momento en este desafío de
treinta días, ¡juega con el sistema! Agrégale un elemento divertido. Si estás sacándole el jugo, querrás subir la apuesta añadiendo
un grado de dificultad.

¡Juega a largo plazo!

HÁBITO 7 – SIEMBRA LAS NUBES

Siembra hoy lo que quieres ver mañana.

El 13 de noviembre de 1946, un aeroplano de una hélice despegó del aeropuerto Schenectady con una carga singular: seis libras (2.7 kg) de hielo seco. El piloto era un químico llamado Vincent Schaefer, quien había estado llevando a cabo experimentos clandestinos en la Casa de la Magia, el laboratorio de investigaciones de General Electric.

Previo a este vuelo histórico, Schaefer había estado usando un congelador enfriado a temperaturas bajo cero para crear nubes, usando su aliento como condensador. Luego sembró esas nubes artificiales con la forma sólida de dióxido de carbono. Ese hielo seco catalizó una reacción química que provocó que se formaran cristales de nieve en el congelador.

A los pocos meses, era hora de una prueba de campo. Schaefer alquiló el aeroplano mencionado, voló dentro de un cúmulo de nubes y echó el hielo seco. Los testigos oculares en la tierra aseguran que pareció que la nube iba a explotar. La nevada posterior fue visible a cuarenta millas (64.3 km) de distancia. La publicación *GE Monogram* tuvo un poco de diversión con el hallazgo de Schaefer: "Schaefer hizo que nevara esta tarde sobre Pittsfield. ¡La semana próxima caminará sobre el agua!".[1]

El sembrar las nubes es una maravilla de la ciencia moderna, pero la idea es tan vieja como el profeta Elías. No había llovido por tres años en Israel cuando Elías ascendió al Monte Carmelo, se arrodilló en tierra y sembró las nubes con oración siete veces.[2]

El número siete no pasa desapercibido. Es el número de días que Israel rodeó a Jericó. Es el número de veces que Naamán se sumergió en el río Jordán.[3] El número siete puede no ser mágico, pero es bíblico. Indica completitud, y a mí me genera estas preguntas: ¿Qué hubiera pasado si Elías hubiera orado solo seis veces? ¿Qué si los israelitas hubieran detenido su marcha en la vuelta número seis? ¿Qué si Naamán se hubiera dado solo seis chapuzones? La respuesta es obvia: se hubieran perdido el milagro justo antes de que ocurriera.

No tengo idea de qué hábito estás tratando de crear o romper, pero lo que sé es esto: ¡es demasiado pronto para darse por vencido! Tal vez hayas tenido algunas complicaciones con este desafío de treinta días. Los mejores jugadores de béisbol del planeta logran un tiro exitoso cada tres veces. Al mirar juntos este último hábito, espero que te fortalezca, incluso que puedas redoblar ese hábito diario.

Escribí *El hacedor de círculos* hace casi una década. El libro toma su título de un sabio de la antigüedad llamado Honi, el hacedor de círculos, que tenía una unción similar a la de Elías. En el primer siglo antes de Cristo hubo una sequía devastadora, algo parecido a la que hubo en los días de Elías. Cuando la gente le pidió a Honi que orara por lluvia, él tomó su báculo y dibujó un círculo en la arena. Se arrodilló dentro del mismo e hizo esta oración: "Señor soberano, juro ante tu gran nombre que no dejaré este círculo hasta que tengas misericordia sobre tus hijos".[4] Cuando subió esa oración, la lluvia descendió. Fue una oración que salvó a una generación, ¡la generación anterior a Jesús!

De acuerdo con el Talmud, Honi, el hacedor de círculos, estaba cautivado por una línea de un versículo de las Escrituras, del Salmo 126:1, que dice: "Cuando el Señor hizo volver a los cautivos de Sión, éramos como los que sueñan".[5] Esa línea, "éramos como los que sueñan", le provocó una duda con la que Honi luchó toda su vida:

¿Es posible que una persona sueñe de manera continua durante setenta años?[6]

Los estudios longitudinales, que se realizan a lo largo de un tiempo, muestran que cuando envejecemos el centro cognitivo de gravedad tiende a cambiar del hemisferio derecho del cerebro al izquierdo. Esto es una simplificación extrema, pero el hemisferio izquierdo es el epicentro de la lógica, mientras que el derecho es el de la imaginación. Esa tendencia neurológica plantea un problema: en cierto punto, la mayoría de nosotros deja de vivir por la imaginación y comienza a vivir por la memoria. Dejamos de crear el futuro y comenzamos a repetir el pasado. Dejamos de vivir por fe y comenzamos a vivir por la lógica. Ahí es cuando dejamos de vivir y comenzamos a morir, pero eso no tiene que ser de ese modo.

Sembrar las nubes tiene que ver con la imaginación profética. ¿Recuerdas el día 14? Es vivir como si fuéramos a morir mañana, pero soñar como si fuéramos a vivir para siempre. Sembrar las nubes es imaginar mañanas por nacer, pero no es hacer castillos en el aire. Es obediencia sostenida en la misma dirección. Es hacer las cosas hoy que marcarán una diferencia en cien años a partir de ahora. ¡Es dejar un legado que perdure después de nosotros!

Desde 1934 a 1961 un historiador británico llamado Arnold Toynbee publicó una colección de historia de doce tomos que abarca el levantamiento y la caída de diecinueve civilizaciones. Hay una pregunta que los historiadores han debatido por mucho tiempo y es: "¿Todas las civilizaciones siguen un patrón predecible, un ciclo vital de nacimiento, crecimiento, deterioro y muerte? ¿O es posible que una civilización que está decayendo experimente un renacimiento?". Toynbee creía que una civilización podría experimentar un renacimiento, pero la clave es algo que él llamó "la minoría creativa".[7]

Según él, el colapso de una civilización no ocurre debido a ataques externos. La desintegración de una civilización es causada por el deterioro de esta minoría creativa. ¿Y qué es la minoría creativa? Toynbee citó a la iglesia como ejemplo, pero es cualquier minoría que responde de manera creativa a la crisis. ¿Cómo? Con imaginación profética. Con una determinación revolucionaria. Con gracia y coraje.

Una advertencia final: las minorías creativas se deterioran cuando se rinden culto a sí mismas.[8] En otras palabras, dejan de crear el futuro y comienzan a repetir el pasado. Al hacerlo, se convierten en prisioneras de su propio pasado.

En palabras de R. T. Kendall: "La gran oposición a lo que Dios está haciendo hoy viene de aquellos que estuvieron a la vanguardia de lo que Dios estaba haciendo ayer".[9] Eventualmente los odres nuevos se vuelven odres viejos. Tan pronto como dejas de soñar, comienzas a morir. Tan pronto como dejas de crecer, comienzas a atrofiarte. Tan pronto como dejas de aprender, empiezas a volver a los malos hábitos.

¡Es hora de sembrar las nubes!

DÍA 27

SE NECESITA UN EQUIPO

¡La cuerda de tres hilos no se rompe fácilmente!
Eclesiastés 4:12

En 1468, un muchacho de catorce años llamado Leonardo, de una ciudad llamada Vinci, se mudó setenta millas (112.6 km) al este para ser aprendiz de un artista llamado Andrea del Verrocchio. Florencia, en Italia, no era una gran ciudad, solo tenía unos cuarenta mil habitantes. Pero había una gran concentración de creativos. Había más talladores de madera que carniceros (ochenta y tres, para ser precisos). Florencia era una ciudad de artistas, y las incubadoras eran colaboraciones creativas llamadas talleres. Florencia estaba orgullosa de tener cincuenta y cuatro talleres. Uno de ellos era el de Verrocchio. ¿Algo interesante? Muchas de las piezas que se producían en estos talleres durante el Renacimiento no tenían firma, porque no eran obras de algún artista en particular.

El arte era un trabajo en equipo. ¡Así también es la formación de hábitos! Necesitamos gente en nuestra vida que crea en nosotros más que nosotros mismos. ¿Recuerdas a Bob Beamon? Él usó la fe de Ralph Boston por seis segundos y voló veintinueve pies con dos pulgadas y media por causa de ella. Diana Nyad tomó la fe de su padre y cruzó a nado el estrecho de Florida. Marcus Bullock se valió de la fe de su madre, cumplió su sentencia y lanzó Flikshop.

Necesitamos personas que nos impulsen a traspasar nuestros límites. También necesitamos gente que nos haga reaccionar cuando sea necesario. ¿Por qué? "El hierro se afila con el hierro, y el hombre en el trato con el hombre".[1] La fricción de la competición es un ejemplo. El pulido de la amistad es otro.

El objetivo de este libro es ayudarte a descubrir tu potencial. Tal vez debería haber mencionado esto al comienzo: no puedes hacer todo solo. La formación de hábitos es una tarea de equipo. No estoy sugiriendo que acudas a los amigos como una tabla de salvación, pero las amistades deben tener algo de intencionalidad. ¿En qué te quieres convertir? ¡Pasa tiempo con esa clase de personas! David tenía sus hombres fuertes. Eliseo tenía la compañía de los profetas. ¡Hasta Jesús tuvo a sus doce discípulos! Si estamos siguiendo el ejemplo de Jesús, nos rodearemos de personas cuidadosamente elegidas en oración. ¿Cuál es la enseñanza? Se necesita un equipo para hacer realidad un sueño.

Después de haber estado cuatro años como aprendiz, Leonardo da Vinci continuó en el taller de Verrocchio. Pasó una década aprendiendo del maestro artista. Verrocchio y Leonardo trabajaron juntos en una pieza llamada *El bautismo de Cristo*. ¡Googléalo! Hay dos ángeles en esa pintura: el de la derecha es el ángel de Verrocchio y el de la izquierda el de Leonardo. Yo no soy artista ni tampoco historiador, pero el consenso general dice que el de Leonardo es más angelical. De hecho, Verrocchio quedó tan asombrado por el ángel de Leonardo que "decidió que nunca más tocaría un pincel". ¡El estudiante se convirtió en maestro![2]

Eso nos lleva a la siguiente pregunta: "¿quién era el genio mayor? ¿Verrocchio o Leonardo?". Si es cuestión de puro talento artístico, la respuesta es Leonardo, sin lugar a duda. Pero hay una clase de genio que puede descubrir a otro genio. ¿Acaso Jesús no fue de ellos? Él vio en sus discípulos el potencial que nadie más veía. Sin el genio capaz de detectar a otros genios, un montón de ellos quedarían enterrados. El potencial queda sin ser descubierto, los talentos se desperdician y las oportunidades quedan tendidas sobre la mesa.

Los artistas necesitan a otros artistas. Los líderes necesitan a otros líderes. Los entrenadores necesitan entrenadores. ¡Hasta los que hacen salto largo necesitan a otros saltadores! Me detendré aquí, pero quiero que sepas que no hay excepciones. ¿Recuerdas a Ed Catmull? Si él no hubiera comenzado un taller llamado Pixar, el talento colectivo de todos esos animadores y contadores de historias habría quedado sepultado.

Como líder tienes que ver el ecosistema que cada persona representa. Cuando me junto con un líder, no solo estoy invirtiendo tiempo en él, sino también en su organización. Cuando paso tiempo con un entrenador, estoy invirtiendo en su equipo. Cuando paso tiempo con un padre, estoy invirtiendo en sus hijos. Incluso hasta saco las cuentas a veces. He tenido reuniones con personas que dirigen empresas, y también con gente que lidera naciones. En un sentido, me estoy juntando con cada persona a la que ellos representan. Esa mentalidad le agrega valor al tiempo invertido, y tiene una reacción en cadena de tipo dominó.

En mi libro, éxito tiene que ver con sucesión. Nos paramos sobre los hombros de la generación que nos precedió, y le devolvemos el favor pasando el testigo. En el éxito de Broadway, *Hamilton*, están estas líneas que adoro: "Legado. ¿Qué es un legado? Es plantar semillas en un jardín que nunca llegarás a ver".[3]

Nunca conocí a Lois LeBar, la profesora que hizo una inversión de cien dólares en Dick y Ruth Foth, pero ella es una accionista en todo lo que Dios hace en y a través de la NCC. ¿Por qué? Porque Dick Foth reinvirtió los dividendos de su generosidad en mi vida.

He tenido el privilegio de pastorear la NCC por un cuarto de siglo ya, pero todavía soy un pastor interino. Todos nosotros somos líderes de transición. Todos nosotros pasaremos el testigo más tarde o más temprano. ¿Estás preparando a la próxima generación? ¿Quién es tu Eliseo? ¿A quién le estás pasando el manto?

¡Sembramos las nubes haciendo discípulos! Esa es la cuarta dimensión del discipulado: discipula a otros de la manera en que tú fuiste discipulado.

Cuando Diana Nyad nadó hacia las orillas de Key West dijo: "Nunca, jamás, debes rendirte (...). Nunca eres demasiado viejo para perseguir tu sueño". Luego expresó algo que yo omití hasta ahora: "[La natación] parece ser un deporte solitario, pero requiere de un equipo".[4] Nyad tenía un equipo de treinta expertos, incluyendo médicos, oceanógrafos, meteorólogos y científicos expertos en tiburones, sin mencionar a su familia y amigos. Una vez más: se necesita un equipo para cumplir un sueño.

Es bien sabido que Alex Haley, autor del libro ganador del Premio Pulitzer, *Raíces*, tenía en su oficina una foto de una tortuga sobre un poste. ¿Por qué? "Cada vez que veas una tortuga en un poste", dijo Haley, "sabrás que alguien la ayudó".[5] Cada vez que Alex se sentía tentado a llevarse el crédito por sus logros, giraba su silla y miraba la tortuga. Dicho de otro modo, tus bendiciones son el producto del sacrificio de alguien más. Si no lo crees, entonces no has conectado los puntos.

Al final de la epístola a los romanos, el apóstol Pablo compartió una lista de quién es quién, que incluye unos veinte nombres. Febe, Urbano, Andrónico, Olimpas, Erasto, Cuarto. Para nosotros es tan aburrido como la lista de los "engendrados" en Génesis, pero para Pablo esas personas eran su mundo. Eran sus mejores amigos, sus confidentes. Ellos fueron los que arriesgaron su vida por él. ¡Este era el equipo de lujo de Pablo!

¿Quién está en tu lista de Romanos 16?

¿Cuándo fue la última vez que les agradeciste?

El autor y emprendedor Jim Rohn es famoso por decir que nosotros somos el promedio de las cinco personas con las que más tiempo pasamos. ¿Puedo subir la apuesta a doce? Seamos sinceros: los discípulos no eran los mejores según los estándares populares.

Eran ordinarios en todo sentido, excepto en uno: ¡que pasaron tres años con Jesús! Estaban sentados en primera fila cada vez que Jesús contaba una parábola o hacía un milagro. Bebieron del agua convertida en vino. Comieron de los cinco panes y dos peces que alimentaron a miles. ¡Por tres años hicieron excursiones, acamparon y pescaron juntos!

¿Recuerdas cómo clasificó el Sanedrín a los discípulos? Los llamó "sin estudios ni preparación". Es cierto, ellos pueden no haber tenido credenciales académicas, pero los del Sanedrín "reconocieron que habían estado con Jesús".[6] Eso era su ADN (asombrosa y notable diferencia).

Nuestra pastora de oración, Heidi Scanlon, no tiene compañeros de responsabilidad. Ella tiene compañeros de "expectabilidad". ¡Me gusta ese lenguaje! A menudo, los compañeros de responsabilidad se enfocan mucho en la forma en que lidiamos con el pecado. Claro que precisamos gente que nos ayude a mantenernos en ciertas normas. Pero también necesitamos personas que esperen y hagan salir lo mejor de nosotros. Esa gente nos lleva a un nivel más alto. Un compañero de expectabilidad te hace esta pregunta: "¿Qué estás esperando de parte de Dios?". Y esas expectativas santificadas necesitan ir más allá de nuestra habilidad y de nuestros recursos.

Si te rodeas de malos ejemplos, es difícil no incorporar sus malos hábitos. Según la ciencia de las redes sociales, si un amigo tuyo se vuelve obeso, es 45% más probable que tú engordes en los próximos dos a cuatro años.[7] Por supuesto que lo contrario también es cierto. Tus amigos pueden ayudarte a volverte más saludable. De cualquier modo, esa es una función de nuestras neuronas espejo. Las malas compañías corrompen las buenas costumbres, pero las buenas las santifican.

Una manera de sembrar las nubes es estando en el lugar correcto con la gente correcta. La clave para tu éxito no es solo lo que conoces sino a quiénes conoces. La genialidad a menudo viene en racimos. En el deporte, eso se llama un "árbol de entrenamiento". Hay un árbol de Bill Walsh, un árbol de Bill Belichick y un árbol de Andy Reid. En un sentido, cada uno de esos entrenadores creó una reacción en cadena tipo dominó. Y eso es cierto respecto de cada logro desde los negocios hasta la ciencia.

¿Recuerdas a Dwigh D. Einsenhower? Su clase de último año en West Point se llamaba "la clase en la que cayeron las estrellas". De los ciento sesenta y cuatro graduados de su clase, cincuenta y nueve de ellos alcanzaron el rango de general.[8] ¿Cómo es que el 36% de una clase escala posiciones hasta llegar a ese rango? La respuesta obvia es el tiempo de la Segunda Guerra Mundial, sin dudas. Pero esa clase estuvo a la altura.

Una iglesia es una comunidad de fe cuyos miembros se incentivan unos a otros al amor y las buenas obras.[9] ¿Cómo? Para empezar, ¡el testimonio es profecía! Nosotros recibimos la fe de otros, así como Bob Beamon de Ralph Boston. Somos desafiados por personas tales como Susan B. Anthony, Rosa Parks y Katherine Johnson. Somos convencidos por gente como Chris Nikic y Chris Norton. Una comunidad de fe produce inmunidad de rebaño contra el temor. También desata nuestra creatividad. En un sentido, ¡una iglesia saludable es como el taller de Verrocchio!

¿CÓMO LO TRANSFORMAS EN UN HÁBITO?
¡Escogiendo a tus amigos con sabiduría!

En el mundo de los corredores, la marca de una milla en cuatro minutos era considerada una barrera infranqueable para muchos. Luego el 6 de mayo de 1954, Roger Bannister corrió la milla en tres minutos, cincuenta y nueve segundos y cuatro décimas. Al tiempo de este escrito, la marca de la milla en cuatro minutos ha sido superada 1,497 veces, ¡y el récord mundial se ha bajado más de diecisiete segundos![10]

¿Cómo hizo Bannister para romper esa marca? No lo hizo solo, eso tenlo por seguro. Bannister tenía quien le marcara el paso. Pocas personas recordarán sus nombres: Chris Chataway y Chris Basher. Pero Bannister no habría batido ese récord si no hubiera corrido con ellos. Ellos lo empujaron a traspasar sus límites marcándole el ritmo.

¿Recuerdas nuestra tesis? Casi todos pueden lograr casi todo si trabajan de forma dura, constante e inteligente. Yo lo creo, y Roger Bannister es la evidencia de ello. Necesitas rodearte de la gente correcta que te marque el paso.

Cuando hablamos de crear hábitos, Benjamín Franklin es un prócer. Era fanático de cultivar trece virtudes, al punto de llevar un diario de hábitos, como mencionamos en el día 5. Pero Franklin sabía que no podía alcanzar su potencial solo. ¿Qué hizo entonces? En 1727 formó el Club de Delantales de Cuero, con el propósito de ayudarse mutuamente a mejorar.[11] Era un grupo ecléctico que incluía a filósofos y ebanistas, mercaderes y matemáticos, impresores y agrimensores. Se reunían los viernes por la noche para discutir temas que iban desde la física a la filosofía hasta la política.

Podría citar decenas de grupos como ese. Van desde el Conde Nicholas Ludwing von Zizendorf y su Orden de la Semilla de Mostaza, a Josiah Royce y la Fraternidad de la Reconciliación. Esas minorías creativas formaron comunidades que cambiaron el curso de la historia. El todo es mayor que la suma de sus partes.

Cuando los gansos vuelan en una formación en V, la eficiencia general aumenta en un 71%.[12] No hay nada más que decir. ¿Junto a quién estás volando? ¿Quiénes son los que te marcan el ritmo? ¿Quién te está haciendo esforzar para que pases la regla del 40% que hablamos en el día 3? No hay forma de poder liberar todo el potencial si no te rodeas de la gente correcta, pero iré un poco más lejos. En el inicio de cualquier esfuerzo, tus hábitos cotidianos son la clave de tu éxito. Con el tiempo, la clave del éxito es rodearte de las personas correctas. Ellos te ayudarán a volar más lejos, más rápido.

Hace muchos años yo agregué un elemento relacional a mi lista de objetivos en la vida. ¿Por qué? Porque es más divertido cruzar la línea de llegada juntos, pero eso no es todo. Los que transpiran juntos siguen juntos. Ir detrás de una meta es el pegamento relacional que nos une al futuro de los demás.

¡Se necesita un equipo!

DÍA 28

PROFETIZA TU ALABANZA

¡No sabemos qué hacer!
¡En ti hemos puesto nuestra esperanza!
2 Crónicas 20:12

En la primavera de 1992, la capital de Bosnia estaba siendo sitiada por el Ejército Popular Yugoslavo. El sitio de Sarajevo duraría 1,425 días. El 27 de mayo, civiles inocentes estaban en fila para recibir asistencia social cuando explotó una bomba. La explosión mató a veintidós personas, dejando un cráter en el centro de la ciudad.

Un momento después del estallido, un hombre llamado Vedran Smailóvic corrió a la escena, pero no estaba seguro de qué hacer. Él no era médico. No era bombero ni tampoco soldado. Vedran Smailóvic era el violonchelista principal de la Ópera de Sarajevo. Todo lo que tenía era su violonchelo. Para la mayoría de nosotros la historia habría terminado allí. Dejamos que lo que no podemos hacer nos impida hacer lo que sí podemos.

El día después del desastre, el 28 de mayo de 1992, Vedran Smailović se puso su esmoquin, agarró su instrumento, se subió al cráter, se sentó en una silla carbonizada y tocó Adagio en G Menor de Albioni. Durante veintidós días corridos —un día por cada víctima— el violonchelista de Sarajevo hizo música en los cráteres, los cementerios y los escombros de edificios bombardeados. La ciudad de Sarajevo estaba sitiada por proyectiles y francotiradores, entonces, ¿por qué arriesgar tu vida para hacer música? En palabras de Vedran Smailović: "mi violoncello era mi arma".[1]

¿Y cuál es la tuya?

Sé que suena un poco militar, pero lo cierto es que nacimos en un campo de combate entre el bien y el mal. Hay montones de cráteres a nuestro alrededor. Nosotros no luchamos contra carne y sangre; estamos peleando contra principados y potestades.[2] Pero hay buenas noticias: "Las armas con que luchamos no son del mundo, sino que tienen el poder divino para derribar fortalezas".[3]

Tú estás aquí para un tiempo como este.

Estás aquí para un lugar como este.

Todos nosotros tenemos un superpoder, y lo digo literalmente. Dios "es poderoso para hacer todas las cosas mucho más abundantemente de lo que pedimos o entendemos". ¿Cómo? "Por el poder que obra eficazmente en nosotros".[4] Su poder es tu superpoder, pero hay un truco. ¿Dónde se hace perfecto este poder de Dios? La respuesta es, obviamente, ¡en nuestra debilidad![5] Hablamos sobre esto en el día 1. Dios quiere usar tu mano débil tanto como tu mano fuerte. De cualquier modo, sembramos las nubes parándonos sobre cráteres y tocando música. No solo le damos a Dios sacrificio de alabanza, ¡sino que también profetizamos nuestra alabanza!

En el siglo IX a.C., el rey Josafat se encontraba en una crisis. Los moabitas y amonitas le habían declarado la guerra a Judá. Así como el General McAuliffe en la Batalla de las Ardenas, ellos también estaban rodeados por el enemigo. Josafat llamó a Judá a ayunar, y luego ejerció su autoridad haciendo una oración profética.

"Nosotros no tenemos fuerza suficiente para hacer frente a ese gran ejército que nos ataca", dijo el rey. Él confrontó los hechos, crudos como eran, pero lo hizo con una fe decidida. "¡No sabemos qué hacer; por eso tenemos los ojos puestos en ti!".[6] Cuando Josafat terminó de orar, Jahaziel recibió una palabra de parte de Dios:

"No tengan miedo ni se asusten ante ese gran ejército, porque esta guerra no es de ustedes sino de Dios".[7]

La oración es la diferencia entre tú peleando por Dios y Dios peleando por ti. Lo mismo es cierto con respecto a la alabanza. Cuando doblamos nuestras rodillas en adoración, cuando levantamos la voz para adorarlo, ¡Dios pelea por nosotros nuestras batallas! No alabamos a Dios solo cuando todo sale bien. Cuando sentimos que el mundo se nos cae encima, nos paramos sobre cráteres y cantamos nuestro canto de lamentación. ¿Por qué? Porque todo lo que no transformas en adoración se transforma en orgullo o en dolor.

Presta mucha atención a lo que sucedió después: "Josafat designó a los que irían al frente del ejército para cantar al Señor y alabar el esplendor de su santidad".[8] ¿Se me permite decir algo con toda franqueza? ¡Este parece ser el peor plan de guerra de todos los tiempos! En vez de enviar a los muchachos con escudos, les envía a los sopranos. Por favor, no te pierdas esto: la adoración es un hábito dominó. "Tan pronto como empezaron a entonar este cántico de alabanza, el Señor puso emboscadas contra los amonitas, los moabitas y los del monte de Seír que habían venido contra Judá, y los derrotó".[9]

"Es fácil estar cerca de un cráter producto de un bombardeo y hablar sobre el cráter: cómo llegó allí, quién tiene la culpa y todos los detalles. Lo difícil es pararse en el borde, descender hasta el medio, y decir o hacer algo productivo", afirmó Sara Groves.[10] ¡Estamos llamados a solucionar! Entramos a los cráteres dejados por el dolor y el sufrimiento con esperanza y sanidad. Entramos en los cráteres dejados por la injusticia y levantamos nuestra voz por los que no tienen voz. Entramos en los cráteres dejados por la cultura del ninguneo y ofrecemos una medida extra de gracia.

¿Qué tiene todo esto que ver con formar o quebrar hábitos? En mi experiencia, es más fácil crear hábitos cuando estás haciendo música. ¿Alguna vez miraste una película sin escuchar su banda sonora? Pierde el sentido épico, ¿verdad? En efecto, una película sin su música es bastante aburrida. Así también es la formación de hábitos. Nuestra banda sonora es la alabanza. En efecto, es una de las armas más poderosas en nuestro arsenal espiritual.

No hay nada que el enemigo aborrezca más que nuestra alabanza. ¿Por qué? Porque cuando alabamos, le estamos recordando quién fue él. Lucifer lideraba la alabanza antes de los tiempos. Cuando alabamos, el enemigo quiere estar lejos para no escuchar. Ahora veamos la otra cara de la moneda. La alabanza le recuerda al enemigo quién era él y nos recuerda a nosotros quién es Dios. Cuando adoramos, reflejamos lo que está sucediendo en el cielo ahora mismo. Nos alineamos con el reino celestial, y el cielo invade la tierra. Las sanidades ocurren. La liberación tiene lugar. Hay victoria. ¡La alabanza es el semillero para miles de milagros!

Creo que es seguro decir que los viajes misioneros de Pablo comenzaron una reacción en cadena que puso al mundo antiguo patas para arriba. Fueron el catalizador para casi todas las iglesias que leemos en el libro de los Hechos: Corinto, Éfeso, Filipos. ¿Cuál fue el impulso de esos tres viajes misioneros? ¿Cuándo, dónde y cómo sucedió? La génesis está en estas palabras: "mientras ellos estaban adorando al Señor".[11] Ve al origen de cada movimiento de Dios y encontrarás a alguien alabando con una entrega total.

Cuando miro hacia atrás en mi vida, la alabanza está en el lugar donde ocurrieron las victorias. La semana antes de que Dios sanara mis pulmones, nuestro equipo de alabanza cantó una canción que me hizo caer de rodillas. Yo había pasado una semana sin mi inhalador, y tenía una corazonada de que Dios me había sanado. Entonces cantamos este coro: "Es tu aliento en nuestros pulmones, por eso derramamos nuestra alabanza".[12] Casi no me doy cuenta de lo que decía la letra. No sabía si alguna vez en mi vida había cantado una canción con más fe que esta. No me limité solo a cantar la letra: ¡yo ejercí mi autoridad espiritual!

Hay dos clases de alabanza, y ambas son poderosas. La adoración en pasado es agradecerle a Dios después de que Él hace algo. Ahí es cuando cantamos "Grande es tu fidelidad". Con respecto a esto último, podemos cantar las mismas palabras, pero cada uno de nosotros está cantando una canción diferente. ¿Por qué? Porque la fidelidad de Dios es tan singular como tu huella dactilar. La adoración en futuro es la segunda clase. Es agradecerle a Dios antes de que lo haga. Es profetizar nuestra alabanza por fe.

El 23 de julio del 2000, me hicieron una cirugía de emergencia por una perforación en el intestino y pasé los siguientes dos días con respirador, peleando por mi vida. Bajé veinticinco libras (12 kg) en una semana y así inicié el año más duro en toda mi vida. Podría haber profetizado mi dolor quejándome, pero tomé la decisión consciente de cambiar el guion, abrazar la ola, ajustar el reloj y sembrar las nubes. ¿Cómo lo hice? Alabando y, de ese modo, abriéndome un camino de salida de mi situación tan difícil.

Mientras me recuperaba de la cirugía, escuché una canción de Darrell Evans. Esas líneas se quedaron en mi espíritu: "Cambiaré mi tristeza, cambiaré mi dolor y mi enfermedad, los entregaré por el gozo de Dios".[13] Puse la canción a reproducirse en bucle y la canté cuatrocientos treinta y siete veces por lo menos. En *Sácale jugo al día* escribo sobre la importancia de la "historia principal".[14] Bien, ¡esa fue mi "canción principal" para esa temporada!

Yo no tengo idea de las adversidades que has tenido que enfrentar, y nunca hablaría de eso con liviandad. Conozco personas que han ido al infierno y han regresado. Tengo un amigo que fue apuñalado treinta y siete veces durante un robo a mano armada y vivió para contarlo. Incluso en las peores situaciones podemos tomar una decisión. Podemos elegir la amargura o el perdón. Kevin Ramsby tiene cuatro metros de cicatrices en su cuerpo, pero Dios sanó su corazón. ¿Cómo? Kevin no solo perdonó a quien lo apuñaló, sino que se hizo su amigo.

Tenemos dos armas principales a nuestra disposición: la confesión y la profesión. Confesión es admitir lo que está mal en nosotros, y profesión es declarar lo que está bien en Dios. La confesión cataliza el proceso de sanidad al identificar el problema. La profesión sella el trato pronunciando la solución. En un sentido, esto es imaginar la recompensa.

¿CÓMO LO TRANSFORMAS EN UN HÁBITO?
¡Cruzando el puente!

El 21 de marzo de 1965, miles de manifestantes pacíficos se reunieron en Selma, Alabama. Motivados por la brutalidad del Domingo Sangriento unas semanas atrás, cruzaron el Puente Edmund Pettus en un acto de solidaridad. Ellos caminaron doce millas (19.3 km) al día, durmieron en campos y finalmente se reunieron para luchar por el derecho a votar en Montgomery, Alabama.

Uno de los que marchó fue Abraham Heschel, considerado por muchos el teólogo judío más prominente del siglo XX. ¿Por qué marchó Heschel? Cuando has sido sacado unas décadas atrás de un campo de concentración donde se exterminaron a millones de judíos, instintivamente te identificas con lo que dijo el Dr. King: "La injusticia en cualquier parte es una amenaza para la justicia en cualquier lugar".[15]

Reflexionando sobre la marcha, Abraham Heschel dijo: "Sentía que mis piernas estaban orando". El escritor y activista Frederick Douglas había dicho algo similar un siglo antes: "Oré por veinte años, pero no recibí respuesta hasta que oré con mis piernas".[16] Tal vez Dios levante otra generación de profetas que no solo hablen incesantemente, sino que caminen incesantemente también. Que tu vida hable más fuerte que tus palabras. ¿Cuál es la clave? Debes tener una palabra de Dios. ¿Cómo? Comienza con un oído profético. La suave y quieta voz del Espíritu Santo tiene que ser la voz más fuerte que escuches en tu vida. Allí —y solo allí— tendrás una voz profética. Luego usarás esa voz para profetizar tu alabanza.

"El profeta es humano", dijo Abraham Heschel, "pero emplea una nota en una octava más alta para nuestros oídos".[17] El profeta oye el suspiro silencioso. El profeta le da voz a la agonía silente del lenguaje del lamento. "Para los profetas incluso una injusticia pequeña toma proporciones cósmicas", dijo Heschel.[18]

Métete en el cráter.

Cruza el puente.

¡Profetiza tu alabanza!

DÍA 29

NADA RÍO ARRIBA

El agua que venía de río arriba dejó de fluir.
Josué 3:16, NTV

En 1864 había 54,543 médicos en los Estados Unidos. Solo trescientos eran mujeres, y ninguna de ellas era negra. Ese año Rebecca Lee Crumpler se convirtió en la primera mujer de color en obtener un título médico y el título de Doctora en Medicina.[1]

La Dra. Crumpler se mudó a Richmond, Virgina, al año siguiente de graduarse. Se precisaba un tremendo coraje para que una mujer negra se mudara a la capital de la Confederación el mismo año en que terminó la guerra civil. ¡Eso califica como cortar la cuerda! Ella soportó el racismo implacable con una gracia increíble. ¿Cómo lo hizo? Rebecca Lee Crumpler no hacía distinción entre la práctica médica y la religiosa. En sus propias palabras, la medicina era "un campo apropiado para un verdadero trabajo misionero".[2] Ella no era solo una doctora, era una profeta.

El 3 de marzo de 1865, el Congreso estableció la Oficina de los Libertos para proveer comida y techo, educación y servicio médico a cuatro millones de esclavos que ahora eran libres. El director de la oficina desde 1865 a 1874 era un general de la guerra civil apodado "el general cristiano", Oliver Otis Howard. Él logró que los esclavos emancipados pudieran votar. También trabajó como presidente de la escuela que lleva su nombre, la Universidad Howard.

Cuando la Dra. Crumpler comenzó a practicar la medicina, los insumos eran escasos y los médicos también. Solo había ciento veinte médicos para cuidar de cuatro millones de esclavos emancipados. ¿Qué hizo Rebecca Lee Crumpler? Ella ya había roto un techo de cristal, así que ¿por qué no romper otro más? Si los esclavos no podían recibir la atención médica que precisaban, ella los capacitaría y equiparía como enfermeros y doctores. Así como Elisha Otis dio vuelta el mundo, Rebecca transformó la medicina.

En 1883, la Dra. Crumpler publicó *A Book of Medical Discourses* [Un libro sobre discursos médicos]. Eso la convirtió en la única mujer médica que escribió un libro en el siglo XIX. Gracias a ello, la medicina se volvió accesible y disponible para las personas comunes. ¿Recuerdas el mantra que presenté el día 14? "Siempre piensa en ecosistemas". Aquí hay otro: "Siempre ve a contracorriente".

Si de ciclos de hábitos se trata, tienes que nadar río arriba. Es resolver el problema antes de que ocurra. Por eso construimos el DC Dream Center en el pabellón 7, una parte desfavorecida de nuestra ciudad. Es un lugar en donde la esperanza se vuelve un hábito. Estamos tratando de cambiar las estadísticas, y eso sucede un niño a la vez. Así es como interrumpimos el flujo de-la-escuela-a-la-prisión. ¡Así es como sembramos las nubes!

¿Recuerdas la octava maravilla del mundo? Eso es a lo que Albert Einstein llamó interés compuesto. Nosotros sobrestimamos lo que podemos lograr en un día, pero subestimamos lo que Dios puede hacer en un año, o dos, o diez. Lo digo de nuevo: la regularidad vence a la intensidad siete días a la semana, y vale el doble los domingos. Dale tiempo suficiente y verás que puedes transformar tu cuerpo, tu mente, tu matrimonio, tu economía y tu actitud.

Un abdomen marcado puede estar a cien libras (45 kg) de distancia.

Un maratón puede estar a 475 millas (764 km) de entrenamiento.

Publicar un libro puede estar a cincuenta mil palabras de distancia.

Estar libre de deudas puede encontrarse a cien mil dólares de tu presupuesto.

Restaurar tu matrimonio puede estar a diecisiete sesiones de consejería desde ahora.

¿Hay buenas noticias? Claro, este puede ser el día en que suceda lo que no pasó en décadas. De aquí a dieciséis años mirarás a este día como el punto de inflexión, el momento bisagra. Dieciséis años, dieciséis millas, la misma diferencia. ¿A qué me refiero? Los israelitas cruzaron el río Jordán al otro lado de Jericó, pero el milagro ocurrió dieciséis millas río arriba en un sitio llamado Adán: "El agua que venía de río arriba dejó de fluir y comenzó a amontonarse a una gran distancia de allí, a la altura de una ciudad llamada Adán".[3]

En las últimas dos décadas, la NCC ha realizado 473 viajes misioneros y ha ofrendado más de veinticinco millones de dólares a las misiones. Eso es el resultado de una reacción en cadena, pero el dominó de dos pulgadas fue el primer cheque de cincuenta dólares que dimos. Si nadas río arriba encontrarás una convicción que guía nuestra toma de decisiones en la NCC: Dios nos ha bendecido en proporción a cómo damos a las misiones y cuidamos a los pobres de la ciudad. Así es como se abrió el río Jordán para la National Community Church.

Nuestro equipo de alabanza produjo siete álbumes; sus canciones se cantaron millones de veces alrededor del mundo. Tenemos ciento cincuenta vocalistas y músicos en nuestro equipo de alabanza, pero todo empezó con una batería de cuatrocientos dólares que compramos cuando todavía no teníamos baterista. Profetizamos nuestra alabanza, literalmente. Nos metimos en el agua y Dios abrió un camino en el mar enviándonos a nuestro primer baterista.

¿Recuerdas la caminata de oración de 4.7 millas alrededor del Capitolio? Yo hice esa oración hace mucho tiempo atrás, pero eso inició una reacción en cadena, un efecto dominó. El milagro siempre está río arriba. Obviamente, también allí están los problemas.

En la terapia, el problema que se expone raramente es el problema de raíz. La raíz suele estar dieciséis años atrás, ¿cierto? Está a dieciséis millas río arriba. Está en el campo siete.

Nadar río arriba es aplicar ingeniería inversa a nuestros buenos hábitos y a los malos también. Si quieres romper un mal hábito, es importante entender sus orígenes. Así es cómo identificas el impulso e interrumpes el patrón. Tienes que conectar los puntos, A-B-C-D. Por supuesto que necesitamos la ayuda del Espíritu Santo para esto. El Consejero hace salir a la superficie las cosas que hay en nuestro subconsciente, y nos ayuda a cambiar el guion.

"Cuando pasas años reaccionando a los problemas, a veces puedes pasar por alto el hecho de que podrías prevenirlos", dijo Dan Heath.[4] Lo repito, la solución está siempre río arriba. Sembrar las nubes es cultivar hoy lo que quieres ver mañana. ¿Dónde te gustaría estar en dieciséis años? Lo sé, es difícil imaginarse, ¿verdad? ¡Todo se crea dos veces! Tienes que imaginar esos mañanas por nacer si quieres que ocurran. Si no, no tienes nada ante lo cual quitarte la gorra.

¿Tomarías unos minutos para hacer un ejercicio de flujo de conciencia? Agarra un bolígrafo y un papel. Algo mejor, hemos creado un diario de *Sácale jugo al día*, con entradas diseñadas para ayudarte a aprovechar el poder de las veinticuatro horas. Por definición, un flujo de conciencia por escrito significa que empiezas a anotar y no paras hasta responder la última pregunta. No ensayes las respuestas. No las corrijas después de escribirlas. Para cuando hayas finalizado, habrás pintado un cuadro de tu futuro preferido. Preparado o no, acá vamos.

- ¿Dónde vives dentro de dieciséis años?
- ¿De qué vives?
- ¿Qué títulos obtuviste?
- ¿Qué logros hay en tu hoja de vida?

- ¿Cuánto dinero tienes en el banco?
- ¿Cuánto dinero has donado?
- Cuando te miras al espejo, ¿cómo te ves?
- Cuando te subes a la balanza, ¿cuánto pesas?
- ¿Qué rasgos de carácter has cultivado?
- ¿Cómo está tu salud mental?
- ¿Cómo está tu inteligencia emocional? ¿Y tu vida relacional? ¿Y la madurez espiritual?

¿Recuerdas lo que escribió Jim Carrey? En vez de escribir un cheque, ¡escribe tu elogio fúnebre! Lo sé, suena un poquito mórbido, pero es un ejercicio saludable. Si quieres hacer un poquito de dramatización, ensáyalo en un cementerio local. (Por supuesto, este último ejercicio es opcional).

¿Cómo quieres que te recuerden?

Vale la pena pensar en profundidad esta pregunta. "Las virtudes de tu hoja de vida(...) las habilidades que traes al mercado laboral", dijo David Brooks. "Las virtudes de tu elogio fúnebre (...) son las que se pronuncian en tu funeral".[5]

¿Qué quieres que la gente diga de ti?

¿Qué quisieras ver tallado en tu tumba?

En 1888 Alfred Nobel tuvo el raro privilegio de leer su propio obituario. Un periódico francés por error pensó que había fallecido, cuando en realidad era su hermano Ludvig el que había muerto. Sintiendo curiosidad por saber cómo sería recordado, Alfred leyó su obituario. Lo llamaban "el mercader de la muerte" y decía que su invento de nitroglicerina era responsable por la muerte y destrucción en las guerras modernas. Leer eso lo dejó tan consternado que sintió como si entraran olas a su alma, y decidió hacer algo al respecto.

Se le habían concedido 355 patentes a Nobel durante su vida, pero su invento más famoso fue la dinamita. Su invención simplificaba la construcción de represas, ferrocarriles, canales y túneles; los proyectos que antes llevaban décadas, ahora se hacían en una fracción de tiempo. Por supuesto, su invento tenía el potencial de ser mal empleado.

Releer su obituario fue un ritual que le ayudó a ajustar cuentas. Nobel decidió reescribir su testamento y usar su fortuna de nueve millones de dólares para establecer uno de los premios más codiciados del mundo. El Premio Nobel ha inspirado incontables descubrimientos y avances en la física, química, fisiología, medicina, literatura y la paz. La reacción en cadena de dominó es incalculable, pero todo comenzó imaginando la recompensa.

¡Considéralo tu ritual para hacer ajustes en tu vida!

¿CÓMO LO TRANSFORMAS EN UN HÁBITO?
¡Estableciendo metas del tamaño de Dios!

En una mañana lluviosa de 1940, un adolescente llamado John Goddard tomó un trozo de papel y escribió ciento veintisiete metas para su vida. Para cuando llegó a los cincuenta años, Goddard había alcanzado ciento ocho de ellas. ¡Y no había metas comunes y corrientes en esa lista! Este es un pequeño ejemplo:

- ✓ Alimentar una serpiente venenosa
- ✓ Aprender *jiu-jitsu*
- ✓ Estudiar la cultura primitiva de Borneo
- ✓ Correr una milla en cinco minutos
- ✓ Desandar los viajes de Marco Polo y Alejandro Magno
- ✓ Fotografiar las Cataratas Victoria
- ✓ Construir un telescopio
- ✓ Leer la Biblia de principio a fin
- ✓ Circunnavegar el globo terráqueo
- ✓ Publicar un artículo en *National Geographic*

✓ Tocar la flauta y el violín

✓ Aprender francés, español y árabe

Sinceramente, yo hubiera puesto francés, español y árabe como tres asuntos separados. Y hubiera contado la flauta y el violín como dos metas, pero ese soy yo. ¿Cuál es mi favorita de las metas de Goddard? Visitar la Luna. Goddard se colocó ese objetivo mucho antes de que la Sputnik atravesara la atmósfera o el Eagle aterrizara en la Base Tranquilidad. Eso es apuntar a las estrellas, ¡literalmente!

"Indiana Jones, el intrépido protagonista de las aventuras de ficción parece no tener nada que ver con John Goddard", dijo *Los Angeles Times*.[6] Conste que Goddard no alcanzó todas las metas que se había propuesto. Nunca escaló el Monte Everest y su deseo de visitar cada país del mundo no llegó a cumplirse por treinta países. Pero de haber una lección que aprender de él es esta: no cumplirás el cien por ciento de las metas que te propongas.

Yo publiqué algunos pasos para alcanzar las metas en www.markbatterson.com (en inglés), junto con mi lista de cien metas en la vida.[7] ¡Espero que eso te ayude a sembrar las nubes! Esto es lo que sé por seguro: "Tener fe es estar seguro de lo que se espera".[8] Si tu vida no está yendo como tú deseas, no es demasiado tarde para reescribir tu futuro. ¿Cómo? Sembrando las nubes con sueños del tamaño de Dios y que le den honra a su nombre.

¡Nada río arriba!

DÍA 30

ELIGE TU PROPIA AVENTURA

*Se adelantó corriendo y se subió a un árbol
sicómoro para poder verlo.*
Lucas 19:4

En diciembre de 1874 una terrible tormenta de nieve arrasó el valle Yuba. John Muir, uno de los fundadores del Sierra Club, estaba
parando en una cabaña en Sierra Nevada. En vez de buscar refugio, Muir buscaba aventura. Ubicó el abeto más alto que encontró
y luego se subió a la copa del árbol y se aferró a él con alma y vida.

Esto no era algo raro para John Muir. Una vez se trajo un oso
para poder estudiar su andar. ¡Eso es tan loco como cazar un león
en un pozo en un día nevado! ¿Hay alguna otra cosa que necesites
saber sobre él? Muir una vez caminó mil millas desde Louisville,
Kentucky, hasta Nueva Orleans, Louisiana. ¿Por qué? ¡¿Y por qué
no?! Exploró sesenta y cinco glaciares en el territorio de Alaska, y
descendió en trineo de algunos de ellos por pura diversión. Y, por
supuesto, Muir hizo todo esto cuando no existía el GPS ni la bolsa
de dormir Snowy Owl EX-60.

John Muir amaba la naturaleza o, como él la llamaba, "el invento de Dios".[1] Para él, la naturaleza era una "catedral" y "cada
flor es una ventana que se abre al cielo".[2] Muir hizo montones de
excursiones, pero déjame regresar a esta tormenta de nieve en Sierra Nevada. Se subió al abeto más alto que encontró y se abrazó a
él por varias horas. El árbol de cien pies (30 m) se balanceaba 30° de

un lado a otro. Todo ese tiempo, Muir deleitaba sus sentidos con las vistas, los sonidos y aromas de la tormenta.

"En tales ocasiones, la naturaleza siempre tiene algo raro para mostrarnos", dijo John Muir. "Y el peligro de arriesgar el pellejo es muy superior al que uno experimentaría caminando desprevenidamente por el tejado".[3] La mayoría de las personas vive como si el propósito de la vida fuera llegar sano y salvo al día de la muerte, pero Muir no era así. Él tenía una pasión por la vida de frente y sin rodeos.

El desafío del día 29 era nadar contra la corriente.

El del día 30 es salir.

Hay un momento en el libro del Génesis en donde Dios llevó a Abraham a una caminata. Si no lees con cuidado tal vez lo pases de largo. Abraham estaba dentro de su tienda cuando el Señor "lo llevó afuera".[4] La pregunta, por supuesto, es ¿por qué? Como Abraham estaba dentro de la tienda, su visión estaba oscurecida por un techo de ocho pies (2.4 m). Entonces Dios se lo llevó a pasear, luego le dijo que mirara hacia arriba y contara las estrellas, si es que podía hacerlo. ¿Por qué? Porque fuera de su tienda, el cielo era el límite. Dios le dio un recordatorio visual de la promesa que le había hecho. Sus descendientes algún día superarían el número de las estrellas. Dicho de otro modo: ¡no le pongas un tope de ocho pies a lo que Dios puede hacer!

Hay 9,096 estrellas visibles al ojo humano. Es evidente que esa es una pequeña fracción de nuestra galaxia, la Vía Láctea. Los astrofísicos estiman que hay al menos trescientos mil millones de estrellas en la Vía Láctea. Haciendo honor al día 25, permíteme sacar las cuentas. Hay 31,536,000 segundos en un año, entonces en cien años hay 3.15 mil millones de segundos. Si Abraham hubiera tratado de contar cada estrella de la Vía Láctea, a razón de una por segundo, eso le hubiera llevado diez mil años. Si lo tomas literalmente, contar las estrellas puede ser la orden más difícil de cumplir en todas las Escrituras. Y esa es solo una de aproximadamente dos billones de galaxias. ¿A qué quiero llegar? ¡No le pongas un techo de ocho pies a lo que Dios quiere hacer!

¿Recuerdas esta fórmula del día 3? Cambio de ritmo + Cambio de lugar = Cambio de perspectiva. ¿Por qué no dar un paseo de dos días? Sal, mira hacia arriba y contempla las estrellas. O, si lo prefieres, ¡súbete a un árbol como John Muir!

Si quieres imaginar mañanas por nacer, necesitas ampliar tu apertura. ¿Cómo? Tienes que soñar en grande, orar fuerte y pensar a largo plazo. Así es como sembramos las nubes, pero déjame agregar una pieza más a este rompecabezas. Elige la aventura. ¿Cómo? Escala un árbol como John Muir o como un hombre llamado Zaqueo.

¿Recuerdas la historia de los evangelios? El día que Jesús visitó Jericó se había formado un tumulto. Un recolector de impuestos llamado Zaqueo, que era enano, no lograba ver lo que estaba pasando. ¿Y qué hizo? En vez de usar su pequeña estatura como una excusa, la usó como motivación. Zaqueo usó la creatividad y se subió a un árbol sicómoro. Eso no fue exactamente el abeto al que se subió John Muir en el día de la tormenta, pero tuvo que poner en juego su reputación para hacerlo. Zaqueo era una de esas personas raras a las que no les gustaba seguir a la multitud. No tenía miedo de parecer un tonto, ¡no tenía miedo al inconformismo!

¿Cuál fue el resultado? Jesús lo invitó a cenar. Allí fue donde Zaqueo usó un dispositivo de compromiso. El verdadero acto de coraje no fue subirse al árbol; fue arrepentirse radicalmente y devolver lo que había tomado. Zaqueo no era un simple recolector de impuestos: era el jefe de todos ellos. Estaba haciendo dinero a costa de la gente que pagaba sus impuestos.

Según la ley levítica, Zaqueo estaba obligado a devolver lo que había robado más el 20%.[5] Pero él fue mucho más allá de cumplir con eso. "Ahora mismo voy a dar a los pobres la mitad de mis bienes y, si en algo he defraudado a alguien, le devolveré cuatro veces la cantidad que sea".[6]

No pases por alto esto. Esto es cambio de hábitos en su máxima expresión. Zaqueo pasó de robar a dar. ¿Cómo? ¡Interrumpiendo el patrón! Los recaudadores de impuestos eran tristemente célebres por el chantaje y los sobornos. Esta era su fama. Zaqueo no solo cambió el guion, sino que sembró las nubes con un gesto elocuente. Dio cuatro veces lo que había robado. Si esto no es evidencia de arrepentimiento, ¡díganme qué es!

¿Recuerdas el día 21, cambia la rutina? Cuando Dios quiere que nos despertemos a una nueva realidad, nos saca de nuestra rutina regular. El césped no es más verde del otro lado de la cerca, pero el cambio a menudo es precedido por una variación en el escenario. Dios llevó a Abraham a una caminata fuera de su tienda. Dios llamó a Moisés fuera del campamento, a la tienda de reunión.

De acuerdo con la tradición rabínica, la tienda de reunión era de dos mil codos y estaba fuera del campamento.[7] ¿Un dato curioso? Esa es la distancia que los israelitas mantuvieron entre ellos y el arca del pacto. También era la distancia permitida para caminar en el Sabbat. Era suficiente para ver, de modo que no estaba fuera de la vista ni de la mente. Pero estaba lo suficientemente distante como para oír (libre de interrupciones, de distracciones y de ruido blanco). Así es como Moisés se alejaba.

¿En dónde te encuentras con Dios?

¿Cuándo te encuentras con Dios?

Si no puedes responder a esas preguntas, es hora de hacer una cita. Y no encontrarás tiempo: tendrás que procurártelo. Necesitamos ritmos y rutinas. Precisamos de sistemas y estructuras. Dicho esto, ¡también necesitamos dejar espacio para algo de espontaneidad!

Durante el peregrinaje en el desierto, Moisés casi tiene un colapso nervioso. Está bien, tiene más de uno… Está llegando al límite de su paciencia cuando Dios le dice que reúna a setenta ancianos. Esto, por supuesto, debe haber incluido a Naasón. "Yo descenderé para hablar contigo, y compartiré con ellos el Espíritu que está sobre ti",[8] le dijo Dios a Moisés. ¿Por qué? ¡Porque se necesita un equipo para cumplir un sueño! Los ancianos fuera del campamento empezaron a profetizar su alabanza, pero hay un detalle.

Dos de los ancianos, Eldad y Medad, se habían quedado en el campamento. Hay diferentes opiniones respecto de por qué lo hicieron. Según una tradición rabínica, "Eldad y medad se dijeron a sí mismos: 'No somos dignos de tal distinción'".[9] A pesar de eso, y aunque estaban socialmente distanciados y resguardados en un lugar, empezaron a profetizar ¡en el campamento!

Espera un momento, déjame ir al grano. ¿Dios les dijo a los ancianos que se reunieran en la tienda, pero Él de todos modos bendijo a los que estaban fuera del campamento? En otras palabras, ¿Dios establece una estructura, un sistema, y luego se mueve fuera del sistema, fuera de la estructura que Él mismo ha creado? Lo repito, ¡necesitamos estructura! Pero no nos atrevamos a poner a Dios en una caja. El Espíritu Santo puede mostrarse en cualquier momento y lugar. y Él puede hacerlo de alguna manera extraña y misteriosa.

Eso es una buena noticia cuando se trata de formar y romper hábitos. Esperé hasta el día 30 para compartir esta sencilla verdad: que el Espíritu Santo es el impulso. El Espíritu Santo es el patrón. El Espíritu Santo es la recompensa. Tengo una teoría acerca de todo esto y es que la respuesta a cualquier oración es más del Espíritu Santo.

Sé que estarás pensando: "Yo necesito amor". Es cierto, lo necesitas. También necesitas amor, alegría, paz, paciencia, amabilidad, bondad, fidelidad, humildad y dominio propio.[10] ¿Adivina qué? Ese es el fruto del Espíritu, de modo que lo que de veras necesitas es más del Espíritu que produce ese fruto. Lo mismo aplica para los dones del Espíritu.

Yo no tengo idea de qué hábito estás tratando de crear o de romper, pero lo que sé es esto: vas a necesitar la ayuda del Espíritu Santo. Él es el *factor x*, el *factor guau*. Sin el Espíritu estoy por debajo del promedio. Con su ayuda, todo es posible.

El único techo a tu intimidad con Dios y tu impacto en el mundo son las disciplinas espirituales diarias. Y esto es lo que requiere: disciplina diaria. Tienes que poner estos hábitos en práctica, de manera deliberada. Hay buenas noticias: el Espíritu Santo es la diferencia entre lo mejor que tú puedes hacer y lo mejor que Dios puede hacer.

¿CÓMO LO TRANSFORMAS EN UN HÁBITO?
Eligiendo tu propia aventura

Como padre, Edward Packard amaba contarles historias a sus hijas a la hora de ir a la cama. Sus historias giraban en torno a un personaje imaginario al que llamaba Pete y sus muchas aventuras. De tanto en tanto, Packard se quedaba sin ideas, entonces les dejaba a sus hijas tomar la parte del protagonista y relatar sus sugerencias al guion. ¡Él no podía evitar ver lo entusiasmadas que estaban cuando eran capaces de elegir su propia aventura![11]

Packard también era escritor, y esas historias que disfrutaban juntos antes de ir a dormir fueron la inspiración de la serie de libros *Elige tu propia aventura*. La idea fue rechazada por nueve editoriales, hasta que alguien captó la visión detrás de ella.

En un sentido, formar o romper hábitos es una historia al estilo de elige-tu-propia-aventura. No puedes controlar los resultados, pero puedes controlar lo que haces. Tú juegas el rol del protagonista. ¿Cómo? Identificando el impulso, interrumpiendo el patrón e imaginando la recompensa.

¿Recuerdas el desafío del día 26? ¡Conviértelo en un juego! Esta es una forma de hacerlo. Es agregar un elemento de diversión. Añadir un ingrediente sorpresa. Es jugar con el sistema 2.0. Lo bueno es que Dios nos está dirigiendo. Él tiene buenas obras preparadas de antemano.[12] Todo lo que tenemos que hacer es dar un paso hacia nuestro destino. ¿Cómo? ¡Con hábitos diarios!

Hemos llegado al final de este desafío de treinta días, y siento como si recién comenzáramos. ¿Puedo hacerte un simple recordatorio? Puede haber muchas metas, pero no hay línea de llegada. Algunos de ustedes necesitarán leer este libro todo de nuevo. Elige un hábito, cualquier hábito. Hazlo medible, significativo y sostenible. Luego métete en el agua, hasta las narices si es necesario.

Hasta donde Naasón supo, aquel parecía el último día de su vida. Parecía que era una situación sin salida; morir a manos del ejército egipcio o morir ahogado. Al igual que el resto de los personajes de este libro —desde Diana Nyad a Débora, desde Chris Nikic a Caleb, desde el General MacAuliffe a Jonatán— Nahshon eligió su propia aventura. Y eso hizo toda la diferencia en el mundo.

¿Recuerdas a Marcus Bullock? ¡Se postuló a cuarenta y un empleos!

¿Recuerdas a Chris Norton? ¡Le llevó siete años caminar siete yardas!

¿Recuerdas a Rebecca Lee Crumpler? ¡Tuvo que romper dos techos de cristal!

Casi todos pueden lograr casi todo si trabajan de forma dura, constante e inteligente. ¿Cómo? ¡Hazlo por un día! El destino no es ningún misterio. El destino son hábitos diarios. Muéstrame tus hábitos y yo te mostraré tu futuro.

Es demasiado pronto para rendirte.

Es demasiado tarde para detenerte.

¡Elige tu propia aventura!

NOTAS

Introducción: Hábitos dominó

1. Mateo 7:2.
2. El conferencista inspiracional Jim Rohn es famoso por decir que nos convertiremos en el promedio de las cinco personas con las que más tiempo pasamos. La ciencia de las redes sociales parece sugerir que ese número es mucho mayor. Yo elijo el número doce, porque es el número de los discípulos de Jesús y, cuando se trata de esta idea, son la pieza clave.
3. David T. Neal, Wendy Wood y Jeffrey M. Quinn, "Habits— a Repeat Performance" (Hábitos, una repetición), *Current Directions in Psychological Science 15*, no. 4 (agosto de 2006): 198-202, https://dornsife.usc.edu/assets/sites/208/docs/Neal.Wood.Quinn.2006.pdf.
4. William James, "The Laws of Habit" (Las leyes de los hábitos), en *Talks to Teachers on Psychology and to Students on Some of Life's Ideals* (Mineola, NY: Dover, 1962), p. 33.
5. Wikipedia, s.v. "Operant Conditioning", modificado por última vez el 19 de abril de 2021, 07:28, https://en.wikipedia.org/wiki/Operant _conditioning.
6. "The Habit Loop", Habitica Wiki, https://habitica.fandom.com/wiki/The_Habit_Loop.
7. Mateo 5:21-22, 27-28, 33-34, 38-39, 43-44.
8. Ver Mateo 5:39.
9. Mateo 5:40-41, 44.
10. Mateo 25:23.
11. Mateo 6:4, NTV.
12. "Domino Toppling World Records", Rekord-Klub SAXONIA, www.recordholders.org/en/records/domino-toppling.html.

[13] Colin Schultz, "Just Twenty-Nine Dominoes Could Knock Down the Empire State Building" (Solo veintinueve dominós podrían derribar el edificio del Empire Estate), *Smithsonian Magazine*, 17 de enero de 2013, www.smithsonianmag.com/smart-news/just-twenty-nine-dominoes-could-knock-down-the-empire-state-building-2232941.

[14] Génesis 11:6.

[15] Teresa Amabile y Steven Kramer, *El principio del progreso: La importancia de los pequeños logros para la motivación y la creatividad en el trabajo*, trad. María Mercedes Correa (Bogotá: Grupo Editorial Norma, 2012), p. 3 del original en inglés.

[16] Jearl Walker, "The Amateur Scientist: Deep Think on Dominoes Falling in a Row and Leaning Out from the Edge of a Table" (El científico principiante: Un pensamiento profundo sobre cómo los dominós caen en línea y asoman por el borde de la mesa), *Scientific American* 251, no. 2 (agosto de 1984): 122-129, www.jstor.org/stable/24969441.

[17] Peter H. Diamandis, "The Difference Between Linear and Exponential Thinking" (La diferencia entre pensamiento lineal y exponencial), Big Think, 22 de mayo de 2013, https://bigthink.com/in-their-own-words/the-difference-between-linear-and-exponential-thinking.

[18] R. B. Matthews y Doug McCutcheon, "Compound Interest May Not Be Einstein's Eighth Wonder, but It Is a Powerful Tool for Investors" (El interés compuesto podrá no ser la octava maravilla de Einstein, pero es una herramienta poderosa para los inversores), *Globe and Mail*, 12 de noviembre de 2019, www.theglobeandmail.com/investing/investment-ideas/article-compound-interest-may-not-be-einsteins-eighth-wonder-but-it-is-a.

Día 1: Métete en el agua

El epígrafe es tomado de Glenn David Bauscher, *The Comparative Original Aramaic New Testament in Plain English* (El Nuevo Testamento comparativo original arameo en inglés simple), (New South Wales, Australia: Lulu, 2013), p. 596.

[1] Hayim Nahman Bialik y Yehoshua Hana Ravnitzky, eds., *The Book of Legends—Sefer Ha-Aggadah: Legends from the Talmud and Midrash* (El libro de las leyendas—Sefer Ha-Aggadah: Leyendas del Talmud y el Midrash), trad. William G. Braude (New York:Schocken, 1992), p. 72.

[2] Éxodo 14:15.

[3] Salmos 114:3, NTV.

[4] 2 Corintios 12:9.

[5] Josué 3:8, NTV.

[6] Ariston Anderson, "Tim Ferriss: On the Creative Process and Getting Your Work Noticed" (Tim Ferris: Sobre el proceso creativo y hacer que tu obra sea tomada en cuenta), 99U, 20 de noviembre de 2012, https://99u. adobe.com/articles/7252/tim-ferriss-on-the-creative-process-and-get-ting-your-work-noticed.

Día 2: Sube por la escalera

[1] Everett M. Rogers, *La comunicación de innovaciones: Un enfoque trans-cultural* (México: Herrero Hermanos, Sucesores, 1974.), p. 262 del original en inglés.

[2] Carol S. Dweck, *Mindset: The New Psychology of Success* (Mentalidad: la nueva psicología del éxito), edición revisada (New York: Ballantine, 2016).

[3] Benjamin Bloom, citado en Carol S. Dweck, *Mindset*, p. 65.

[4] Oswald Chambers, "June 13: Getting There" (13 de Junio: Llegar), *My Utmost for His Highest*, https://utmost.org/classic/getting-there-3-classic.

[5] Elisa B. Jones, "The Fun Theory" (La teoría de la diversión), *Penn State's SC200 Course Blog*, September 16, 2015, https://sites.psu.edu/siow-fa15/2015/09/16/the-fun-theory.

[6] Kelsey Ramos, "Volkswagen Brings the Fun: Giant Piano Stairs and Other 'Fun Theory' Marketing" (Volkswagen lo hace divertido: escaleras gigantes como piano y otras 'teorías divertidas del marketing'), *Los Angeles Times* (blog), 15 de octubre de 2009, https://latimesblogs.latimes.com/money_co/2009/10/volkswagen-brings-the-fun-giant-piano-stairs-and-other-fun-theory-marketing.html.

[7] Edwin H. Friedman, *A Failure of Nerve: Leadership in the Age of the Quick Fix* (Desánimo: el liderazgo en la era de las soluciones rápidas), ed. Margaret M. Treadwell yEdward W. Beal (New York: Seabury, 2007), p. 201.

[8] Mateo 5:41.

Día 3: Desaparece del mapa

[1] Una versión de esto puede encontrarse en "Sample Wisecracks from Yakov Smirnoff" (Simples ocurrencias de Yakov Smirnoff), 4 de julio de 1986, www.latimes.com/archives/la-xpm-1986-07-04-ca-688-story.html.

[2] John Heywood, *The Proverbs and Epigrams of John Heywood* (Los proverbios y epigramas de John Heywood), (A.D. 1562) (n.p.: Spenser Society, 1867), pp. 21, 26, 30, 167.

[3] Mark Hilliard, "Games, Flat-Pack Furniture and Cakes: How Behavioural Economics Could Help" (Juegos, muebles para ensamblar y pasteles: cómo la economía conductual puede ayudar), *Irish Times*, 24 de noviembre de 2014, www.irishtimes.com/business/games-flat-pack-furniture-and-cakes-how-behavioural-economics-could-help-1.2010605.

[4] Esta fórmula combina las ideas adquiridas de una variedad de libros, incluyendo estos: David Epstein, *Range: Why Generalists Triumph in a Specialized World* (Alcance: por qué los generalistas triunfan en un mundo especializado), (New York: Riverhead Books, 2019); Anders Ericsson y Robert Pool, *Peak: Secrets from the New Science of Expertise* (La cima: secretos de la nueva ciencia de la experiencia), (New York: Mariner Books, 2017); y James Clear, *Hábitos atómicos: Cambios pequeños, resultados extraordinarios* (Barcelona: Diana, 2020).

[5] Robert A. Bjork, "Institutional Impediments to Effective Training" epílogo de *Learning, Remembering, Believing: Enhanced Human Performance*, ed. Daniel Druckman y Robert A. Bjork (Washington, DC: National Academy Press, 1994), p. 299.

[6] Peter Economy, "Use the 40 Percent Rule to Break Through Every Obstacle and Achieve the Impossible" (Usa la regla del 40% para vencer cada obstáculo y alcanzar lo imposible). Inc., 23 de abril de 2019, www.inc.com/peter-economy/use-40-percent-rule-to-achieve-impossible.html.

[7] Lewis Carroll, *Through the Looking-Glass*, en *Alicia en el País de las Maravillas, A través del espejo y Lo que Alicia encontró ahí* (CreateSpace Independent Publishing Platform, 2015) p. 161 del original en inglés.

[8] Kōsuke Koyama, *Three Mile an Hour God* (El Dios de las tres millas por hora), (London: SCM, 2015).

[9] Mark Woods, "Corrie ten Boom: 10 Quotes from the Author of *The Hiding Place*" (Corrie ten Boom: 10 citas de la autora de *El refugio Secreto*), Christian Today, 15 de abril de 2016, www.christiantoday.com/article/corrie.ten.boom.10.quotes.from.the.author.of.the.hiding.place/84034.htm.

Día 4: Lame la miel

[1] "Why You Never Go on Spontaneous Adventures" (Por qué nunca te vas de aventuras espontáneas), Medium, 12 de abril de 2016, https://medium.com/the-livday-tapestry/why-spontaneity-is-rare-5e2b92c92fe4.

[2] "Why You Never Go...".

[3] Barry Newman, "Dutch Managers Will Descend on U.S.'s Best-Known Airport" (Los gerentes holandeses aterrizarán en los aeropuertos más conocidos de E.U.), *Wall Street Journal*, 13 de mayo de 1997, www.wsj.com/articles/SB863472646131512500.

[4] Richard H. Thaler y Cass R. Sunstein, *Un pequeño empujón: El impulso que necesitas para tomar mejores decisiones sobre salud, dinero y felicidad*, Trad. Belén Urrutia Domínguez, (Taurus, 2018), pp. 37-39 del original en inglés.

[5] OECD, *Tools and Ethics for Applied Behavioural Insights: The BASIC Toolkit* (Herramientas y ética para la información conductual aplicada: herramientas básicas), (Paris: OECD, 2019), p. 98.

[6] David Golinkin, "Torah Is as Sweet as Honey" (La Torá es tan dulce como la miel), *The Jerusalem Post*, 22 de mayo de 2007, www.jpost.com/jewish-world/judaism/torah-is-as-sweet-as-honey.

[7] Salmos 34:8.

[8] Andrew Lasane, "10 Foods That Never (or Almost Never) Expire" (10 comidas que nunca —o casi nunca— se vencen), Mental Floss, 7 de abril de 2016, www.mentalfloss.com/article/67560/10-foods-never-or-almost-never-expire.

[9] Randy Pausch, *La última lección* (Barcelona: Debolsillo: Penguin Random House Grupo Editorial, 2014), p. 158 del original en inglés.

[10] William Glasser, *Positive Addiction* (Adicción positiva), (New York: Harper Colophon, 1985), p. 1.

[11] Glasser, *Positive Addiction*, pp. 42-43, 50.

[12] 2 Corintios 10:5.

[13] Deuteronomio 17:18-19.

Día 5: Rodea la montaña

[1] Wikipedia, s.v. "Kaihōgyō", modificado por última vez el 15 de febrero de 2021, 08:45, https://en.wikipedia.org/wiki/Kaih%C5%8Dgy%C5%8D.

² Johann Wolfgang von Goethe, citado en Mark Hall, "At the Moment of Commitment" (En el momento del compromiso), *The Alchemist's Journey* (blog), 1 de julio de 2019, https://thealchemistsjourney.com/2019/07/01/at-the-moment-of-commitment.

³ Hechos 21:26, NTV

⁴ "Herschel Walker", Academy of Achievement, revisado por última vez el 17 de febrero de 2021, https://achievement.org/achiever/herschel-walker.

⁵ Herschel Walker, citado en Jade Scipioni, "Why NFL Great Herschel Walker Still Does 2,000 Sit-Ups a Day" (Por qué el gran Herschel Walker de la NFL todavía hace 2000 abdominales por día), FOX Business, 19 de abril de 2018, www.foxbusiness.com/features/why-nfl-great-herschel-walker-still-does-2000-sit-ups-a-day.

⁶ Mateo 17:20.

⁷ Efesios 3:20.

⁸ Anders Ericsson y Robert Pool, *Peak: Secrets from the New Science of Expertise* (La cima: secretos de la nueva ciencia de la experiencia), (Boston: Houghton Mifflin Harcourt, 2016), p. 40.

⁹ "Target Heart Rate and Estimated Maximum Heart Rate" (Frecuencia cardíaca deseada y frecuencia cardíaca máxima estimada), Centers for Disease Control and Prevention, última revisión 14 de octubre de 2020, www.cdc.gov/physicalactivity/basics/measuring/heartrate.htm.

¹⁰ Benjamin Franklin, *Benjamin Franklin: Autobiografía* (Bilbao: Cantábrica, 1969), pp. 102-103 del original en inglés.

¹¹ Franklin, *Autobiografía*, p. 110 del original en inglés.

¹² Jack Hollis, citado en Kaiser Permanente, "Kaiser Permanente Study Finds Keeping a Food Diary Doubles Diet Weight Loss" (Un estudio de Kaiser Permanente descubre que llevar un diario sobre la comida duplica la pérdida de peso), EurekAlert!, 8 de julio de 2008, www.eurekalert.org/pub_releases/2008-07/kpdo-kps062308.php.

¹³ "Step Four" (Paso cuatro), Alcohólicos Anónimos, www.aa.org/assets/en_us/en_step4.pdf.

Día 6: Acumula el hábito

¹ Charles Duhigg, *El poder de los hábitos: Por qué hacemos lo que hacemos en la vida y los negocios*, (Nueva York: Vintage Español: Penguin Random House, 2019), p. 34 del original en inglés.

[2] "Why Popcorn Smells So Good" (Por qué las palomitas de maíz huelen tan bien), *Tampa Bay Times*, 7 de octubre de 2005, www.tampabay.com/archive/1994/07/28/why-popcorn-smells-so-good.

[3] Éxodo 30:7-8.

[4] Números 15:38-40.

[5] "C. G. Jung", Goodreads, www.goodreads.com/quotes/44379-until-you-make-the-unconscious-conscious-it-will-direct-your.

[6] Bruce Goldman, "New Imaging Method Developed at Stanford Reveals Stunning Details of Brain Connections" (Nuevo método imaginativo desarrollado en Stanford revela asombrosos detalles de conexiones cerebrales), Stanford Medicine News Center, 17 de noviembre de 2010, https://med.stanford.edu/news/all-news/2010/11/new-imaging-method-developed-at-stanford-reveals-stunning-details-of-brain-connections.html; Maggie Masetti, "How Many Stars in the Milky Way?" (¿Cuántas estrellas hay en la Vía Láctea?), *Blueshift* (blog), NASA, 22 de julio de 2015, https://asd.gsfc.nasa.gov/blueshift/index.php/2015/07/22/how-many-stars-in-the-milky-way.

[7] Read Montague, citado en Jonah Lehrer, *Cómo decidimos: Y cómo tomar mejores decisiones* (Barcelona: Paidós, 2011), p. 41 del original en inglés.

[8] Romanos 7:15.

[9] Salmos 37:4.

[10] "The Water in You: Water and the Human Body" (El agua que hay en ti: Agua y el cuerpo humano), USGS: Science for a Changing World, www.usgs.gov/special-topic/water-science-school/science/water-you-water-and-human-body?qt-science_center_objects=0#qt-science_center_objects.

Día 7: Dispara

[1] *Jump Shot: The Kenny Sailors Story*, dirigida por Jacob Hamilton (Nashville, TN: Aspiration Entertainment, 2019), www.jumpshotmovie.com.

[2] Mateo 5:3-10.

[3] Ayun Halliday, "The Power of Conformity: 1962 Episode of Candid Camera Reveals the Strange Psychology of Riding Elevators" (El poder de la conformidad: El episodio de 1962 de *Cámara Oculta* revela la extraña psicología de subirse a los elevadores), Open Culture, 7 de noviembre de 2016, www.openculture.com/2016/11/the-power-of-

conformity-1962-episode-of-candid-camera-reveals-the-psychology-of-riding-elevators.html.

4 Romanos 12:2.

5 Saul McLeod, "Solomon Asch—Conformity Experiment" (Solomon Asch: Experimento de conformidad), Simply Psychology, 28 de diciembre de 2018, www.simplypsychology.org/asch-conformity.html.

6 R. A. Torrey, *The Person and Work of the Holy Spirit* (La persona y la obra del Espíritu Santo), edición revisada (Grand Rapids, MI: Zondervan, 1974), p. 10.

7 Gordon MacKenzie, *Orbiting the Giant Hairball: A Corporate Fool's Guide to Surviving with Grace* (En la órbita de la bola de pelos gigante: Una guía corporativa cómica para sobrevivir con gracia), (New York: Viking, 1998), pp. 19-20, 23-24.

8 Mateo 18:3.

9 Lim Wy Wen, "Ho, Ho, Ha, Ha, Ha", The Star, 10 de mayo de 2009, www.thestar.com.my/lifestyle/health/2009/05/10/ho-ho-ha-ha-ha.

10 "Stress Relief from Laughter? It's No Joke" (¿La risa puede aliviar el estrés? Esto es broma), Mayo Clinic, 5 de abril de 2019, https://www.mayoclinic.org/healthy-lifestyle/stress-management/in-depth/stress-relief/art-20044456.

11 Rolf Smith, *The 7 Levels of Change: Create, Innovate and Motivate with the Secrets of the World's Largest Corporations* (Los 7 niveles del cambio: Crear, innovar y motivar con los secretos de las mayores corporaciones del mundo), (Arlington, TX: Summit, 1997), p. 49.

12 John Putzier, *Get Weird! 101 Innovative Ways to Make Your Company a Great Place to Work* (Vuélvete loco: 101 maneras innovadoras de hacer de tu empresa un magnífico lugar para trabajar), (New York: AMACOM, 2001), pp. 7-8.

13 Albert Bandura, Joan E. Grusec y Frances L. Menlove, "Vicarious Extinction of Avoidance Behavior" (Extinción vicaria del comportamiento de evitación), *Journal of Personality and Social Psychology* 5, no. 1 (1967): pp. 16-23, https://doi.org/10.1037/h0024182.

Día 8: Recuerda el futuro

1 James Stockdale, citado en Jim Collins, *Empresas que sobresalen: incertidumbre, caos y suerte: Por qué algunas prosperan a pesar de todo* (Bogotá: Norma, 2013), p. 85 del original en inglés.

2   Apocalipsis 11:15.

3   Oswald Chambers, "August 3: The Big Compelling of God" (3 de agosto: La gran convicción de Dios), My Utmost for His Highest, https://utmost.org/classic/the-big-compelling-of-god-classic.

4   "Winston Churchill," Goodreads, www.goodreads.com/quotes/535242-the-farther-back-you-can-look-the-farther-forward-you.

5   Apocalipsis 7:9.

6   Stockdale, citado en Collins, *Empresas que sobresalen*, p. 85.

7   Stockdale, citado en Collins, *Empresas que sobresalen*, p. 85.

8   Juan 16:33.

9   Hebreos 11:1.

10 Charles Duhigg, *El poder de los hábitos: Por qué hacemos lo que hacemos en la vida y los negocios*, (Nueva York: Vintage Español: Penguin Random House, 2019), p. 115 del original en inglés.

11 Filipenses 4:7.

12 Simon Ponsonby, *More: How You Can Have More of the Spirit When You Already Have Everything in Christ* (Más: Cómo puedes tener más del Espíritu cuando ya tienes todo en Cristo), (Colorado Springs, CO: David C Cook, 2009), p. 52.

13 Dan Sullivan, prólogo a *Unhackable* ("Injaqueable"), de Kary Oberbrunner (Powell, OH: Ethos Collective, 2020), p. xviii.

14 Sullivan, prólogo a *Unhackable*, xviii.

Hábito 1 – Cambia el guion

1   Haley Goldberg-Shine, "The One Question I Ask to Stop Negative Thoughts from Ruining My Day: No Meditation Needed" (La pregunta que me hago para impedir que los pensamientos negativos me arruinen el día: no se necesita meditación), Fast Company, 28 de julio de 2017, www.fastcompany.com/40444942/the-one-question-i-ask-myself-to-stop-negative-thoughts-from-ruining-my-day.

2   Proverbios 23:7, RVR60.

3   *Amistad*, "Anthony Hopkins: John Quincy Adams", IMDB, www.imdb.com/title/tt0118607/characters/nm0000164.

4   Eric Barker, *Barking up the Wrong Tree: The Surprising Science Behind Why Everything You Know About Success Is (Mostly) Wrong* (Ladrarle al árbol incorrecto: la sorprendente ciencia de por qué todo lo que sabes

acerca del éxito está (mayormente) errado, (New York: HarperOne, 2017), p. 75.

Día 9: Cambia tu historia

[1] "Bob Beamon", Black History in America, www.myblackhistory.net/Bob_Beamon.htm.

[2] Ralph Boston, citado en Andy Andrews, *El fondo de la piscina: Piensa más allá de tus límites para alcanzar resultados extraordinarios* (Nashville: Grupo Nelson, 2019), p. 13 del original en inglés.

[3] Walt Kelly, "3[6] 'We Have Met the Enemy and He Is Us'" (36. "Hemos encontrado al enemigo y él es nosotros"), Billy Ireland Cartoon Library & Museum, Ohio State University, 22 de abril de 1971, https://library.osu.edu/site/40stories/2020/01/05/we-have-met-the-enemy.

[4] Romanos 8:31.

[5] 1 Juan 4:4, RVR60.

[6] Romanos 8:28, RVR60.

[7] Filipenses 4:13.

[8] Esta cita se les atribuye a unas cuantas personas. Yo la tomé de Jay Shetty, *Piensa como un monje: Entrena tu mente para la paz interior y consigue una vida plena* (Miami, FL: Grijalbo, 2020), p. ix del original en inglés.

[9] "Berakhot 8a", en The William Davidson Talmud, Sefaria, www.sefaria.org/Berakhot.8a.17?lang=bi&with=all&lang2=en.

[10] Levi Cooper, "World of the Sages: The Four Cubits of Halacha" (El mundo de las sagas: Los cuatro codos de Halacha), *The Jerusalem Post*, 16 de agosto de 2006, www.jpost.com/jewish-world/judaism/world-of-the-sages-the-four-cubits-of-halacha.

[11] Gordon Hempton, "Silence and the Presence of Everything" (Silencio y la presencia de todo), On Being with Krista Tippett, podcast, 10 de mayo de 2012, https://onbeing.org/programs/gordon-hempton-silence-and-the-presence-of-everything.

[12] Clyde Haberman, "Raising Her Voice in Pursuit of a Quieter City" (Levantando su voz en busca de una ciudad más silenciosa), *New York Times*, 6 de octubre de 2013, www.nytimes.com/2013/10/07/nyregion/arline-bronzaft-seeks-a-less-noisy-new-york.html.

[13] Salmos 46:10.

[14] Henri J. M. Nouwen, *"Tú eres mi amado": La vida espiritual en un mundo secular* (Madrid: The Crossroad Publishing Company, 2018), p. 37 del original en inglés.

[15] Mark Batterson, "Whisper: How to Hear the Voice of God" (Silencio: Cómo oír la voz de Dios), YouVersion, www.bible.com/readingplans/8721-whisper-how-hear-the-voice-of-god-mark-batterson.

Día 10: Asegura el enfoque

[1] Anthony McAuliffe, citado en Pat Williams, *¡Vamos a ganar!: Intégrese a la magia del trabajo en equipo* (México: Selector, 1998.), cap. 2, del original en inglés, Kindle.

[2] Mark Batterson, *Doble bendición: Cómo recibirla, cómo compartirla* (Colorado Springs, CO: Origen/Penguin Random House Grupo Editorial USA, 2020), p. 70 del original en inglés.

[3] Génesis 50:20.

[4] Martin E. P. Seligman, *Aprenda optimismo: Haga de la vida una experiencia gratificante* (Barcelona: Debolsillo, 2004), p. 15.

[5] Daniel Kahneman et al., "Would You Be Happier If You Were Richer? A Focusing Illusion" (¿Serías más feliz si fueras rico? Una ilusión de enfoque), *Science* 312, no. 5782 (30 de junio de 2006): 1908-1910, www.jstor.org/stable/3846429?seq=1.

[6] David G. Myers, *The Pursuit of Happiness: Discovering the Pathway to Fulfillment, Well-Being, and Enduring Personal Joy* (En busca de la felicidad: Descubriendo la senda a la realización, el bienestar y el gozo personal perdurable), (New York: William Morrow, 1993), pp. 66-67.

[7] Filipenses 4:8, NTV.

[8] Richard Restak, *Mozart's Brain and the Fighter Pilot: Unleashing Your Brain's Potential* (El cerebro de Mozart y el piloto de combate: Desatando el potencial de tu cerebro), (New York: Three Rivers, 2001), p. 92.

[9] Restak, *Mozart's Brain*, p. 92.

[10] Números 13:31.

[11] Números 13:33.

[12] Charles Horton Cooley, citado en Jay Shetty, *Piensa como un monje: Entrena tu mente para la paz interior y consigue una vida plena* (Miami, FL: Grijalbo, 2020), p. 3 del original en inglés.

13 Charles Horton Cooley, *Human Nature and the Social Order* (La naturaleza humana y el orden social), (New York: Charles Scribner's Sons, 1902), p. 152.

14 Santiago 1:23-24.

15 Salmos 17:8; Efesios 2:10; Romanos 8:37.

16 A. W. Tozer, *El conocimiento del Dios santo* (Miami, Fla.: Editorial Vida, 1996.), p. vii del original en inglés.

17 Victoria H. Medvec, Scott F. Madey y Thomas Gilovich, "When Less Is More: Counterfactual Thinking and Satisfaction Among Olympic Medalists" (Cuando menos es más: El pensamiento contrafáctico y satisfacción entre los medallistas olímpicos), *Journal of Personality and Social Psychology* 69, no. 4 (1995): 603-610, https://doi.org/10.1037/0022-3514.69.4.603.

Día 11: Conoce tu nombre

1 Diana Nyad, citado en Greg Myre, "On Fifth Try, Diana Nyad Completes Cuba-Florida Swim" (En su quinto intento, Diana Nyad completa el nado de Cuba a Florida), NPR, 2 de septiembre de 2013, www.npr.org/sections/thetwo-way/2013/09/02/218207861/diana-nyad-in-homestretch-of-cuba-florida-swim.

2 Diana Nyad, *Find a Way: The Inspiring Story of One Woman's Pursuit of a Lifelong Dream* (Encuentra un camino: La inspiradora historia de una mujer persiguiendo el sueño de su vida), (New York: Vintage Books, 2016), pp. 27-28 (la cita está modificada para eliminar el deletreo fonético del acento griego).

3 Mark Batterson, *Doble bendición: Cómo recibirla, cómo compartirla* (Colorado Springs, CO: Origen/Penguin Random House Grupo Editorial USA, 2020), pp. 57-58 del original en inglés.

4 Génesis 1:27; Salmos 17:8; Efesios 2:10, NTV.

5 Efesios 1:3-14.

6 Génesis 1:27.

7 Philip Swann, "The Human Heart Is a Perpetual Idol Factory" (El corazón del hombre es una fábrica perpetua de ídolos), *Evangelical Magazine* (marzo/abril 2021), 16, www.evangelicalmagazine.com/article/the-human-heart-is-a-perpetual-idol-factory.

8 Números 6:24-26.

⁹ Números 6:27, RVR60.

¹⁰ Jueces 6:34, NTV.

¹¹ Génesis 22:14; Éxodo 17:15; Ezequiel 48:35; Isaías 9:6.

¹² Jeremías 1:6-7.

¹³ "Johann Wolfgang von Goethe", Goodreads, www.goodreads.com/quotes/33242-if-you-treat-an-individual-as-he-is-he-will.

¹⁴ Dan Jackson, "11 Crazy Things Actors Have Done to Prepare for Roles" (11 locuras que han hecho los actores para prepararse para sus roles), Thrillist, 28 de febrero de 2018, www.google.com/amp/s/www.thrillist.com/amphtml/entertainment/nation/method-acting-stories.

¹⁵ Mateo 5:29-30.

¹⁶ Mateo 6:21.

Hábito 2 – Abraza la ola

¹ Ludwig Spohr, citado en Arthur C. Brooks, "Opinion: This Holiday Season, We Can All Learn a Lesson from Beethoven" (En esta temporada festiva todos podemos aprender una lección de Beethoven), *Washington Post*, 13 de diciembre de 2019, www.washingtonpost.com/opinions/this-holiday-season-we-can-all-learn-a-lesson-from-beethoven/2019/12/13/71f21aba-1d0e-11ea-b4c1-fd0d91b60d9e_story.html.

² "The 20 Greatest Symphonies of All Time" (Las 20 mayores sinfonías de todos los tiempos), *BBC Music Magazine*, 25 de septiembre de 2018, www.classical-music.com/features/works/20-greatest-symphonies-all-time.

³ Brooks, "Opinion: This Holiday Season".

⁴ "6 Quotes Spurgeon Didn't Say" (6 citas que Surgeon nunca dijo), Spurgeon Center, 8 de agosto de 2017, www.spurgeon.org/resource-library/blog-entries/6-quotes-spurgeon-didnt-say. (Pero a menudo se le atribuyen)

⁵ Dan Witters y Jim Harter, "Worry and Stress Fuel Record Drop in U.S. Life Satisfaction" (La preocupación y el estrés alimentan la caída de la satisfacción de vida en los EE.UU.), *Gallup*, 8 de mayo de 2020, https://news.gallup.com/poll/310250/worry-stress-fuel-record-drop-life-satisfaction.aspx.

⁶ Marcos 4:39.

⁷ George Foreman, *God in My Corner* (Dios en mi esquina), (Nashville, TN: Thomas Nelson, 2007), pp. 132-133.

Día 12: Hazlo asustado

1   Douglas Murray, *La masa enfurecida: Cómo las políticas de identidad llevaron al mundo a la locura* (Barcelona: Península, 2021), p. 107 del original en inglés.

2   James Thurber, "The Day the Dam Broke" (El día en que se rompió la represa), Library of America: Story of the Week, https://storyoftheweek. loa.org/2019/12/the-day-dam-broke.html.

3   Robert A. Johnson, *Aceptar la sombra de tu inconsciente* (Ediciones Obelisco: 2010), p. 92 del original en inglés.

4   *Contra lo imposible*, dirigida por James Mangold (Los Angeles: 20th Century Fox, 2019), "Quotes," IMDb, www.imdb.com/title/tt1950186/characters/nm0000354.

5   Éxodo 14:13, NTV.

6   Nadia Kounang, "What Is the Science Behind Fear?" (¿Cuál es la ciencia detrás del miedo?), CNN Health, 29 de octubre de 2015, www.cnn.com/2015/10/29/health/science-of-fear/index.html.

7   1 Juan 4:18.

8   Éxodo 14:4, NTV.

9   Ashley Lateef, "10 Inspiring Quotes from Corrie ten Boom" (10 citas inspiradoras de Corrie ten Boom), Guideposts, www.guideposts.org/better-living/life-advice/finding-life-purpose/10-inspiring-quotes-from-corrie-ten-boom.

10 Daniel Kahneman, *Pensar rápido, pensar despacio* (Debate: 2021), pp. 123-124 del original en inglés.

11 Hechos 27:29.

12 Mihai Andrei, "How Big Is the Universe?" (¿Qué tan grande es el universo?), ZME Science, 6 de abril de 2021, www.zmescience.com/other/feature-post/how-big-is-the-universe.

13 Tryon Edwards, *A Dictionary of Thoughts: Being a Cyclopedia of Laconic Quotations from the Best Authors of the World, Both Ancient and Modern* (Un diccionario de pensamientos: Una enciclopedia de citas lacónicas de los mejores autores del mundo, tanto antiguo como moderno), (Detroit: F. B. Dickerson, 1908), p. 324.

Día 13: Camina sobre la cuerda floja

[1] "A High-Wire Prayer over Niagara Falls" (Una oración en la cuerda floja sobre las cataratas del Niágara), CBN, www1.cbn.com/700club/high-wire-prayer-over-niagara-falls.

[2] Lo escuché a Andy contarlo en la conferencia Catalyst.

[3] Job 11:6, NBLA.

[4] Juan 9:2-3.

[5] Robert A. Johnson, *Aceptar la sombra de tu inconsciente* (Ediciones Obelisco: 2010), p. 92 del original en inglés.

[6] Efesios 4:1-2.

[7] Dale Carnegie, *Cómo ganar amigos e influenciar sobre las personas* (Colombia: Global's ediciones, 2019), p. 37 del original en inglés.

[8] Proverbios 15:1.

Día 14: Une los puntos

[1] Peter Wohlleben, *La vida secreta de los árboles* (Barcelona: Ediciones Obelisco, 2018), pp. 131-132 del original en inglés.

[2] Daniel 2:23.

[3] Daniel 2:14.

[4] Jenny Nguyen, "The Surprising Things a Master Sommelier Can Teach You About Wine" (Las cosas sorprendentes que un *sommelier* puede enseñarte sobre el vino), *Forbes*, 17 de noviembre de 2014, www.forbes.com/sites/jennguyen/2014/11/17/the-surprising-things-a-master-sommelier-can-teach-you-about-wine/?sh=6bab709d48ca.

[5] Steve Jobs, "2005 Stanford Commencement Address" (Discurso de inicio lectivo 2005 en Stanford), (discurso, Stanford University, Stanford, CA, 12 de junio de 2005), https://news.stanford.edu/2005/06/14/jobs-061505.

[6] Abraham Heschel, citado en David W. Blight, "After the Flood Recedes" (Cuando el suelo se desvanece), *Atlantic*, 26 de abril de 2020, www.theatlantic.com/ideas/archive/2020/04/after-flood-recedes/610693.

[7] "Walter Brueggemann: The Prophetic Imagination" (Walter Brueggemann: La imaginación profética), *On Being with Krista Tippett*, actualizado por última vez el 20 de diciembre de 2018, https://onbeing.org/programs/walter-brueggemann-the-prophetic-imagination-dec2018.

[8] 1 Samuel 17:37.

⁹ David Brier, "What Is Innovation" (¿Qué es la imaginación?), Fast Company: Leadership Now, 1 de noviembre de 2013, www.fastcompany.com/3020950/what-is-innovation.

¹⁰ "Catherine Cox Miles", Human Intelligence, www.intelltheory.com/cox.shtml.

Hábito 3 – ¡Trágate ese sapo!

¹ "Eat a Live Frog Every Morning, and Nothing Worse Will Happen to You the Rest of the Day" (Trágate un sapo cada mañana y nada peor puede pasarte en el resto del día), Quote Investigator, 3 de abril de 2013, https://quoteinvestigator.com/2013/04/03/eat-frog.

² Patrick Kiger, "The French Ambassador Was Teddy Roosevelt's Hiking Buddy" (El embajador francés era el compañero de senderismo de Teddy Roosvelt), *Boundary Stones* (blog), 20 de septiembre de 2014, https://boundarystones.weta.org/2014/09/20/french-ambassador-was-teddy-roosevelts-hiking-buddy.

Día 15: Hazlo difícil

¹ Christopher Klein, "When Teddy Roosevelt Was Shot in 1912, a Speech May Have Saved His Life" (Cuando Teddy Roosevelt fue abaleado en 1912, un discurso podría haberle salvado la vida), History, actualizado el 21 de julio de 2019, www.history.com/news/shot-in-the-chest-100-years-ago-teddy-roosevelt-kept-on-talking.

² Wikipedia, s.v. "Dan Tyler Moore," modificado por última vez el 11 de marzo de 2021, https://en.wikipedia.org/wiki/Dan_Tyler_Moore.

³ Theodore Roosevelt, "The Strenuous Life" (La vida esforzada), (discurso, Hamilton Club, Chicago, IL, April 10, 1899), https://voicesofdemocracy.umd.edu/roosevelt-strenuous-life-1899-speech-text.

⁴ 2 Corintios 11:23-27.

⁵ "Margaret Thatcher", Goodreads, www.goodreads.com/quotes/66737-look-at-a-day-when-you-are-supremely-satisfied-at.

⁶ Dr. Paul Brand y Philip Yancey, *The Gift of Pain: Why We Hurt and What We Can Do About It* (El don del dolor: Por qué sufrimos y qué podemos hacer al respecto), (Grand Rapids, MI: Zondervan, 1997), p. 55.

⁷ Hebreos 12:2.

[8] Lucas 22:42.

[9] David Brooks, *El camino del carácter* (Ciudad de México: Oceano exprés, 2019), pp. 52, 60 del original en inglés.

[10] Dwight D. Eisenhower, citado Brooks, *El camino del carácter*, p. 61 del original en inglés.

[11] Lucas 9:23; 2 Corintios 10:5.

Día 16: Toma decisiones en tu contra

[1] Walter Mischel, Ebbe B. Ebbesen y Antonette Raskoff Zeiss, "Cognitive and Attentional Mechanisms in Delay of Gratification" (mecanismos cognitivos y de la atención en la demora de la gratificación), *Journal of Personality and Social Psychology* 21, no. 2 (1972): 204-218, https://doi.org/10.1037/h0032198.

[2] Mischel, Ebbesen y Zeiss, "Cognitive and Attentional Mechanisms" (Mecanismos cognitivos y de atención), 206, https://higher-order-thinking.com/wp-content/uploads/2018/09/cognitive_and_attentional _mechanisms_in_delay_of_gratification.pdf.

[3] Mischel, Ebbesen y Zeiss, "Cognitive and Attentional Mechanisms"

[4] Daniel Goleman, *Inteligencia emocional: Por qué es más importante que el coeficiente intelectual* (Barcelona Reverte: 2021), pp. 80-82 del original en inglés.

[5] Steven Salzberg, "Can Intermittent Fasting Reset Your Immune System?" (¿El ayuno intermitente puede reiniciar tu sistema inmune?), *Forbes*, 6 de enero de 2020, https://www.forbes.com/sites/stevensalzberg/2020/01/06/can-intermittent-fasting-reset-your-immune-system/?sh=2256981b27ac.

[6] "What Is the Strongest Muscle in the Human Body?" (¿Cuál es el músculo más fuerte del cuerpo humano?), Everyday Mysteries: Fun Science Facts from the Library of Congress, 19 de noviembre de 2019, www.loc.gov/everyday-mysteries/biology-and-human-anatomy/item/what-is-the-strongest-muscle-in-the-human-body.

[7] Mateo 4:4.

[8] 1 Corintios 10:23.

[9] Brett McKay y Kate McKay, "Lessons in Manliness: The Childhood of Theodore Roosevelt" (Lecciones de hombría: La niñez de Theodore Roosevelt), The Art of Manliness, 4 de febrero de 2008, https://www.artofmanliness.com/character/manly-lessons/lessons-in-manliness-the-childhood-of-theodore-roosevelt/.

[10] "Why People Become Overweight" (¿Por qué la gente se vuelve obesa?), Harvard Health Publishing, 24 de junio de 2019, www.health.harvard.edu/staying-healthy/why-people-become-overweight.

Día 17: Vive sin mentiras

[1] Aleksandr Solzhenitsyn, "Live Not by Lies" (Vive sin mentiras), trad. Yermolai Solzhenitsyn, 12 de febrero de 1974, The Aleksandr Solzhenitsyn Center, www.solzhenitsyncenter.org/live-not-by-lies.

[2] Mateo 10:16.

[3] Génesis 3:1.

[4] Nathan Azrin, citado en Charles Duhigg, *El poder de los hábitos: Por qué hacemos lo que hacemos en la vida y los negocios*, (Nueva York: Vintage Español: Penguin Random House, 2019), p. 76 del original en inglés.

[5] 2 Corintios 2:11.

[6] Juan 5:1-9.

[7] "Chapter 53: On the Reception of Guests" (Capítulo 53: Sobre recibir invitados), en *The Rule of Saint Benedict*, trad. Leonard J. Doyle, The Order of Saint Benedict, http://archive.osb.org/rb/text/rbeaad1.html.

[8] "The World According to Mister Rogers" (El mundo según el señor Rogers), Today, 10 de octubre de 2003, www.today.com/popculture/world-according-mister-rogers-1C9014197.

[9] Emily Dickinson, "I Dwell in Possibility" (Habito la posibilidad) en Helen Vendler, *Dickinson: Selected Poems and Commentaries* (Dickinson: Selección de poemas y comentarios), (Cambridge, MA: Belknap, 2010), p. 222.

[10] ¡Gracias a A. W. Tozer por esta idea! "Tozer Devotional: The Secret of Life Is Theological", (Devocional Tozer: La vida secreta es teológica), The Alliance, 12 de diciembre de 2020, www.cmalliance.org/devotions/tozer?id=554.

Hábito 4 – Remonta la cometa

[1] M. Robinson, "The Kite That Bridged a River" (La cometa que cruzó el río), Kitehistory.com, 2005, www.kitehistory.com/Miscellaneous/Homan_Walsh.htm.

[2] Zacarías 4:10.

[3] Winston Churchill, citado en Fred Glueckstein, "Churchill as Bricklayer" (Churchill como albañil), *Finest Hour 157* (invierno 2012-2013): 34, https://winstonchurchill.org/publications/finest-hour/finest-hour-157/churchill-as-bricklayer.

[4] Glueckstein, "Churchill as Bricklayer".

[5] Kobe Bryant, Pau Gasol, Andrew D. Bernstein, María Maestro, *Mentalidad mamba: Los secretos de mi éxito* (Editorial Planeta: México, 2020), p. 25 del original en inglés.

[6] Bryant, *Mentalidad mamba*, p. 28 del original en inglés.

Día 18: Hazlo de a poco

1. "Americans Check Their Phones 96 Times a Day" (Los norteamericanos revisan sus teléfonos 96 veces al día), Asurion, 21 de noviembre de 2019, www.asurion.com/about/press-releases/americans-check-their-phones-96-times-a-day.

[2] Rochi Zalani, "Screen Time Statistics 2021: Your Smartphone Is Hurting You" (Estadísticas 2021 sobre el tiempo en pantalla: Tu teléfono inteligente te está matando), *Elite Content Marketer*, 2 de junio de 2021, https://elitecontentmarketer.com/screen-time-statistics.

[3] Éxodo 23:30.

[4] John Wooden, citado en John C. Maxwell, *Today Matters: 12 Daily Practices to Guarantee Tomorrow's Success* (El presente importa: 12 prácticas diarias para garantizar el éxito de mañana), (New York: Warner Faith, 2004), p. 34.

[5] Anders Ericsson y Robert Pool, *Peak: Secrets from the New Science of Expertise* (La cima: Secretos de la nueva ciencia de la experiencia), (Boston: Mariner Books, 2017), p. 14.

[6] Orquesta Filarmónica de Londres y David Parry, *Las 50 mayores piezas de la música clásica*, X5 Music Group, 2009.

[7] Emil Zátopek, citado en Richard Askwith, *Today We Die a Little! The Inimitable Emil Zátopek, the Greatest Olympic Runner of All Time* (¡Hoy morimos un poco! El inimitable Emil Zátopek, el mayor corredor olímpico de todos los tiempos), (New York: Nation Books, 2016), p. 199.

Día 19: Ejerce tu autoridad

[1] Blake Stilwell, "Here's What NASA Says Is the Perfect Length for a Power Nap" (Esto es lo que dice la NASA sobre la duración perfecta de una siesta poderosa), Business Insider, 26 de marzo de 2019, https://www.businessinsider.com/nasa-research-found-the-perfect-length-for-a-power-nap-2019-3.

[2] Marcos 4:38.

[3] Mateo 21:18-19; Juan 2:1-10; 11:38-44.

[4] Romanos 8:37.

[5] Martin Luther King Jr., "I Have a Dream" ("Tengo un sueño"), (discurso, Marcha en Washington, Washington DC, 28 de agosto de 1963), www.npr.org/2010/01/18/122701268/i-have-a-dream-speech-in-its-entirety.

[6] Martin Luther King Jr., "Facing the Challenge of a New Age (1957)" ("Enfrentando el desafío de una nueva era"), en *A Testament of Hope: The Essential Writings and Speeches of Martin Luther King Jr.* (Un testamento de esperanza: Los escritos esenciales y discursos de Martin Luther King Jr.), ed. James Melvin Washington (New York: HarperCollins, 1991), p. 140.

[7] Martin Luther King Jr., "Nonviolence: The Only Road to Freedom (1966)" (No violencia: El único camino a la libertad) en *Testament of Hope* (Un testamento de esperanza), p. 58.

[8] Martin Luther King Jr., "Letter from Birmingham Jail" (Carta desde la cárcel de Birmingham), 16 de abril de 1963, The Martin Luther King, Jr. Research and Education Institute, Stanford University, https://kinginstitute.stanford.edu/sites/mlk/files/letterfrombirmingham_wwcw_0.pdf.

[9] Mateo 5:39-41; Lucas 6:27-28.

Día 20: Ya es suficiente

1. Chris Nikic, citado en Christopher Brito, "Florida Man Becomes First Person with Down Syndrome to Finish Ironman Triathlon", (Un hombre de Florida se convierte en la primera persona con síndrome de Down en finalizar el triatlón Ironman), CBS News, 10 de noviembre de 2020, www.cbsnews.com/news/chris-nikic-ironman-triathalon-down-syndrome.

[2] Zacarías 4:6.

[3] Zacarías 4:7, DHH.

NOTAS

Éxodo 14:21-22; Josué 10:12-13; 2 Reyes 6:5-7; Juan 2:1-10.

5 Salmos 23:6, RVR60.

6 Filipenses 1:6, NTV.

7 Romanos 8:28, RVR60.

8 Romanos 8:31, RVR60.

9 Josué 14:10-11.

10 Mark Batterson, *Sácale jugo al día: 7 hábitos diarios que te ayudarán a estresarte menos y lograr más* (Editorial origen, 2021), p. 164 del original en inglés.

11 Frase atribuida a Henry Ford; ver "Whether You Believe You Can Do a Thing or Not, You Are Right", Quote Investigator, 3 de febrero 2015, https://quoteinvestigator.com/2015/02/03/you-can.

12 Romanos 12:2.

13 Sean Alfano, "Because the Doctor Isn't Always Right" (Porque el doctor no siempre tiene la razón), CBS News, 7 de mayo de 2006, www.cbsnews.com/news/because-the-doctor-isnt-always-right.

Hábito 5 - Corta la cuerda

1. Spencer Klaw, "All Safe, Gentleman, All Safe!", (Todos están a salvo, señores, todos están a salvo), American Heritage 29, no. 5 (agosto/septiembre 1978), www.americanheritage.com/all-safe-gentlemen-all-safe.

2 "Escalators & Moving Walks" (Escaleras mecánicas y cintas desplazadoras), Otis, www.otis.com/en/us/products-services/products/escalators-and-moving-walks.

3 Reed Hastings y Erin Meyer, *Aquí no hay reglas: Netflix y la cultura de la reinvención*, (Barcelona: Conecta, 2020), p. xi del original en inglés.

4 "Internet/Broadband Fact Sheet" (Internet/Banda ancha ficha de datos), Pew Research Center, 7 de abril de 2021, www.pewresearch.org/internet/fact-sheet/internet-broadband.

5 Stefan Campbell, "Netflix Net Worth 2021", The Small Business Blog, https://thesmallbusinessblog.net/netflix-net-worth.

6 Thomas Gilovich y Victoria Medvec, "The Temporal Pattern to the Experience of Regret" (El patrón temporal a la experiencia de remordimiento), *Journal of Personality and Social Psychology* 67, no. 3 (Octubre 1994): 357-365, www.researchgate.net/publication/15232839_The_Temporal_Pattern_to_the_Experience_of_Regret.

Día 21: Cambia la rutina

[1] David Gordon y Maribeth Meyers-Anderson, *Phoenix: Therapeutic Patterns of Milton H. Erickson* (Phoenix: Patrones terapéuticos de Milton H. Erickson), (Cupertino, CA: Meta Publications, 1981), pp. 111-112.

[2] Malcolm Gladwell, *David y Goliat: Desvalidos, inadaptados y el arte de luchar contra gigantes* (México: Penguin Random House Grupo Editorial, 2013), p. 11 del original en inglés.

[3] G. K. Chesterton, *Ortodoxia: El hombre eterno* (México: Porrúa, 2007), p. 9 del original en inglés.

[4] 1 Samuel 17:45.

[5] Lucas 6:28.

[6] Romanos 2:4.

[7] 2 Reyes 6:23.

[8] Josué 2:1-21.

[9] Mateo 1:5-6.

[10] Ben Johnson, "The Great Horse Manure Crisis of 1894" (La gran crisis de 1894 del abono de caballo), Historic UK, www.historic-uk.com/HistoryUK/HistoryofBritain/Great-Horse-Manure-Crisis-of-1894.

Día 22: Escoge una batalla

1. Susan B. Anthony, citado en Lynn Sherr, *Failure Is Impossible: Susan B. Anthony in Her Own Words* (El fracaso es imposible: Susan B. Anthony en sus propias palabras), (New York: Crown, 1996), p. 117.

[2] Anthony, citado in Sherr, *Failure Is Impossible*, p. 324.

[3] Jueces 5:7, RVR60.

[4] Malcolm Gladwell, *El punto clave* (Editorial Debolsillo, 2020), contratapa.

[5] Jueces 5:7, NTV.

[6] Michael J. Gelb, *How to Think Like Leonardo Da Vinci* (Cómo pensar como Leonardo Da Vinci), (New York: Delacorte, 1998), p. 38.

[7] Hayim Nahman Bialik y Yehoshua Hana Ravnitzky, eds., *The Book of Legends—Sefer Ha-Aggadah: Legends from the Talmud and Midrash* (El libro de las leyendas—Sefer Ha-Aggadah: Leyendas del Talmud y el Midrash), trad. William G. Braude (New York: Schocken Books, 1992), 109:23.

[8] Jueces 5:31.

9   Rocky III, dirigida por Sylvester Stallone (Beverly Hills, CA: MGM, 1982).

10 C. G. Jung, "Commentary on The Secret of the Golden Flower" (Comentario sobre *El secreto de la flor de oro*), en *Jung on Active Imagination*, ed. Joan Chodorow (Princeton, NJ: Princeton University Press, 1997), pp. 73-74.

11 "James Corbett", Goodreads, www.goodreads.com/quotes/540142-fight-one-more-round-when-your-feet-are-so-tired.

12 1 Corintios 9:26-27.

13 2 Timoteo 4:7.

14 Efesios 6:13.

Día 23: Hazlo ahora

1   Ed Catmull, *Creatividad, S.A.: Cómo llevar la inspiración hasta el infinito y más allá* (Barcelona: Conecta, 2019), p. 176 del original en inglés.

2   Catmull, *Creatividad*, p. 176.

3   Mike Fleming, Jr., "Candice Bergen to Tell Story of Her Legendary Ventriloquist Father Edgar Bergen for Big Screen" (Candice Bergen cuenta la historia de su padre legendario ventrílocuo), Deadline, 30 de abril de 2013, https://deadline.com/2013/04/candice-bergen-to-tell-story-of-her-legendary-ventriloquist-father-edgar-bergen-for-big-screen-486808.

4   1 Samuel 14:2.

5   1 Samuel 14:6, NTV.

6   Martin Luther King Jr., "Beyond Vietnam—A Time to Break Silence" (Después de Vietnam—Un tiempo para romper el silencio), (discurso, Riverside Church, New York, NY, 4 de abril de 1967), www.americanrhetoric.com/speeches/mlkatimetobreaksilence.htm.

7   Juan 4:35.

8   "Parkinson's Law" (Ley de Parkinson), The Economist, www.economist.com/news/1955/11/19/parkinsons-law.

Hábito 6 – Ajusta el reloj

1   Tony Campolo, "If I Should Wake Before I Die" (Si debo despertar antes de morir), Preaching Today.com, www.preachingtoday.com/sermons/sermons/2005/august/124.html.

² Nagin Cox, "What Time Is It on Mars?" (¿Qué hora es en Marte?), TE-DxBeaconStreet, noviembre de 2016, TED video, 13:48, https://tedxbea-constreet.com/videos/living-on-two-planets-mars-time.

³ Jonathan Larson, "Seasons of Love" (Temporadas de amor), en *Rent*, 1996.

⁴ Salmos 90:12.

Día 24: Quítate la gorra

¹ Akin Oyedele y Taylor Borden, "Hilton Was Just Named the Best Company to Work for in the US. Here's How the Iconic Hilton Family Built Their Wealth" (Hilton acaba de ser nombrada la mejor compañía donde trabajar en los EE.UU. Aquí verá cómo la icónica familia construyó su riqueza), Business Insider, 20 de febrero de 2020, www.businessinsider.com/how-the-hilton-family-got-so-rich-2014-10#throughout-the-1920s-hilton-continued-to-buy-and-build-hotels-in-texas-he-finally-expanded-beyond-the-state-in-1942-3. Vea también Brandon Hilgemann, "Hilton Hotels Were Built on Prayer" (Los hoteles Hilton fueron construidos con oración), Pro Preacher, 20 de abril de 2016, www.propreacher.com/hilton-hotels-built-prayer.

² John Heywood, *The Proverbs and Epigrams of John Heywood* (Los proverbios y epigramas de John Heywood), (A.D. 1562) (n.p.: Spenser Society, 1867), p. 30.

³ Heywood, *Proverbs*, p. 133.

⁴ "Physiology" (Fisiología), Britannica, www.britannica.com/science/information-theory/Physiology.

⁵ Anne Trafton, "In the Blink of an Eye: MIT Neuroscientists Find the Brain Can Identify Images Seen for as Little as 13 Milliseconds" (En un abrir y cerrar de ojos: Los neurocientíficos del MIT descubren que el cerebro puede identificar imagénes vistas tan rápido como en 13 milisegundos), MIT News, 16 de enero de 2014, https://news.mit.edu/2014/in-the-blink-of-an-eye-0116.

⁶ Aaron Abrams, "Data Storage: How Many Words Is a Picture Really Worth?" (Almacenamiento de datos: ¿Cuántas palabras realmente vale una imagen?), Nortridge Software Company, 11 de septiembre de 2014, www.nortridge.com/blog/data-storage-how-many-words-is-a-picture-really-worth.

7 Daniel Terdiman, "Elon Musk at SXSW: 'I'd Like to Die on Mars, Just Not on Impact" (Elon Musk en SXSW: Me gustaría morir en Marte, solo que no en un impacto), CNET, 9 de marzo de 2013, www.cnet.com/news/elon-musk-at-sxsw-id-like-to-die-on-mars-just-not-on-impact.

8 Wikipedia, s.v. "Jim Carrey Filmography" (Filmografía de Jim Carrey), modificado por última vez el 22 de junio de 2021, 19:31, https://en.wikipedia.org/wiki/Jim_Carrey_filmography.

9 "Jim Carrey Net Worth: How Much Is Jim Carrey Worth?" (La ganancia neta de Jim Carrey: ¿Cuánto vale Jim Carrey?), Celebrity Net Worth, www.celebritynetworth.com/richest-celebrities/actors/jim-carrey-net-worth.

10 Mateo 16:26.

11 Aristóteles, *Sobre el alma* (Madrid: Consejo Superior de Investigaciones Científicas, 2019.), p. 59 del original en inglés.

12 R. A. Torrey, citado en George Sweeting y Donald Sweeting, *Lessons from the Life of Moody* (Lecciones de la vida de Moody), (Chicago: Moody, 1989), p. 129.

13 Lucas 23:34.

14 Deuteronomio 6:4.

Día 25: Saca cuentas

1 Korczak Ziolkowski, citado en, *The Best of the Black Hills* (Lo mejor de Black Hills), (Helena, MT: Farcountry, 2017), p. 21.

2 Kyle Butt, "Noah's Ark—A Flawless Floater" (El arca de Noé—Un flotador perfecto), Apologetics Press, www.apologeticspress.org/APContent.aspx?category=22&article=562.

3 "Facts on Noah's Ark" (Datos sobre el arca de Noé), Christian Information Ministries, www.ldolphin.org/cisflood.html.

4 Hayim Nahman Bialik y Yehoshua Hana Ravnitzky, eds., *The Book of Legends—Sefer Ha-Aggadah: Legends from the Talmud and Midrash*, trans. William G. Braude (El libro de las leyendas—Sefer Ha-Aggadah: Leyendas del Talmud y el Midrash), trad. William G. Braude (New York:Schocken, 1992), 27:120.

5 H. Tankovska, "Daily Social Media Usage Worldwide 2010-2020" (Uso mundial diario de las redes sociales del 2012 al 2020), Statista, 8 de febrero de 2021, www.statista.com/statistics/433871/daily-social-media-usage-worldwide.

6   Charles Dickens, *David Copperfield* (México, D.F.: Grupo Editorial Tomo, 2015), p. 179 del original en inglés.

7   "Send Photos Delivered as Postcards to Any Person in Any Prison Instantly" (Envíe sus fotos como postales a cualquier persona en prisión al instante), Flikshop, www.flikshop.com.

8   Gemma Curtis, "Your Life in Numbers: How Long Do You Spend Sleeping? Watching TV? Working? We Take a Look at a Whole Life and Examine How Precious Time Is" (Tu vida en números: ¿Cuánto tiempo pasas durmiendo? Exploramos una vida completa y examinamos lo precioso que es el tiempo), Sleep Matters Club, www.dreams.co.uk/sleep-matters-club/your-life-in-numbers-infographic.

9   Matt Plummer, "Interruptions Steal a Ton of Your Time. Here Are 3 Ways to Get Those Hours Back: The Cost of Interruptions in the Workplace Is Clear. So Are the Solutions" (Las interrupciones te roban un montón de tiempo. Tres formas de recuperar esas horas: El costo de las interrupciones en el trabajo es claro. Y también lo son las soluciones), Inc., 30 de enero de 2019, www.inc.com/matt-plummer/interruptions-steal-a-ton-of-your-time-here-are-3-ways-to-get-those-hours-back.html.

10   Salmos 90:12.

Día 26: Juega a largo plazo

1   "Archive Fact Sheet: The History of Guinness" (Archivo de fichas técnicas: La historia de los Guinness), Guinness Storehouse, www.guinness-storehouse.com/content/pdf/archive-factsheets/general-history/company-history.pdf.

2   Julie Baldwin, "Theology on Tap" (Teología a demanda), The Imaginative Conservative, 17 de febrero de 2012, https://theimaginativeconservative.org/2012/02/theology-on-tap.html.

3   "Visingsö Oak Forest", Atlas Obscura, www.atlasobscura.com/places/visingso-oak-forest, y Stewart Brand, The Clock of the Long Now: Time and Responsibility (El reloj del largo ahora: Tiempo y responsabilidad), (New York:Basic Books, 1999), p. 162.

4   2 Pedro 3:8.

5   Hechos 2:1-4.

6   Stephen R. Covey, *Los 7 hábitos de la gente altamente efectiva: Lecciones magistrales sobre el cambio personal* (Barcelona: Booklet, 2014), p. 109 del original en inglés.

7 Juan 8:58, RVR60.
8 Josué 10:12-13; 2 Reyes 20:8-11.
9 Josué 6:2, DHH.
10 Efesios 2:10.
11 Eric Barker, *Barking up the Wrong Tree: The Surprising Science Behind Why Everything You Know About Success Is (Mostly) Wrong* (Ladrarle al árbol incorrecto: La sorprendente ciencia de por qué todo lo que sabes acerca del éxito está (mayormente) errado), (New York: HarperOne, 2017), p. 83.
12 Barker, *Barking Up*, 84.
13 Mark Batterson, *Sácale jugo al día: 7 hábitos diarios que te ayudarán a estresarte menos y lograr más* (Editorial Origen, 2021), p. 202 del original en inglés.

Hábito 7 - Siembra las nubes

1 Citado en Ginger Strand, *Los hermanos Vonnegut: Ciencia y ficción en la casa de la magia* (Madrid: Es Pop Ediciones, 2021), p. 58 del original en inglés.
2 1 Reyes 18:42-45.
3 Josué 6:8-20; 2 Reyes 5:10-14.
4 Hayim Nahman Bialik y Yehoshua Hana Ravnitzky, eds., *The Book of Legends—Sefer Ha-Aggadah: Legends from the Talmud and Midrash* (El libro de las leyendas—Sefer Ha-Aggadah: Leyendas del Talmud y el Midrash), trad. William G. Braude (New York:Schocken, 1992), p. 202.
5 Salmos 126:1, NBLA.
6 Bialik y Ravnitzky, eds., *Book of Legends*, p. 203.
7 New World Encyclopedia, s.v. "Arnold J. Toynbee", www.newworldencyclopedia.org/entry/Arnold_J._Toynbee.
8 New World Encyclopedia, s.v. "Arnold J. Toynbee".
9 R. T. Kendall, *La unción: Ayer, hoy y mañana* (Miami, Fla: Editorial Vida, 2006), p. 133 del original en inglés.

Día 27: Se necesita un equipo

1 Proverbios 27:17.
2 Giorgio Vasari, *The Lives of the Most Excellent Painters, Sculptors, and Architects* (Las vidas de los pintores, escultores y arquitectos más

excelentes), ed. Philip Jacks, trad. Gaston du C. de Vere (New York: Modern Library, 2006), p. 200.

3 Lin-Manuel Miranda, "The World Was Wide Enough" (El mundo era lo suficientemente amplio), en *Hamilton*, 2015.

4 Diana Nyad, citado en Greg Myre, "On Fifth Try, Diana Nyad Completes Cuba-Florida Swim" (En su quinto intento, Diana Nyad completa el nado de Cuba a Florida), NPR, 2 de septiembre de 2013, www.npr.org/sections/thetwo-way/2013/09/02/218207861/diana-nyad-in-homestretch-of-cuba-florida-swim.

5 Chauncey Mabe, "Storyteller Alex Haley Dies at 70" (El narrador Alex Haley muere a los 70 años), South Florida Sun Sentinel, 11 de febrero de 1992, www.sun-sentinel.com/news/fl-xpm-1992-02-11-9201080096-story.html.

6 Hechos 4:13.

7 Nicholas A. Christakis y James H. Fowler, "The Spread of Obesity in a Large Social Network over 32 Years" (El crecimiento de la obesidad en las grandes redes sociales en 32 años), *The New England Journal of Medicine*, 26 de julio de 2007, www.nejm.org/doi/full/10.1056/NEJMsa066082.

8 "The Class the Stars Fell On" (La clase en la que cayeron las estrellas), West Point in the Making of America, National Museum of American History, https://americanhistory.si.edu/westpoint/history_6b.html.

9 Hebreos 10:24.

10 Nathan Brannen, "Only 1,497 Humans Have Ever Broken the 4-Minute Mile—and I'm One of Them" (Solo 1 497 personas batieron el récord de las cuatro millas, y yo soy uno de ellos), CBC, 27 de junio de 2018, www.cbc.ca/playersvoice/entry/only-1497-humans-have-ever-broken-the-4-minute-mile-and-im-one-of-them.

11 "Junto Club", Benjamin Franklin Historical Society, www.benjamin-franklin-history.org/junto-club.

12 Harry Clarke Noyes, "The Goose Story" (La historia de los gansos), *Arcs News 7*, No. 1, enero de 1992, https://socialwork.buffalo.edu/content/dam/socialwork/home/self-care-kit/the-goose-story-noyes.pdf.

Día 28: Profetiza tu alabanza

1 David Sharrock, "Cellist of Sarajevo, Vedran Smailovic, Is Wounded by Words" (El violonchelista de Sarajevo, Vedran Smailovic fue lastimado

por palabras), *The Times*, 7 de junio 2008, www.thetimes.co.uk/article/ce-llist-of-sarajevo-vedran-smailovic-is-wounded-by-words-9mlbns72qv5.

2   Efesios 6:12, RVR60.

3   2 Corintios 10:4.

4   Efesios 3:20.

5   2 Corintios 12:9.

6   2 Crónicas 20:12, DHH.

7   2 Crónicas 20:15, DHH.

8   2 Crónicas 20:21.

9   2 Crónicas 20:22.

10 Timothy Keller y John Inazu, *Uncommon Ground: Living Faithfully in a World of Difference* (Mundo plural: Viviendo fielmente en un mundo de diferencia), (Nashville, TN: Thomas Nelson, 2020), p. 87.

11 Hechos 13:2.

12 All Sons & Daughters, "Great Are You, Lord" (Grande eres Señor), de Jason Ingram, Leslie Jordan y David Leonard, *Live*, Integrity Music, 2013.

13 Darrell Evans, "Trading My Sorrows (Yes, Lord)" (Cambiaré mi tristeza —Sí Señor), Freedom, Integrity Music, 1998.

14 Mark Batterson, *Sácale jugo al día: 7 hábitos diarios que te ayudarán a estresarte menos y lograr más* (Editorial Origen, 2021), p. 11-25 del original en inglés.

15 Martin Luther King Jr., "Letter from Birmingham Jail" (Carta desde la cárcel de Birmingham), 16 de abril de 1963, The Martin Luther King, Jr. Research and Education Institute, Stanford University, https://kinginstitute.stanford.edu/sites/mlk/files/letterfrombirmingham_wwcw_0.pdf.

16 "Praying with My Legs" (Orando con mis piernas), Repair the World, https://werepair.org/wp-content/uploads/2017/12/Praying-with-My-Legs.pdf.

17 Abraham Heschel, *The Prophets* (Los profetas), (New York: HarperPerennial, 2001), p. 12.

18 Herschel, *The Prophets*, p. 4.

Día 29: Nada río arriba

1   Jaclyn Long, "Rebecca Lee Crumpler: Physician, Author, Pioneer" (Rebecca Lee Crumpler: Médica, escritora y pionera), *Picture a Scientist* (blog), Harvard University, 24 de diciembre de 2020, https://sitn.hms.harvard.edu/flash/2020/rebecca-lee-crumpler-physician-author-pioneer.

[2] "Dr. Rebecca Lee Crumpler" (Dra. Rebecca Crumpler), National Park Service, https://nps.gov/people/dr-rebecca-lee-crumpler.htm.

[3] Josué 3:16, NTV.

[4] Dan Heath, *Upstream: The Quest to Solve Problems Before They Happen* (Contracorriente: La misión de solucionar problemas antes de que ocurran), (New York: Avid Reader, 2020), p. 2.

[5] David Brooks, *El camino del carácter* (Ciudad de México: Oceano exprés, 2019), p. xi del original en inglés.

[6] Rebecca Trounson, "John Goddard Dies at 88; Adventurer Fulfilled Most of Childhood Goals" (John Goddard muere a los 88 años; aventurero cumplió la mayoría de sus metas de niño), *Los Angeles Times*, 21 de mayo de 2013, www.latimes.com/local/obituaries/la-me-john-goddard-20130521-story.html.

[7] Puedes encontrar el enlace a este documento aquí: "Sácale jugo al día", Mark Batterson, www.markbatterson.com/books/wintheday.

[8] Hebreos 11:1, RVC.

Día 30: Elige tu propia aventura

[1] Lee Stetson, *The Wild Muir: Twenty-Two of John Muir's Greatest Adventures* (Muir el salvaje: Veintidós de las mayores aventuras de John Muir), (Berkeley, CA: Heyday, 1994), p. 21.

[2] John Murdock, "John Muir's God of Nature" (El Dios de la naturaleza de John Muir), First Things, 25 de julio de 2013, www.firstthings.com/web-exclusives/2013/07/john-muirs-god-of-nature.

[3] Stetson, *The Wild Muir*, pp. 109-110.

[4] Génesis 15:5.

[5] Levítico 6:1-5.

[6] Lucas 19:8.

[7] Hayim Nahman Bialik y Yehoshua Hana Ravnitzky, eds., *The Book of Legends—Sefer Ha-Aggadah: Legends from the Talmud and Midrash* (El libro de las leyendas—Sefer Ha-Aggadah: Leyendas del Talmud y el Midrash), trad. William G. Braude (New York: Schocken Books, 1992), 432:295.

[8] Números 11:17.

[9] Bialik y Ravnitzky, eds., *Book of Legends*, 100:132.

[10] Gálatas 5:2-3.

[11] Wikipedia, s.v. "Choose Your Own Adventure" (Elige tu propia aventura), modificado por última vez el 24 de junio de 2021, 11:45, https://en.wikipedia.org/wiki/Choose_Your_Own_Adventure.

[12] Efesios 2:10.

ACERCA DEL AUTOR

Mark Batterson es el pastor principal de la National Community Church (NCC) en Washington D.C., una iglesia con múltiples locaciones. La NCC es propietaria y regente de las cafeterías Ebenezer, el teatro The Miracle Theatre y el DC Dream Center. Actualmente, la NCC está construyendo una manzana en The Capital Turnaround. Este espacio de cien mil pies cuadrados (9,000 m²) incluirá un lugar para eventos, un centro de desarrollo de la infancia, instalaciones de usos múltiples y un espacio de *coworking*.

Mark posee un Doctorado en Ministerio de la Universidad Regent y es el autor más vendido del *New York Times*, con una veintena de libros, incluyendo *El hacedor de círculos, Persigue tu león, Con un león en medio de un foso, Susurros, Doble bendición* y *Sácale jugo al día*. Mark y su esposa Lora tienen tres hijos y viven en Capitol Hill.

Puedes seguir la cuenta Mark@MarkBatterson en Twitter, Instagram y Facebook. También puedes encontrarlo en línea a través de www.markbatterson.com.